요한복음 (성경, 이해하며 읽기)

Reading in understanding the Bible

요한복음

장석환 지음

성경을
읽는다는 것

우리는 성경을 통해 하나님을 만난다.
성경을 통해 하나님과 동행하면 풍성한 삶이 된다.

사람을 만날 때 인격적인(지·정·의) 만남이 되어야 한다.
그의 생각과 마음을 만나고 힘까지 공유하는 만남이다.
성경에는 하나님의 뜻(지)과 마음(정)과 힘(의)이 담겨 있다.
성경을 잘 읽으면 하나님의 얼굴을 보게 된다.
눈으로 보는 것보다 더 실제적이다.

좋은 사람과 만나 대화를 하면 행복하듯이
말씀으로 하나님을 만나면 행복하다.
성경은 하나님을 만나는 가장 실제적 방법이다.

마음과 의미가 전달되지 않는 대화가 무의미하듯
성경을 이해하지 못한 채 읽기만 하면, 성경을 읽는 것이 아니다.
성경을 잘 이해하지 못하면
성경을 통해 하나님을 만나는 것을 모른다.

모든 사람이 성경을 조금 더 이해하면서 읽기를 소망한다.
그래서 이 주석을 쓰게 되었다.
남녀노소 모든 사람이 쉽게 읽을 수 있는 주석이 되었으면 좋겠다.
말씀으로 고뇌하는 누군가에게 무릎을 치게 하였으면 좋겠다.

이 주석이 하나님을 생생하게 만나는 만남의 장이 되기를 기도한다.
하나님께 영광되기를 기도한다.

성경, 이해하며 읽기
시리즈를 시작하며

이 시리즈의 시작은 내가 목회하는 교회 성도에게 읽히기 위해 시작되었다. 사랑하는 사람들에게 성경을 읽도록 하게 하기 위해 진행되었다. 지금은 고달프지만 사명으로 쓰고 있다.

많은 좋은 주석이 있고, 강해 설교집도 있는데 이 주석이 또 필요할까?

성경을 읽으라고 늘 권면하지만, 성경을 이해하는 것이 어려운 것이 또한 사실이다. 나도 영어 성경이나 원어 성경을 보지 않으면 이해되지 않는 부분이 많다. 그렇다고 성경 읽기를 포기해서는 결코 안 된다. 성경 읽기는 인생에서 가장 중요한 부분이다. 성경을 읽어야 하나님의 인도하심과 동행을 알 수 있기 때문이다. 그렇다고 갈수록 두꺼워지는 주석과 함께 읽는 것도 결코 쉽지 않다고 생각했다. 그래서 이 주석을 쓰게 되었다. 이 책은 마음만 있으면 누구나 읽을 수 있다.

성경 통독을 할 때 쉽게 함께 읽을 수 있는 짧은 주석을 쓰기를 원했다. 가능한 서론을 비롯한 신학적인 설명을 줄이고, 성경의 단어와 구절과 문장과 그 의도를 설명하는 데 집중하였다. 논쟁되는 부분에 대해 여러 주장을 비교하여 설명하고 싶은 욕심이 많이 있었으나 모두 내려 놓았다. 나의 설명이 단정적인 면이 많은 것은 신학적 논쟁이 없다는 뜻이 아니라 가독성을 방해하지 않기 위해서다. 나이 든 성도들이 글씨가 작아서 못 읽는다는 말을 많이 들어, 글씨를 크게 하였다. 그래서 책 디자인을 포기하고 판형을 크게 하였다. 칠팔십 대 할머니들도 잘 읽으시는 것을 보면 만족하지만 여전히 아쉬운 부분이다.

이 책을 읽을 때 성경과 함께 보도록 하고, 조금은 불편하게 할 의도로 처음에는 성경 본문을 넣지 않았다. 그런데 성경 본문에 대한 요청이 많아 이후에 넣게 되었다. 그래도 이 책을 제대로 읽기 위해서는 성경과 함께 읽어야 한다. 이 책을 읽을 때 처음에는 먼저 성경을 펼치고 읽으라. 성경을 한 장 먼저 읽고 해당하는 부분의 이해를 위해 이 책을 읽으라. 그렇게 한 장 단위로 성경과 이 책을 번갈아 가면서 읽으라. 처음부터 이 책을 읽지 말고 꼭 성경을 먼저 보고 이 책을 읽기를 권한다. 그리고 성경을 한 번 더 읽으면 더욱 좋다.

이 책이 성경을 더욱 사랑하게 되는 작은 지팡이가 되기를 기도한다.

목 차

추 천 사

장석환 목사님의 <성경, 이해하며 읽기> 시리즈를 추천하게 되어 매우 기쁘고 감사합니다. 목사님의 저서 시리즈는 하나님을 만나는 유일하며 최고의 방법인 성경을 잘 읽을 수 있도록 도움을 주는 책입니다.

목사님께서는 총신대학교 신학과와 신학대학원에서 신학 수업을 마치시고 현재 하늘 기쁨 교회(2001년 개척)를 섬기시며 목회에 전념하고 계십니다. 말씀을 사랑하시는 목사님께서는 말씀으로 성도를 양육하시며, 더불어 여러 동역자와 함께 말씀 연구를 지속하고 계십니다. 특별히 목회자 및 후보생들이 말씀에 더 가까이 갈 수 있도록 LOGOS 바이블을 강의 및 보급하시는 일에 힘을 쓰고 계시기도 합니다. 이러한 하나님 말씀과 교회 및 성도 사랑이 크신 분입니다.

목사님께서 저술하고 계신 <성경, 이해하며 읽기> 시리즈는 이러한 목사님의 헌신과 사역의 소중한 결실입니다. 최신 출판된 『요한계시록』 주석(2025)을 포함에 이미 출판된 십수 권의 신·구약 성경 주석은 그 결실이 얼마나 귀한 것인지 보여줍니다.

목사님의 <성경, 이해하며 읽기> 시리즈 주석은 한 가지 큰 특징이 있습니다. 그것은 각 성경 본문을 소개하고, 이후 해당 본문의 핵심 메시지(내용과 교훈)를 말씀 중심, 교회 중심, 독자(사역자, 평신도) 중심으로 제시해 준다는 것입니다.

근래의 여러 주석은 성경 본문 자체보다는 그것을 설명하기 위한 여러 주변 것들에 집중한 나머지 정작 성경 본문 설명에 대해서는 간명한 메시지를 전달하지 못하는 아쉬움을 보여줍니다. 그러나 장석환 목사님의 <성경, 이해하며 읽기> 시리즈 주석은 대조적으로 하나님께서 주신 성경 말씀의 본문 의미를 간명하게 설명해 줍니다.

이러한 측면에서 추천인은 이 시리즈가 성경 말씀의 의미를 온전히 드러내는 데 기여할 것이며, 더불어 목회자와 후보생은 물론 성경 말씀을 사랑하는 성도들에게 큰 유익을 주리라 확신합니다.

김 주 한 교수

총신대학교 신학과 교수

"하나님은 성경을 사랑하는 사람을 사용하신다." 개혁주의자들이 믿는 여러 가지 신념 중에 하나입니다. 이 말이 장석환 목사와 그의 UB를 읽는 모든 이들에게도 진실이 되기를 바라는 마음에서 몇 마디 추천사를 올립니다.

첫째, UB는 성경 본문의 뜻을 이해하여 읽을 수 있도록 도와줍니다. 성경은 하나님의 우주적인 섭리와 도덕적 규범과 신앙을 안내해 주는 진리의 말씀이기 때문에, 공부하고 생각하면서 읽지 않으면 이해할 수도 없고 믿을 수도 없는 말씀이 많습니다. 그러나 바쁜 일정 속에서 사전을 찾아볼 수 있는 여유도 없고, 누구에게 물어볼 수도 없을 때, UB는 가장 좋은 안내자가 됩니다.

둘째, UB는 어려운 신학적 난제나 논란을 매우 간략하고 쉽게 설명해 줍니다. 대부분의 성경은 구도자들이나 어린 신자들도 알 수 있지만, 가끔 목사들이나 신학자들도 며칠 혹은 몇 년 동안 꾸준히 연구하지 않고는 풀리지 않는 어려운 문제들도 있습니다. 그러나 UB는 그런 난제들을 간단명료하면서도 건전한 학설을 소개해 주고 설명해 주니, 시간도 아낄 수 있고 안전한 신학적 안내를 받을 수 있어서 매우 좋습니다.

셋째, UB는 말씀을 실제 생활에 구체적으로 적용할 수 있도록 도와줍니다. 성경을 읽고 공부한 후에 적용하지 않으면 무슨 소용이 있습니까? UB는 나이와 빈부 그리고 학벌에 상관없이 누구나 말씀대로 살 수 있도록 도와줍니다. 그것은 아무나 할 수 있는 것은 아닌데, 아마 인생의 희로애락을 알고, 다년간 목회 경험을 하신 분의 글이고, 누구나 말씀에 순종하기 쉽도록 도와주는 지혜가 있기 때문입니다.

저희 부부는 라브리를 찾아오는 손님들과 매일 성경을 읽고 묵상하는데, 종종 UB를 펼쳐봅니다. 그러면 대부분의 질문이 해결됩니다. 그래도 부족하면 장 목사님이 선물해 주신 로고스 바이블 소프트웨어를 열어봅니다. 멀지 않은 장래에 장석환 UB 66권을 핸드폰이나 타블렛에서 열어볼 수 있는 날을 기대합니다.

성 인 경

라브리선교회 (L'Abri Fellowship) 한국대표

저자는 매일 새벽마다 전하는 짧은 설교를 위해서도 몇 시간씩 투자하여 성실히 준비에 몰두하시는 분이십니다. 이처럼 성도들과의 영적인 만남이 이루어지는 설교를 준비함에 있어서도 '찐열심'이신 분이십니다. 뿐만 아니라 지난 수십 년간 수많은 목회자들과 함께 매주 여러 책들을 읽고 토론하면서 다양한 세계로의 식견을 넓히시고, 목회 현장에서 어떻게 적용시켜야 할지를 끊임없이 고민하는 분이십니다.

'성경, 이해하며 읽기' 시리즈는 '로고스 바이블'에 특화된 전문가이신 장석환 목사님의 전문가적인 식견과 깊은 통찰력, 그리고 꼼꼼함과 성실함이 잘 드러나 있으며 누구나 쉽게 이해하며 읽을 수 있다는 큰 장점을 가지고 있는 책이라 할 수 있습니다. 또한 누구보다 성경을 깊이 사랑하는 장석환 목사님의 따뜻한 마음이 고스란히 담겨져 있으며, 깊고 오묘한 말씀의 세계로 빠져들게 하는 묘한 매력이 있기에 기쁨으로 추천하는 바입니다.

권 성 달 교수

웨스트민스터신학대학원대학교 구약학 교수,
성경과이스라엘 연구소 소장, 서울대학교 언어학과 외래교수

장석환 목사님의 『성경, 이해하며 읽기』 시리즈는 단순한 성경 해설서가 아닙니다. 이는 성경을 통해 하나님을 만나고, 그분과의 동행을 삶의 중심에 두고자 하는 이들을 위한 깊이 있는 안내서입니다. 특히 교육적 관점에서 볼 때, 이 시리즈는 독자들이 성경을 단순히 읽는 것을 넘어 온전한 이해로 나아갈 수 있도록 돕습니다. 지식(知), 감정(情), 의지(意)가 조화를 이루는 인격적 만남이 가능하도록 구성되어 있어, 성경을 읽는 이들이 하나님의 뜻을 깨닫고 그분의 마음을 깊이 느낄 수 있도록 이끕니다. 이는 기독교 교육의 핵심인 하나님과의 살아 있는 관계를 형성하는 데 탁월한 역할을 합니다.

또한, 본 시리즈는 신학적인 깊이와 실천적인 적용을 절묘하게 결합하여, 목회자와 성도 모두에게 유익한 도구가 됩니다. 특히, 다양한 연령과 배경을 가진 이들이 쉽게 접근할 수 있도록 배려된 서술 방식은 성경을 처음 접하는 이들뿐만 아니라, 더욱 깊이 연구하고자 하는 이들에게도 큰 도움을 줍니다. 이를 통해 개인과 공동체가 더욱 건강한 신앙의 토대를 세울 수 있을 것입니다.

『성경, 이해하며 읽기』 시리즈는 성경을 보다 생생하게 경험하게 하는 만남의 장이 될 것입니다. 성경을 이해하며 읽고자 하는 모든 이들에게 적극 추천합니다.

권 진 하 교수

백석대 겸임교수. 교회교육훈련개발원

나는 항상 하나님에 대한 그리움과 목마름이 있다.

하지만 하나님은 보이지도, 내가 원할 때, 항상 나타나지도 않으신다.

그런데 항상 하나님을 만나는 분이 있으니, 바로 저자 장석환목사이다.

그는 성경을 통해 하나님을 만난다. 그 감격으로 잠을 못 자고,

그 설레임으로 새벽을 깨운다.

하나님을 만나는 기쁨과 영광이 모든 성도에게 나눠지기를 원하는 그 간절한 마음으로

그는 성경주석을 썼고 특징은 다음과 같다.

첫째, 누구에게나 매우 쉽고 또한 간결하다.

둘째, 최신 신학적 흐름도 반영하며 전통적 해석에도 충실하다.

셋째, 성도가 이 땅을 어떻게 살아야 하는가의 적용,

실천하는 부분도 쉽게 잘 설명하고 있다.

장석환 목사의 성경주석(UB)이 한 권씩 나올 때 마다,

나도 하나님을 만나는 기대로 설렌다.

매주 월요독서모임을 같이 하는 **김 성 권** 목사

광염전원교회 협동목사

하나님께서 주신 성경 말씀은 믿는 사람들을 춤추게 합니다. 비록 현실 속에서는 때로 깊은 웅덩이와 수렁을 마주해도 하나님의 말씀을 의지하면 구원의 주님을 만날 수 있습니다. 우리는 그분과 인격적 만남을 통해서만 하나님과 나 자신과 세상을 바르게 이해하여, 하늘 곡조에 어울리는 몸짓으로 춤추며 살아갈 수 있습니다.

'성경 이해하며 읽기' 시리즈는 하나님과 나 자신과 세상을 손잡고 춤추기 원하는 모든 사람들이 성경 말씀을 쉽게 이해하여 하나님과 인격적인 만남을 갖도록 저술 되었다. 이 시리즈의 탁월한 점은 저자가 수 십년간의 말씀 묵상과 연구를 통해 습득한 바를 독자들에게 성경을 이해하기 쉽게 전달하여 말씀을 말씀 그대로 보게 해 준다. 뿐만 아니라 믿음의 사람들이 저자의 단백하면서도 절절한 복음중심적인 메시지를 통해 말씀 안에 담아 있는 하나님의 마음을 느끼게 한다. 그리하여 말씀대로 살아가도록 강력한 도전을 준다. 이 시리즈가 당신 눈에 띄였다면 그건 바로 하나님이 당신에게 함께 춤을 추자고 내민 손이니 꼭 붙 잡기를 바란다.

임 영 훈 목사

안산열매교회

요한복음

특 징

요한복음은 복음서이면서도 다른 복음서와는 많이 다르다. 공관복음이라고 말할 때 마태, 마가, 누가복음을 말한다. 요한복음은 빠진다. 다른 복음서는 서로 비슷한 것이 많은데 요한복음은 90% 다르기 때문이다.

예수님께서 행하신 기적을 말할 때도 요한은 다른 복음서에 기록된 것은 단 2개만 말하고 나머지 6개는 오직 요한복음에서만 말하는 것이다. 같은 시대 같은 사건을 다루면서도 많이 다르다. 그것은 요한복음이 다른 복음서(50년 말)보다 30년 정도 후에 기록(80년 말)되었기 때문일 것이다. 특이한 것은 요한복음이 예수님의 신성에 대해 가장 강력하게 말하면서도 예수님이 행하신 기적 이야기는 복음서 중에서 가장 적게 나온다.

내 용

요한복음은 구성에 있어서도 특이하다. 표적을 말하는 전반부에서는 사역의 시작 칠일을 집중적으로 다루고 이후 절기(유월절, 초막절, 수전절)로 목차를 구성한다. 이러한 절기 중심의 전개는 책 후반부에 그리스도의 영광 부분에서 십자가게 못 박히시는 하루(유월절)에 초점을 맞추는 것과 일맥 상통한다.

유월절에 맞추어진 초점을 통해 유월절에 잡힌 모든 유월절 양의 원형이 되심을 극명하게 보여준다. 새 창조를 보여준다. 그리스도를 통한 영생을 복음으로 제시하며 복음을 알고 복음을 전하는 삶을 말한다.

<성경본문>

1. 한글본문: 대한성서공회. (1998). 성경전서: 개역개정. 대한성서공회.
   "여기에 사용한 '성경전서 개역개정판'의 저작권은 재단법인 대한성서공회 소유이며, 재단법인 대한성서공회의 허락을 받고 사용하였음."

2. 영어본문: GNB(American Bible Society. (1992). The Holy Bible: The Good news Translation (2nd ed.). American Bible Society.)

그리스도의 오심, 복음

(1:1-18)

요한복음의 서론(1:1-18)은 성경 전체에서 진주같이 여기는 말씀이다. 기독교 역사에서 이 구절이 예배 때 많이 사용되었으며 심지어는 이 구절을 적어서 마치 부적처럼 아픈 사람에게 지니게 하기도 하였다. 서론에서 성자 하나님을 표현하기 위해 '말씀'이라는 단어를 사용했다. 위대하고 큰 개념이다.

1장

세상을 보라. 어디에서 온 것일까? 하나님께서 세상을 창조하셨다. "태초에 하나님이 천지를 창조하시니라"(창 1:1) 아름답게 창조하셨다. 세상의 창조에서 중심은 사람의 창조다. 하나님의 형상을 따라 빛나는 존재로 창조하셨다. 그런데 죄로 타락하였다. 타락은 영원한 멸망에 이르게 한다. 하나님께서 사람을 긍휼히 여기셨다. 사람을 구원하기를 원하셨다. 그래서 아주 놀라운 일을 하셨다.

1 태초에 말씀이 계시니라 이 말씀이 하나님과 함께 계셨으니 이 말씀은 곧 하나님이시니라
1 In the beginning the Word already existed; the Word was with God, and the Word was God.

1:1 태초에. '태초에'로 시작한다. 창세기와 정확히 일치한다. 첫 단어로 책명을 정하는 히브리 전통을 따르면 히브리어와 헬라어로 언어만 다르고 책 이름이 똑같을 뻔하였다. 누가복음 외에 다른 복음서는 모두 첫 단어가 창세기와 연결되어 시작한다. 복음서는 2창조를 시작하시는 예수님에 대한 것이기 때문이다. 매우 위대하고 놀라운 일이 시작되는 것을 말한다.

말씀이 계시니라. '말씀(헬. 로고스)'은 흔히 사용하는 '성경 말씀'을 말하는 것이 아니다. 삼위일체의 2위되시는 성자 하나님을 칭하는 단어다. 성자 하나님을 어떤 단어를 사용하여 칭해야 할지 정하는 것이 매우 어려운 일이었다. 성부 하나님을 칭하는 단어를 구약시대에는 지고의 신을 칭하는 '엘'을 사용하였고, 신약 시대에는 데오스, 우리나라는 하나님(하늘님)을 선택하였듯이 성자 하나님을 칭하는 단어를 선택해야 할 때 요한은 신중하게 로고스(말씀)라는 단어를 선택한 것이다.

말씀(로고스)은 당시 헬라 세계에서 우주적 이성이나 원리 등의 의미로 사용하던 단어다. 유대문헌에서는 지혜나 토라 등을 창조 때의 신적 존재로 이야기하곤 하였는데 그러한 단어를 헬라어로 번역할 때 로고스로 번역하기도 하였다. 하나님께서 말씀하심으로 천지를 창조하셨으니 그 '말'과는 다르지만 천지를 창조하신 방편이라는 면에 있어 유사점이 있다. 그래서 요한은 로고스를 차용하여 성자 하나님을 설명하기 시작한다. '말씀'은 태초에 계셨다. 세상이 창조되기 전에 영원토록 존재하셨다.

이 말씀이 하나님과 함께 계셨으니. 성자 하나님이 성부 하나님과 함께 계셨다. 성자

하나님은 성부 하나님과 동일한 분은 아니다. **이 말씀은 곧 하나님이시니라.** '말씀'은
하나님이다. 이 때 헬라어는 '하나님' 앞에 정관사를 사용하지 않음으로 앞에서 성부
하나님을 사용할 때 정관사를 사용한 하나님과 구분한다. 성자 하나님은 성부 하나
님과는 다르지만 분명히 하나님이다. 당시 신학으로는 정의하기가 매우 어려웠을 것
이다. 그러나 요한은 담대히 말한다.

2 그가 태초에 하나님과 함께 계셨고
3 만물이 그로 말미암아 지은 바 되었으니 지은 것이 하나도 그가 없이는 된 것
이 없느니라
2 From the very beginning the Word was with God.
3 Through him God made all things; not one thing in all creation was made without him.

1:3 만물이 그로 말미암아 지은 바 되었으니. 성자 하나님께서 만물을 지으셨다. 그레
서 만물을 사랑하신다.

4 그 안에 생명이 있었으니 이 생명은 사람들의 빛이라
4 The Word was the source of life, and this life brought light to people.

1:4 그 안에 생명이 있었으니. 스스로 계신 분으로서의 생명이다. 모든 생명체를 창조
하셔서 생명의 근원이 되시는 생명이다. **이 생명은 사람들의 빛이라.** 사람들이 타락하
여 생명을 잃었다. 어둠 가운데 살고 있었다. 그들에게 다시 생명을 주실 수 있는 분
이 성자 하나님이다. 성자 하나님께서 주시는 생명은 모든 사람들에게 가장 중요한
유일한 길이요 빛이다. 다시 생명을 찾을 수 있는 빛이다.

5 빛이 어둠에 비치되 어둠이 깨닫지 못하더라
5 The light shines in the darkness, and the darkness has never put it out.

1:5 빛이 어둠에 비치되. 성자 하나님이 친히 이 땅에 오셨다. 사람이 되어 오셨다. 제
1창조의 핵심이 '사람의 창조'라면 제 2창조의 핵심은 '성자 하나님의 오심'이다. 타락
하여 어둠 가운데 있는 사람들을 빛으로 구원하기를 원하셔서 성자 하나님이 오셨
다. 그런데 지극히 소수의 사람들 외에는 모두 외면하였다.
어둠이 깨닫지 못하더라. '깨닫는다(헬. 카타람바노)'는 '붙잡다'는 의미다. 빛을 붙잡아

야 자신의 영혼과 삶에 빛이 비추게 되는데 사람들은 여전히 다른 것만 움켜쥐었다. 그들의 마음과 손에는 탐욕만 가득하였다. 주님이 공생애를 시작하시기 전 아주 소수의 사람들만 그 빛을 깨달았다.

어둠에 빛이 비추면 바로 환하게 된다. 그러나 생명의 빛은 믿는 자들에게만 전달된다. 어둠이 빛의 필요를 알지 못하였다. 자신들의 어둠을 깨닫지 못하였기 때문에 빛의 필요를 알지 못하였다.

6 하나님께로부터 보내심을 받은 사람이 있으니 그의 이름은 요한이라
6 God sent his messenger, a man named John,

1:6 보내심을 받은 사람...요한. 빛을 깨닫지 못하는 세상을 위해 하나님께서 한 사람을 준비하여 보내셨다.

7 그가 증언하러 왔으니 곧 빛에 대하여 증언하고 모든 사람이 자기로 말미암아 믿게 하려 함이라
7 who came to tell people about the light, so that all should hear the message and believe.

1:7 빛에 대하여 증언하고. 빛을 깨닫지 못하는 사람들을 위하여 하나님께서 세례 요한을 준비하셨다. 요한은 생명의 빛을 전할 것이다. 증언할 것이다.

모든 사람이 자기로 말미암아 믿게 하려 함이라. 요한의 증언으로 많은 사람들이 빛을 붙잡게 될 것이다. 그들의 영혼의 어둠이 물러가고 빛으로 가득하게 될 것이다. 요한이라는 사람을 통해 많은 사람들에게 믿음이 전해진다는 것은 매우 놀랍고 기쁜 일이다.

요한을 통해 빛이 전해진 것처럼 모든 시대에 빛을 전하는 사람이 필요하다. 사람들은 빛이 비추어도 바로 깨닫지 못한다. 그래서 힘을 다하여 전하는 사람들이 필요하다. 어떤 시대든 마찬가지다. 오늘날 우리들은 우리가 제 2의 요한이 되어야 한다. 사람들이 믿음을 알 수 있도록 빛에 대하여 전하는 사람이 되어야 한다.

8 그는 이 빛이 아니요 이 빛에 대하여 증언하러 온 자라
9 참 빛 곧 세상에 와서 각 사람에게 비추는 빛이 있었나니
8 He himself was not the light; he came to tell about the light.

9 This was the real light—the light that comes into the world and shines on everyone.

1:9 각 사람에게 비추는 빛이 있었나니. 죄로 죽은 이들에게 예수님께서 '생명의 빛'을 비추셨다. 사람을 살리기 위함이다.

10 그가 세상에 계셨으며 세상은 그로 말미암아 지은 바 되었으되 세상이 그를 알지 못하였고
10 The Word was in the world, and though God made the world through him, yet the world did not recognize him.

1:10 세상이 그를 알지 못하였고. '세상'이라는 단어를 3번이나 반복하여 말하고 있다. 세상은 자신의 창조주가 직접 오셨음에도 불구하고 예수님을 알아보지 못하였다. 거절하였다. 참으로 어처구니 없는 일이다. 그들은 생명의 빛을 받아들이지 않음으로 죽음 가운데 살고 있다.

11 자기 땅에 오매 자기 백성이 영접하지 아니하였으나
12 영접하는 자 곧 그 이름을 믿는 자들에게는 하나님의 자녀가 되는 권세를 주셨으니
11 He came to his own country, but his own people did not receive him.
12 Some, however, did receive him and believed in him; so he gave them the right to become God's children.

1:12 그 이름을 믿는 자들에게는 하나님의 자녀가 되는. '이름'은 존재를 의미한다. 예수님을 믿는 사람이다. 예수님의 이름을 '말씀'으로 소개하였다. 이 세상을 창조하신 성자 하나님으로 소개하였다. 예수님을 성자 하나님으로 믿는 사람을 의미한다. 생명의 근원으로, 생명을 주시는 분으로 믿는 사람을 의미한다. 그들은 생명의 빛을 받아들임으로 빛으로 가득하게 된다. 죽음을 이기고 생명의 사람이 된다.

13 이는 혈통으로나 육정으로나 사람의 뜻으로 나지 아니하고 오직 하나님께로부터 난 자들이니라
13 They did not become God's children by natural means, that is, by being born as the children of a human father; God himself was their Father.

1:13 혈통으로나 육정으로나 사람의 뜻으로 나지 아니하고. '혈통'은 자연적 출생을 의

미한다. '육정'은 육체의 욕심을 의미한다. '사람의 뜻'은 '남자(남편)의 뜻'이라는 의미로 집안을 의미한다. 당시는 부모가 결혼을 주선하는 것을 '사람의 뜻'이라 표현하였다.

하나님께로부터 난 자들이니라. 생명의 빛을 받아들이는 것은 자연스러운 일이 아니다. 세상에서 욕심을 채우며 성공한다고 되는 것도 아니다. 좋은 집안에서 태어나 부모에 의해 되는 것도 아니다. 그러한 것에는 생명이 없다. 오직 하나님으로부터 나온다. 성자 하나님 안에 생명이 있고, 예수님을 구주로 영접하는 사람만 얻을 수 있는 생명이다.

14 말씀이 육신이 되어 우리 가운데 거하시매 우리가 그의 영광을 보니 아버지의 독생자의 영광이요 은혜와 진리가 충만하더라
14 The Word became a human being and, full of grace and truth, lived among us. We saw his glory, the glory which he received as the Father's only Son.

1:14 말씀이 육신이 되어 우리 가운데 거하시매 우리가 그의 영광을 보니. 말씀이 육신이 되어 이 땅에 사셨다. 제자 요한은 처음에는 그것을 잘 몰랐다. 그러나 그것을 깨달은 후 말한다.

독생자의 영광이요 은혜와 진리가 충만하더라. 성자 하나님의 영광이다. 요한은 하나님의 영광을 직접 눈으로 본다는 것을 상상도 하지 못했을 것이다. 하나님의 영광 앞에 고개도 들지 못한다. 그러나 말씀이 육신이 되심으로 그는 보았다. 참으로 놀라운 일이다.

성자 하나님이 육신이 되신 일은 참으로 놀라운 은혜다. 성육신보다 그 분의 은혜를 더 잘 설명할 수 있는 일이 없다. 진리 또한 그러하다. 성자 하나님이 이 땅에 육신으로 오시고 십자가에 못 박히신 사실은 하나님의 법을 무엇보다 더 잘 드러낸다. 하나님이 세우신 진리를 잘 드러낸다. 진리를 온전히 충만하게 지키는 것이다.

15 요한이 그에 대하여 증언하여 외쳐 이르되 내가 전에 말하기를 내 뒤에 오시는 이가 나보다 앞선 것은 나보다 먼저 계심이라 한 것이 이 사람을 가리킴이라 하니라
15 John spoke about him. He cried out, "This is the one I was talking about when I said, 'He comes after me, but he is greater than I am, because he existed before I was born.'"

1:15 요한이 그에 대하여 증언하여...내 뒤에 오시는 이가 나보다 앞선 것은 나보다 먼저 계심이라. 세례 요한은 당대에 매우 유명한 사람이었다. 그런데 그가 자신 뒤에 오시는 위대한 분을 말하였다. '먼저 계신다'는 알쏭달쏭한 말을 하였다. 그러나 예수님을 알게 되니 그가 말한 것이 무엇인지가 확연히 드러났다.

16 우리가 다 그의 충만한 데서 받으니 은혜 위에 은혜러라

16 Out of the fullness of his grace he has blessed us all, giving us one blessing after another.

1:16 그의 충만한 데서 받으니. 은혜와 진리가 충만한 예수님께서 은혜와 진리가 충만한 생명의 빛을 전하셨다.

은혜 위에 은혜러라. 첫번째 '은혜'는 모세 율법을 통해 얻은 은혜를 말한다. 하나님께서 그 백성을 이끄시기 위해 은혜로운 율법을 주셨다. 그런데 그 은혜는 많은 부분 제한적이었다. 동물의 피가 사람의 죄를 사할 수 없기 때문이다. 율법은 그리스도의 그림자였다. 그래서 율법의 은혜를 성취하는 또 하나의 '은혜'가 필요하였다. 그래서 은혜 위에 은혜를 더하심으로 생명의 빛을 주셨다. 이제 그 이름을 믿는 사람들은 이전에 율법 시대와 다르게 더욱더 충만한 은혜를 누릴 수 있게 되었다.

17 율법은 모세로 말미암아 주어진 것이요 은혜와 진리는 예수 그리스도로 말미암아 온 것이라
18 본래 하나님을 본 사람이 없으되 아버지 품 속에 있는 독생하신 하나님이 나타내셨느니라

17 God gave the Law through Moses, but grace and truth came through Jesus Christ.
18 No one has ever seen God. The only Son, who is the same as God and is at the Father's side, he has made him known.

1:18 본래 하나님을 본 사람이 없으되...독생하신 하나님이 나타내셨느니라. 하나님을 본 사람이 없다. 그것이 정상이다. 어찌 사람이 하나님을 볼 수 있겠는가? 하나님은 영이시기에 볼 수 없으며, 거룩한 분이기에 죄인 된 사람이 결코 가까이할 수 없었다. 그러나 육신이 되셔서 죄인 된 사람들에게 가까이 오셨다. 사람들은 죄인이었음에도 불구하고 육신이 되신 하나님을 보았다. 죄인이 하나님을 가까이에서 보았으나 죽지 않았다.

대체 무슨 일이 일어나고 있는 것일까? 말로 표현할 수 없는 놀라운 일이 일어났다.

참으로 감격스러운 일이다. 죄인 된 사람이 하나님을 보았다는 일이 신기한 것이 아니라 거룩하신 하나님께서 죄인 된 사람에게 가까이 오셨다는 사실이 너무 죄송스럽고 가슴 벅찬 일이다.

그리스도의 증언과 표적

(1:19-10:42)

1:19-2:11은 본론 부분의 서론이다. 예수님의 그리스도 되심을 전할 제자가 세워지는 과정과 가나 혼인 잔치를 말한다. 특이하게 서로 연관성을 볼 수 있도록 날짜를 기록한다. 마치 천지 창조의 칠일처럼.

이제 본론에서는 사람들에게 익숙한 '그리스도'라는 말을 사용한다. 말씀이 육신이 되어 오셨다. 구원이라는 특명을 받고 이 땅에 오시는 분을 그리스도라 말한다. 그 임무를 위해 기름부음을 받은 분이다. 복음 즉 생명의 빛을 주시는 분은 누구일까? 세례 요한의 증언으로 시작한다.

1. 칠 일. 사람들의 증언과 잔치

(1:19-2:12)

19 유대인들이 예루살렘에서 제사장들과 레위인들을 요한에게 보내어 네가 누구냐 물을 때에 요한의 증언이 이러하니라

19 The Jewish authorities in Jerusalem sent some priests and Levites to John, to ask him, "Who are you?"

1:19 예루살렘에서 제사장들과 레위인들을 요한에게 보내어. 예루살렘 산헤드린에서 공식적으로 공회원과 성전 수비대를 보낸 것으로 보인다.

네가 누구냐. 요단강 건너편에서 세례 요한이 대단한 인기몰이를 하고 있었다. 많은 사람들이 그에게 나가 말씀을 듣고 세례를 받았다. 수많은 자칭 메시야에 대해 판별사 역할을 하고 있던 예루살렘 산헤드린에서 사람을 파송하였다. 제사장과 레위인(성전 수비대)을 파송하였다. 그들은 세례 요한을 만나 물었다.

20 요한이 드러내어 말하고 숨기지 아니하니 드러내어 하는 말이 나는 그리스도가 아니라 한대

20 John did not refuse to answer, but spoke out openly and clearly, saying: "I am not the Messiah."

1:20 나는 그리스도가 아니라. 이것은 그들이 첫 번째 질문으로 요한에게 '그리스도냐'고 물었다는 것을 전제한다. 요한은 자신이 그리스도가 아니라고 분명하게 대답하였다.

21 또 묻되 그러면 누구냐 네가 엘리야냐 이르되 나는 아니라 또 묻되 네가 그 선지자냐 대답하되 아니라

21 "Who are you, then?" they asked. "Are you Elijah?" "No, I am not," John answered. "Are you the Prophet?" they asked. "No," he replied.

1:21 네가 엘리야냐. 두 번째 질문이다. **나는 아니라.** 이 부분에서 요한의 대답은 조금 의아하다. 그의 아버지가 받은 계시에서 천사는 요한이 엘리야의 역할을 할 것을 말하였다. 이후에 예수님도 그를 엘리야라고 말씀하셨다. 그런데 왜 정작 요한은 이것에

대해 부인할까? 아마 사람들이 엘리야에 대해 생각하는 당시의 고정 관념과 자신이 다르기 때문에 하는 말로 보인다. 그러나 '주의 길을 곧게 하라'고 예비하는 자신의 엘리야적인 역할을 분명하게 말한다.

네가 그 선지자냐. '그 선지자'는 모세가 말한 선지자를 말한다. 모세를 대변하는 선지자로 메시야에 대한 다른 칭호이다. **아니라.** 세 번째 질문에도 '아니라'고 대답하였다. 요한은 메시야가 아니기 때문이다.

> **22** 또 말하되 누구냐 우리를 보낸 이들에게 대답하게 하라 너는 네게 대하여 무엇이라 하느냐
> **23** 이르되 나는 선지자 이사야의 말과 같이 주의 길을 곧게 하라고 광야에서 외치는 자의 소리로라 하니라
> **24** 그들은 바리새인들이 보낸 자라
> **25** 또 물어 이르되 네가 만일 그리스도도 아니요 엘리야도 아니요 그 선지자도 아닐진대 어찌하여 세례를 베푸느냐
> **26** 요한이 대답하되 나는 물로 세례를 베풀거니와 너희 가운데 너희가 알지 못하는 한 사람이 섰으니
> **22** "Then tell us who you are," they said. "We have to take an answer back to those who sent us. What do you say about yourself?"
> **23** John answered by quoting the prophet Isaiah: "I am 'the voice of someone shouting in the desert: Make a straight path for the Lord to travel!'"
> **24** The messengers, who had been sent by the Pharisees,
> **25** then asked John, "If you are not the Messiah nor Elijah nor the Prophet, why do you baptize?"
> **26** John answered, "I baptize with water, but among you stands the one you do not know.

1:26 나는 물로 세례를 베풀거니와. 요한의 세례는 '회개의 세례'다. 오늘날의 세례와는 다르다. 기존에 믿는 유대인들에게 베푸는 것이다. 유대인이 세례를 받았고 또한 여전히 유대인이다. 세례를 받는다고 유대인이 기독교인이 되는 것은 아니다.

너희 가운데 너희가 알지 못하는 한 사람이 섰으니. 요한이 이 말을 할 때는 시기적으로 예수님께서 세례를 받으시고 시험받으러 광야에 가신 이후로 보인다. 그러나 사람들은 예수님을 잘 몰랐다. 그래서 요한은 예수님을 생각하면서 그들에게 말하고 있는 것으로 보인다.

> **27** 곧 내 뒤에 오시는 그이라 나는 그의 신발끈을 풀기도 감당하지 못하겠노라 하더라

1:27 나는 그의 신발끈을 풀기도 감당하지 못하겠노라. 예수님이 자신보다 월등히 우월하신 분이라는 것을 말하기 위하여 사용한 비유다. 이 당시 신발끈을 묶는 것은 종의 일이었다. 종이라도 유대인 종에게는 그 일을 시키지 않았다. 오직 이방인 종에게만 시켰다. 그만큼 천한 일이라 여겼기 때문이다. 그러기에 자신과 예수님을 비교하면 자신은 예수님의 종보다 못하며, 천한 종보다도 못하다고 말하고 있는 것이다.

세례 요한은 그 당시 대단히 인기 있는 사람이었다. 그의 사후에는 그를 메시야로 여기는 사람들이 생길 정도였다. 그런 세례 요한이 자신에 대해 그리고 예수님께 대해 말한 것을 요한이 소개하고 있다. 예수님이 그리스도라는 사실을 말하기 위해 세례 요한의 증언을 소개하고 있다. 예수님께서 아직 사역을 하시기 전이다. 그러나 세례 요한은 예수님이 그리스도라는 사실을 확실하게 증언하였다.

28 이 일은 요한이 세례 베풀던 곳 요단 강 건너편 베다니에서 일어난 일이니라
28 All this happened in Bethany on the east side of the River Jordan, where John was baptizing.

1:28 베다니. 예수님이 세례 받으신 곳으로 생각하는 경향이 많다. 그러나 이곳은 예수님이 세례 받으신 곳은 아니다. 예수님의 세례는 요단강 모든 곳이 가능성이 있다. 이곳에서의 베다니는 세례 요한이 다른 사람을 세례 주면서 예수님에 대하여 증언한 곳이며 이후에 예수님이 지나가시면서 세례 요한을 보신 곳이다. 이곳은 현재 예수님이 세례 받으신 곳으로 기념되는 곳이기 보다는 갈릴리 호수 북동쪽일 가능성이 높다. 그래야 이후에 펼쳐지는 벳새다 지역 사람들과의 만남이 자연스러워진다.

29 이튿날 요한이 예수께서 자기에게 나아오심을 보고 이르되 보라 세상 죄를 지고 가는 하나님의 어린 양이로다
29 The next day John saw Jesus coming to him, and said, “There is the Lamb of God, who takes away the sin of the world!

1:29 이튿날. 요한이 산헤드린 사람들에게 예수님에 대해 공개 증언한 다음 날을 의미한다. 요한은 세례 요한이 공개 증언한 그날부터 4일간을 집중적으로 기록한다.
보라 세상 죄를 지고 가는 하나님의 어린 양이로다. ‘지고 가는(헬. 아이로)’은 ‘들어 올리다' '없애다' 등의 뜻을 가진 단어다. 죄를 짊어지고 죽음의 그늘에 있는 세상을 긍휼히 여기셔서 그 죄를 친히 대속하심으로 없애기 위해 오신 것이다. '어린 양'으로 오셨다. 제사에서 드리는 모든 제물을 상징적으로 대변한다. 구약의 모든 제사는 오직 그리스도의 피로 인하여 유효하게 된다.

> **30** 내가 전에 말하기를 내 뒤에 오는 사람이 있는데 나보다 앞선 것은 그가 나보다 먼저 계심이라 한 것이 이 사람을 가리킴이라
> **31** 나도 그를 알지 못하였으나 내가 와서 물로 세례를 베푸는 것은 그를 이스라엘에 나타내려 함이라 하니라
> **32** 요한이 또 증언하여 이르되 내가 보매 성령이 비둘기 같이 하늘로부터 내려와서 그의 위에 머물렀더라
> **30** This is the one I was talking about when I said, 'A man is coming after me, but he is greater than I am, because he existed before I was born.'
> **31** I did not know who he would be, but I came baptizing with water in order to make him known to the people of Israel."
> **32** And John gave this testimony: "I saw the Spirit come down like a dove from heaven and stay on him.

1:32 성령이 비둘기 같이 하늘로부터 내려와서 그의 위에 머물렀더라. 얼마 전 예수님이 세례 받으실 때를 회상하며 증언하고 있다. 이 시대에 하나님의 영인 '성령이 내려오는 것'은 메시야 직임의 한 증거다.

> **33** 나도 그를 알지 못하였으나 나를 보내어 물로 세례를 베풀라 하신 그이가 나에게 말씀하시되 성령이 내려서 누구 위에든지 머무는 것을 보거든 그가 곧 성령으로 세례를 베푸는 이인 줄 알라 하셨기에
> **33** I still did not know that he was the one, but God, who sent me to baptize with water, had said to me, 'You will see the Spirit come down and stay on a man; he is the one who baptizes with the Holy Spirit.'

1:33 나도 그를 알지 못하였으나. 세례 요한은 예수님의 가까운 친척이기 때문에 개인적으로는 알았을 가능성이 높다. 그러나 예수님이 그리스도인 것을 몰랐다는 의미일 것이다.

나를 보내어 물로 세례를 베풀라 하신 그이가 나에게 말씀하시되. 세례 요한은 예수님을 세례주기 전 초자연적인 계시를 받은 것으로 보인다. 이 당시 예수님이 그리스도이심을 아는 것은 지극히 어려운 일이었을 것이다. 아직 사역을 시작하지 않으셨기 때문

이다. 그래서 이런 초자연적인 계시가 필요하였을 것이다.

성령으로 세례를 베푸는 이. 예수님은 공생애 때 세례를 주지 않으셨다. 제자들이 다른 사람들에게 세례를 주었다. 그렇다면 제자들이 주는 세례를 의미할까? 아니다. 요한이 주는 세례나 예수님의 제자들이 주는 세례를 보고 오늘날 세례와 연결하는 사람들이 있다. 그래서 예수님이 받은 세례와 같은 방식인 침례를 주장하기도 한다. 그러나 그 세례는 회개를 위한 세례이며 예수님이 주시는 세례와 완전히 다르다. 이들의 세례는 죄를 씻는 회개의 의미로 부정적인 의미가 많았다면 예수님의 성령 세례는 생명을 주는 긍정적인 의미다.

예수님이 주시는 세례가 처음 일어난 때는 오순절이다. 성령 세례다. 이후에 기독교의 세례는 세례 요한의 세례나 제자들의 세례를 상징하는 것이 아니라 오순절의 세례를 상징한다. 오늘날 세례의 방식인 침례는 거듭남의 의미를 잘 상징하고, 머리에 물을 붓는 세례는 하늘에서 임하는 생명을 더 잘 상징할 수도 있다. 그러기에 예수님이 세례 받으신 것을 따라 해야 한다고 생각하여 세례의 형식을 중요하게 생각하거나 고집하지 않도록 해야 한다.

34 내가 보고 그가 하나님의 아들이심을 증언하였노라 하니라
34 I have seen it," said John, "and I tell you that he is the Son of God."

1:34 하나님의 아들이심을 증언하였노라. 세례 요한을 그리스도로 생각하는 사람이 많았다. 그러나 세례 요한은 그들의 시선을 예수님께 돌렸다. 오직 예수님이 그리스도 이시기 때문이다. 이것이 쉬운 것 같으나 사실 매우 어려운 일이다. 그러나 세례 요한은 이것을 잘 감당하였다. 그의 삶이 그리스도께 집중하였기 때문이다.

오늘날 예수님이 그리스도이심을 알면서도 사람들의 시선을 그리스도가 아니라 자신에게 돌리는 사람들이 있다. 참으로 어리석은 사람이다. 우리는 사람들의 시선을 오직 예수님께로 향하게 해야 한다는 사실을 명심해야 한다.

35 또 이튿날 요한이 자기 제자 중 두 사람과 함께 섰다가
35 The next day John was standing there again with two of his disciples,

1:35 이튿날. 요한이 다시 오신 예수님을 보고, 예수님이 그리스도 되심을 증언한 다음 날을 의미한다.

36 예수께서 거니심을 보고 말하되 보라 하나님의 어린 양이로다
36 when he saw Jesus walking by. "There is the Lamb of God!" he said.

1:36 보고. 세례 요한은 지나가시는 예수님을 보았다.

37 두 제자가 그의 말을 듣고 예수를 따르거늘
37 The two disciples heard him say this and went with Jesus.

1:37 두 제자가 그의 말을 듣고 예수를 따르거늘. 세례 요한의 말을 듣고 그의 제자 둘이 예수님을 따르기 시작하였다. 이것은 배신처럼 느낄 수 있는 대목이다. 그러나 세례 요한은 이것을 전혀 배신으로 생각하지 않은 것으로 보인다. 그는 예수님이 빛나기를 원하였기 때문이다.

38 예수께서 돌이켜 그 따르는 것을 보시고 물어 이르시되 무엇을 구하느냐 이르되 랍비여 어디 계시오니이까 하니 (랍비는 번역하면 선생이라)
39 예수께서 이르시되 와서 보라 그러므로 그들이 가서 계신 데를 보고 그 날 함께 거하니 때가 열 시쯤 되었더라
40 요한의 말을 듣고 예수를 따르는 두 사람 중의 하나는 시몬 베드로의 형제 안드레라
38 Jesus turned, saw them following him, and asked, "What are you looking for?" They answered, "Where do you live, Rabbi?" (This word means "Teacher".)
39 "Come and see," he answered. (It was then about four o'clock in the afternoon.) So they went with him and saw where he lived, and spent the rest of that day with him.
40 One of them was Andrew, Simon Peter's brother.

1:40 두 사람 중의 하나는 시몬 베드로의 형제 안드레라. 예수님의 첫 제자는 안드레다. 그런데 또 한 사람은 이름이 나오지 않는다. 사람들은 요한복음의 저자 요한일 것이라고 추측한다. 만약 요한이 그 사람이라면 안드레는 매우 서운할 수 있다. 이후에 예수님은 주로 요한과 그의 형제 야고보 그리고 베드로를 핵심 멤버로 함께 하셨다. 베드로의 형제 안드레가 먼저 믿었고, 사촌 둘씩 형제이니 4명이면 좋을 것 같은데 안드레만 빠진 것이다. 그러나 안드레는 그렇게 생각하지 않은 것 같다.

41 그가 먼저 자기의 형제 시몬을 찾아 말하되 우리가 메시야를 만났다 하고 (메시야는 번역하면 그리스도라)

42 데리고 예수께로 오니 예수께서 보시고 이르시되 네가 요한의 아들 시몬이
니 장차 게바라 하리라 하시니라 (게바는 번역하면 베드로라)

41 At once he found his brother Simon and told him, "We have found the Messiah." (This
word means "Christ".)
42 Then he took Simon to Jesus. Jesus looked at him and said, "Your name is Simon son of
John, but you will be called Cephas." (This is the same as Peter and means "a rock".)

1:42 데리고 예수께로 오니. 안드레가 그의 형제 베드로를 예수님께 데리고 갔다. 안
드레는 신약 성경에 그의 이름이 12번 나오지만 모두 이름만 나오고, 오직 오빵이어
사건에서 빵과 물고기 도시락을 가진 소년을 예수님께 데리고 간 사람으로 나온다.
특이하게 안드레는 베드로를 예수님께 데리고 갔고, 그 소년을 예수님께 데리고 갔다.
그렇게 데리고 가는 은사를 가지고 있었다. 그것이 매우 큰 역할이 되었다.

예수님의 그리스도 되심을 전할 3명의 제자가 세워졌다. 2명은 세례 요한의 제자였다
가 예수님의 제자가 되었다. 이후 안드레는 3명의 핵심 제자에서 밀린다. 그러나 그것
이 중요한 것이 아니다. 그리스도를 전하는 것이 중요하다. 그리스도를 전하는 데에
있어 내가 어느 위치가 되는 것은 결코 중요하지 않다. 오직 그리스도만 중요하다. 이
것을 명심해야 한다.

43 이튿날 예수께서 갈릴리로 나가려 하시다가 빌립을 만나 이르시되 나를 따
르라 하시니

43 The next day Jesus decided to go to Galilee. He found Philip and said to him, "Come with
me!"

1:43 이튿날. 반복적으로 나오는 말이다. 예루살렘 산헤드린에서 보낸 사람들이 세례
요한을 만나 '그리스도냐'고 물어본 날부터 연속적으로 7일을 말한다. 예수님의 사역
초기 7일을 집중적으로 볼 수 있다.

'태초에'라는 단어로 시작하여 요한복음을 창세기와 연결시켰던 요한은 '이튿날'이라
는 단어로 다시 한번 더 창세기와 연결하고 있는 것으로 보인다. 하루하루 창조를 하
셨듯이 예수님은 하루하루 2창조를 시작하신다. 1창조에서 자연과 사람 창조가 중심
이었는데 2창조에서는 사람의 구원이 중심이다.

요한은 12장-20장을 할애하여 예수님의 마지막 7일을 집중하여 소개한다. 어떤 복음
서보다 더 극단적으로 많은 분량을 예수님의 마지막 7일에 집중한다. 그런데 시작도
예수님의 공식 사역의 7일을 집중적으로 소개한다. 요한복음의 분량 60%가 예수님

의 14일간의 행적이다.

빌립을 만나. '만나(헬. 헤우리스코)'라는 단어는 45절의 '찾아'와 같은 단어다. 거의 대부분의 영어 성경은 이 구절을 찾다(find)로 번역한다. 우연히 만난 것이기보다는 예수님께서 찾아가셨다. 앞에서 안드레와 베드로는 그들이 예수님을 찾아왔다. 이번에는 예수님께서 찾아가셔서 만나셨다.

믿음을 갖게 된 사람을 보라. 매우 다양한 환경과 이유를 가지고 있다. 그러나 중요한 것은 예수님을 만나는 것이다. 때로는 빌립의 경우처럼 예수님이 찾아오실 것이다. 그때 예수님을 만나야 한다. 예수님을 만나고 싶은가? 오늘날에도 오신다. 나를 찾아오시는 예수님을 만날 수 있었으면 좋겠다.

44 빌립은 안드레와 베드로와 한 동네 벳새다 사람이라
45 빌립이 나다나엘을 찾아 이르되 모세가 율법에 기록하였고 여러 선지자가 기록한 그이를 우리가 만났으니 요셉의 아들 나사렛 예수니라
44 (Philip was from Bethsaida, the town where Andrew and Peter lived.)
45 Philip found Nathanael and told him, "We have found the one whom Moses wrote about in the book of the Law and whom the prophets also wrote about. He is Jesus son of Joseph, from Nazareth."

1:45 모세가 율법에 기록하였고 여러 선지자가 기록한 그이를 우리가 만났으니. '모세와 선지자'는 당시 그들이 가지고 있던 구약 성경을 의미한다. 빌립이 성경에 관심을 가지고 많이 읽는 사람이었던 것 같다. 그가 복음을 전한 나다나엘도 성경을 많이 알고 있었던 것이 분명하다. 그리스도에 대해 나다나엘과 대화를 한 적이 있기에 바로 그를 찾아간 것으로 보인다.

만남에서 가장 중요한 것은 관심이다. 관심이 있는 사람은 뒷모습만 보아도 안다. 관심이 없으면 매일 보아도 알아보지 못한다. 빌립은 그리스도에 대해 관심이 있었던 같다. 그래서 예수님을 만났을 때 바로 그리스도임을 알아차린 것이다.

사람들은 세상에 대해 관심은 많은데 세상을 만드신 분에 대한 관심이 없다. 세상의 문제로부터 해결에는 관심이 많은데 그러한 문제로부터 근원적으로 해결하시는 분에 대해서는 관심이 없다. 창조주를 생각하지 않고 구원자(그리스도)를 생각하지 않는데 어떻게 창조주를 만나고 구원자를 만날 수 있을까?

창조주를 억지로 믿어서는 안 된다. 구원자를 생각도 없이 믿으면 안 된다. 관심을 가

지고 있어야 한다. 그래야 예수님이 나를 찾아오실 때 만날 수 있다. 그 순간이 예배의 순간일 수도 있고, 큰 병에 걸려 고통 중에 있는 순간일 수도 있다. 예수님을 만나면 어떤 순간인지는 중요하지 않다. 오직 예수님만 보일 것이다.

46 나다나엘이 이르되 나사렛에서 무슨 선한 것이 날 수 있느냐 빌립이 이르되 와서 보라 하니라
46 "Can anything good come from Nazareth?" Nathanael asked. "Come and see," answered Philip.

1:46 나사렛에서 무든 선한 것이 날 수 있느냐. 나다나엘이 빌립의 말을 듣고 보인 반응이다. 의문을 갖는 것에 대해 부정적인 사람이 있다. 그러나 성경은 의문을 매우 환영한다. 오히려 질문하지 않고 믿는 것이 훨씬 더 문제다. 의문이 있어야 거짓에 속지 않을 수 있다. 의문이 없어 이단에 빠지는 것이다. 질문을 많이 하여 거짓과 진리를 구분할 수 있어야 한다.

나다나엘은 그가 알고 있는 지식으로 그리스도가 나사렛 출신이라는 사실에 의문을 가졌다. 그는 나사렛 인근의 가나 출신이다. 나사렛이 작은 마을이라는 것을 잘 알고 있기에 더욱더 작은 시기심이 발동하여 더 부정적으로 말하였을 수도 있다.

와서 보라. 부정적인 나다나엘에게 빌립은 와서 '보라(eidon)'고 말한다. '보라'는 단어가 46절-51절에 6번이나 나온다. 빌립이 예수님을 무엇 때문에 믿게 되었는지는 성경에 나와 있지 않다. 그가 알고 있던 말씀에 대한 설명일 가능성이 높다. 그런데 그렇게 짧은 시간에 바뀐다는 것이 결코 쉽지 않다. 그러나 바뀌었다. 그래서 빌립은 자신이 설명하는 것보다 나다나엘이 예수님을 직접 만나보는 것이 더 좋겠다고 생각하였다.

우리 교인들이 다른 사람들에게 이렇게 말할 수 있었으면 좋겠다. '와서 보라'고 말이다. 자신이 믿는 하나님을 말로 다 설명할 수 없으니 교회를 다녀보라고 초청하는 것이다.

하나님은 눈에 보이지 않지만 사실 눈에 보이는 모든 것을 창조하신 분이다. 우리는 사람들이 눈으로 볼 수 있게 하나님을 드러낼 수 없지만 우리들이 예배하는 순간은 사람들이 하나님을 인식할 수 있는 가장 좋은 시간이다. 나는 예배 시간에 하나님을 만난다. 내가 사람을 만나는 것보다 더 실제적으로 만난다. 어떤 사람을 만나는 것보다 훨씬 더 소중하다. 나의 목숨을 바쳐도 아깝지 않다. 먼저 믿고 예배하는 우리들이 모두 그러할 것이다. 우리의 예배하는 모습이 다른 사람들이 와서 하나님을 인식할 수 있는 가장 좋은 순간이 되었으면 좋겠다.

47 예수께서 나다나엘이 자기에게 오는 것을 보시고 그를 가리켜 이르시되 보라 이는 참으로 이스라엘 사람이라 그 속에 간사한 것이 없도다

47 When Jesus saw Nathanael coming to him, he said about him, "Here is a real Israelite; there is nothing false in him!"

1:47 참으로 이스라엘 사람이라. 나다나엘이 빌립과 함께 예수님께 왔을 때 예수님이 그를 알아 보셨다.

48 나다나엘이 이르되 어떻게 나를 아시나이까 예수께서 대답하여 이르시되 빌립이 너를 부르기 전에 네가 무화과나무 아래에 있을 때에 보았노라

48 Nathanael asked him, "How do you know me?" Jesus answered, "I saw you when you were under the fig tree before Philip called you."

1:48 나를 아시나이까. 나다나엘은 놀라서 물었다. **네가 무화과나무 아래에 있을 때에 보았노라.** 무화과나무는 이스라엘에서 그늘이 만들어지는 몇 안 되는 나무로 주로 이 아래에서 말씀을 읽거나 기도하였다. 나다나엘은 그 아래에서 야곱에 대한 말씀을 읽고 그것을 생각하고 있었던 것 같다. 그래서 놀랐다. 예수님이 그의 속마음을 보고 계셨기 때문이다.

49 나다나엘이 대답하되 랍비여 당신은 하나님의 아들이시요 당신은 이스라엘의 임금이로소이다

49 "Teacher," answered Nathanael, "you are the Son of God! You are the King of Israel!"

1:49 당신은 하나님의 아들이시요 당신은 이스라엘의 임금이로소이다. 예수님을 그리스도로 고백하고 있다. 다른 사람이 겉으로 보기에는 무슨 일이 일어났는지 잘 모른다. 그러나 예수님은 나다나엘의 마음을 만지셨다. 마음과 마음이 만나면 때로는 바로 깊은 만남이 된다. 어떤 사람은 교회에 10년을 다녀도 하나님을 잘 만나지 못하지만 어떤 사람은 첫 번에 만나기도 한다. 중요한 것은 횟수가 아니라 마음을 여는 것이다.

50 예수께서 대답하여 이르시되 내가 너를 무화과나무 아래에서 보았다 하므로 믿느냐 이보다 더 큰 일을 보리라

50 Jesus said, "Do you believe just because I told you I saw you when you were under the fig tree? You will see much greater things than this!"

1:50 더 큰 일을 보리라. 예수님이 그리스도 되심의 모습을 이제 더 많이 보게 될 것이다. 그가 앞으로 경험하게 될 큰 일을 우리도 경험해야 한다. 그리스도를 아는 지식의 높이와 깊이는 무한대다. 이것을 날마다 더 알아야 한다.

> **51** 또 이르시되 진실로 진실로 너희에게 이르노니 하늘이 열리고 하나님의 사자들이 인자 위에 오르락 내리락 하는 것을 보리라 하시니라
> **51** And he said to them, "I am telling you the truth: you will see heaven open and God's angels going up and coming down on the Son of Man."

1:51 하나님의 사자들이 인자 위에 오르락 내리락 하는 것을 보리라. 야곱이 가나안을 떠나 가다가 꿈을 꾸고 벧엘(하나님의 집)이라 이름을 지은 사건을 생각나게 한다. 그런데 예수님은 나다나엘이 앞으로 예수님의 하나님 되심을 더욱더 경험하게 될 것이기 때문에 이렇게 말씀하고 있다.

더 보아야 한다. 하나님의 임재를 더 보고. 하나님의 나라를 더 보아야 한다. 하나님의 사랑을 더 보는 것이 신앙인의 길이다. 천지 창조만큼 중요하고 귀한 일이다.

2장

2:1-12은 예수님이 잔치에서 물을 포도주로 바꾸는 기적을 통해 새 시대의 도래에 대해 알리신다.

> **1** 사흘째 되던 날 갈릴리 가나에 혼례가 있어 예수의 어머니도 거기 계시고
> **1** Two days later there was a wedding in the town of Cana in Galilee. Jesus' mother was there,

2:1 사흘째. 앞에서 나온 나다나엘을 만난 후 사흘째를 말한다. 1:19부터 시작한 구체적 날짜 진술은 이 사건에서 마침표를 찍는다. 여기까지 한 묶음이라는 것을 알수 있다. 벳새다에서 가나까지 거리가 40km 정도였기 때문에 꼬박 하루가 걸리는 거리다. 가는 시간 때문에 실제적으로 필요한 날짜다. 또한 이 날짜는 1장 19절부터 다 합하여 7일째가 되는 날이다.

이 잔치는 예수님이 죽으시고 부활하실 때를 상징적으로 담고 있다는 생각이 든다.

모든 것이 2창조를 담고 있다. 새 시대를 여는 것과 관련되어 있다.

혼례가 있어. 예수님께서 행하신 첫 기적이다. 이것이 혼례의 자리라는 것 또한 새 시대를 열어 천국 혼인 잔치에 연결되는 측면에서 매우 적합하다.

> **2** 예수와 그 제자들도 혼례에 청함을 받았더니
> **3** 포도주가 떨어진지라 예수의 어머니가 예수에게 이르되 저들에게 포도주가 없다 하니
> **2** and Jesus and his disciples had also been invited to the wedding.
> **3** When the wine had given out, Jesus' mother said to him, "They have no wine left."

2:3 포도주가 떨어진지라. 이 당시 혼인 잔치는 보통 일주일간 진행되었다. 아마 가나에 사는 사람은 거의 다 초청될 것이다. 인근의 다른 마을 사람들까지 초청을 한다. 그런데 잔치 중에 포도주가 떨어졌다. 이것은 잔치를 망치는 일이다. 만약 이렇게 끝나면 주인이나 신랑은 매우 수치스럽게 될 것이다. 가장 즐거워야 할 잔치가 두고두고 수치로 남게 될 상황이다.

세상이 그렇다. 세상은 즐겁게 잔치를 하기도 한다. 그러나 그렇게 가장 즐거워해야 할 혼인 잔치에서 예기치 못한 사건이 일어났다. 포도주가 떨어져 가장 수치스러운 시간이 될 수 있었다. 이러한 사건이 이 곳에서만 일어나겠는가? 이 땅은 늘 결핍의 시대다. 물질과 따스한 마음 등 모든 면에서 결핍의 시대를 살아간다. 오늘날 어느 때보다 물질적 풍요를 누리지만 여전히 사람들은 가난하다 말한다. 결핍을 느낀다.

예수의 어머니가 예수에게 이르되 저들에게 포도주가 없다. 마리아는 잔치의 주인이 아니라 아들에게 포도주가 떨어진 것을 알린다. 이 말에는 암묵적 요청이 담겨 있다. 잔치의 주인과 신랑의 사정이 딱해서 그랬을 것이다. 그렇다면 마리아는 예수님이 어떻게 하기를 원한 것일까? 아마 예수님의 출생부터 지금까지의 일을 통해 마리아는 예수님에 대해 아는 것과 기대하는 것들이 있기 때문일 것이다. 신랑 집의 큰 위기의 순간에 어쩌면 예수님이 도움을 줄 수 있을 것이라고 믿었던 것 같다.

> **4** 예수께서 이르시되 여자여 나와 무슨 상관이 있나이까 내 때가 아직 이르지 아니하였나이다
> **4** "You must not tell me what to do," Jesus replied. "My time has not yet come."

2:4 여자여 나와 무슨 상관이 있나이까. '여자여'라는 말은 오늘날 사람들이 듣기에 거

북한 것처럼 그렇게 경박한 말은 아니다. 그러나 어머니를 부르기에는 이것보다 더 좋은 존칭도 있다. 그런데 왜 이렇게 호칭할까? 십자가에서도 이렇게 부르신다. 이것은 아마 객관화 같다. 어머니와의 개인적 관계보다 한 여인으로서의 객관화된 표현이다. 예수님은 지금 어머니의 요청이라는 측면이 아니라 한 여인의 요청이라는 측면을 생각하시는 것 같다.

내 때가 아직 이르지 아니하였나이다. 이것은 묵시적 거부라고 할 수 있다. 행동의 유보라고 할 수도 있다. 그런데 이것은 예수님께서 자주 사용하시는 화법으로 '믿음에의 도전'으로 보인다. 믿음이 때를 만든다. 마리아가 불신으로 반응하면 결국 때가 이르지 못한 것이 된다. 그러나 믿음으로 반응하면 그 믿음이 나머지 때를 채워 때가 이르게 된다.

5 그의 어머니가 하인들에게 이르되 너희에게 무슨 말씀을 하시든지 그대로 하라 하니라
5 Jesus' mother then told the servants, "Do whatever he tells you."

2:5 너희에게 무슨 말씀을 하시든지 그대로 하라. 마리아는 여전히 예수님을 신뢰하였다. 마리아의 행동은 우리가 '믿음으로 구한다는 것의 자세'를 잘 보여준다. 구하였으니 꼭 구한대로 해 주어야 한다는 것이 믿음이 아니다. 구한 것에 대해 예수님이 이루시기를 원한다면 이루어진다는 신뢰다. 그래서 예수님께서 원하셔서 일을 하고자 하실 때 하실 수 있도록 길을 준비하는 것이다.

어떤 이들은 자기가 구하면 다 이루어져야 한다고 우긴다. 그러면서 실제로는 준비도 하지 않는다. 어떤 이들은 하늘의 뜻을 기다린다고 하면서 구하지도 않는다. 그도 역시 준비하지 않는다. 우리는 구해야 한다. 그리고 준비해야 한다. 주님이 원하시면 언제든지 이루어질 수 있도록 말이다.

6 거기에 유대인의 정결 예식을 따라 두세 통 드는 돌항아리 여섯이 놓였는지라
6 The Jews have rules about ritual washing, and for this purpose six stone water jars were there, each one large enough to hold about a hundred litres.

2:6 정결 예식을 따라...항아리 여섯이 놓였는지라. 100리터 들어가는 항아리 여섯 개다. 그러면 600리터다. 이것이 구체적으로 어떤 정결 예식인지는 모르나 매우 많은 양의 물이라는 것을 알 수 있다.

7 예수께서 그들에게 이르시되 항아리에 물을 채우라 하신즉 아귀까지 채우니
7 Jesus said to the servants, "Fill these jars with water." They filled them to the brim,

2:7 물을 채우라. 정결탕을 만드는데 사용하는 것이면 항아리가 비워 있었을 것이고, 손이나 발을 씻는 용도라면 사용하여 많이 줄어든 상태였을 것이다. 그 항아리를 물로 채우라고 말씀하셨다.

8 이제는 떠서 연회장에게 갖다 주라 하시매 갖다 주었더니
9 연회장은 물로 된 포도주를 맛보고도 어디서 났는지 알지 못하되 물 떠온 하인들은 알더라 연회장이 신랑을 불러
8 and then he told them, "Now draw some water out and take it to the man in charge of the feast." They took him the water,
9 which now had turned into wine, and he tasted it. He did not know where this wine had come from (but, of course, the servants who had drawn out the water knew); so he called the bridegroom

2:9 물로 된 포도주. 포도주가 된 물이다. 하인들이 예수님의 말씀을 따라 항아리의 물을 퍼서 가져 갔을 때 어느 순간에 바뀐 지는 모르지만 물은 이미 포도주로 바뀌어 있었다.
연회장은...알지 못하되 물 떠온 하인들은 알더라. 예수님은 이것을 사람들이 알도록 하지 않으셨다. 단지 그 일에 관련된 마리아와 하인들 그리고 제자들만 알게 하셨다.

10 말하되 사람마다 먼저 좋은 포도주를 내고 취한 후에 낮은 것을 내거늘 그대는 지금까지 좋은 포도주를 두었도다 하니라
10 and said to him, "Everyone else serves the best wine first, and after the guests have had plenty to drink, he serves the ordinary wine. But you have kept the best wine until now!"

2:10 지금까지 좋은 포도주를 두었도다. 포도주로 바뀐 물은 좋은 포도주였고 양도 매우 많았다.

11 예수께서 이 첫 표적을 갈릴리 가나에서 행하여 그의 영광을 나타내시매 제자들이 그를 믿으니라
12 그 후에 예수께서 그 어머니와 형제들과 제자들과 함께 가버나움으로 내려 가셨으나 거기에 여러 날 계시지는 아니하시니라

11 Jesus performed this first miracle in Cana in Galilee; there he revealed his glory, and his disciples believed in him.
12 After this, Jesus and his mother, brothers, and disciples went to Capernaum and stayed there a few days.

2:11 예수께서...그의 영광을 나타내시매. 이 사건은 예수님의 사역 시작의 이정표가 된다. 예수님이 '말씀이 육신이 되신 분'이라는 사실을 나타낸다. 그리고 그것은 새 시대를 여는 것이라는 것을 나타낸다.

물을 포도주로 만드신 것이 단지 실제적인 것만 말하는지 아니면 상징까지 담고 있는지 생각해 볼 수 있다. 상징까지 담고 있는 것으로 보인다. 풍성한 포도주는 성취를 담고 있다. 모든 일의 풍성한 성취다. 그래서 잔치를 한다. 어린 양의 혼인 잔치처럼 말이다.

물이 정결례를 위한 항아리에 있었다는 것도 상징을 담고 있는 것 같다. 정결례는 매우 중요하다. 그런데 그것보다 주인의 명예가 더 중요하다. 그래서 예수님은 그것을 잔치용 포도주로 바꾸어 주셨다. 정결법이 말씀을 더 잘 지키기 위해 만든 것인데, 사람을 위한 말씀을 사람을 죽이는 말씀으로 오해하도록 하는 경향이 있었다. 새 시대는 정결법이 필요하지 않다. 그림자가 필요 없는 것은 실체되신 분이 오셨기 때문이다. 예수님의 첫 기적은 그렇게 새 시대가 열린 것을 상징적으로 잘 드러내고 있다.

2. 유월절

(2:13-6:71)

2:13-6:71은 유월절과 함께 시작한다. 예수님의 그리스도 되심을 유월절 절기와 함께 설명한다. 다른 것에 비해 긴 단락이다. 요한복음은 유월절을 강조하여 말한다. 마지막 부분(13장-19장)은 유월절 한 하루에 있었던 이야기를 길게 말한다. 예수님이 유월절 양이시기 때문이다.

13 유대인의 유월절이 가까운지라 예수께서 예루살렘으로 올라가셨더니
13 It was almost time for the Passover Festival, so Jesus went to Jerusalem.

2:13 유월절...예루살렘으로 올라가셨더니. 예수님이 유월절 예루살렘에서 성전을 정화하신 사건은 공관복음은 모두 예수님의 마지막 7일에 위치시키고 있다. 그렇다면 요한이 전하는 성전 정화 사건과 어떻게 조화시킬 수 있을까? 하나의 사건을 저자들이 서로 다른 목적으로 다른 위치에 두었을 경우 두 가지 경우의 수가 있다. 첫째, 요한이 정확한 시기를 기록하고 있다. 즉 30년에 일어난 사건이다. 둘째, 다른 복음서 저자들이 위치시키고 있는 후반기 기록의 시간이 맞다. 즉 33년이다. 셋째, 2개의 별개의 사건이다. 즉 30년과 33년에 일어난 사건이다.

두 사건이 비슷하여 한 번의 사건을 서로 설명한 것이라고 말하는 경우가 많다. 그러나 본문 속에서 보면 두 사건이라고 말하는 것이 더 맞을 것 같다. '유월절이 가까운지라'고 말한다. 시간을 언급하며 앞의 사건과 연결시키고 있다. 그래서 요한은 이 사건을 시간과 별개로 다루지 않고 시간적 순서로 다루고 있다고 볼 수 있다. 다른 복음서 저자들도 마찬가지다.

다른 복음서 저자들은 마지막 7일에 있었던 성전 정화 사건만 다루고 있는데 요한은 예수님의 사역 초반기에 있었던 성전 정화 사건을 말한다. 이것은 요한이 요한계시록에서도 말하고 있는 성전의 회복을 중요하게 생각하고 있기 때문에 그런 것 같다. 예수님은 성전 정화로 시작하여 성전 정화로 마친다고 해도 과언이 아닐 만큼 성전 정화를 매우 중요하게 말씀하셨다.

14 성전 안에서 소와 양과 비둘기 파는 사람들과 돈 바꾸는 사람들이 앉아 있는 것을 보시고
15 노끈으로 채찍을 만드사 양이나 소를 다 성전에서 내쫓으시고 돈 바꾸는 사람들의 돈을 쏟으시며 상을 엎으시고
16 비둘기 파는 사람들에게 이르시되 이것을 여기서 가져가라 내 아버지의 집으로 장사하는 집을 만들지 말라 하시니
14 There in the Temple he found people selling cattle, sheep, and pigeons, and also the moneychangers sitting at their tables.
15 So he made a whip from cords and drove all the animals out of the Temple, both the sheep and the cattle; he overturned the tables of the moneychangers and scattered their coins;
16 and he ordered those who sold the pigeons, "Take them out of here! Stop making my Father's house a market place!"

2:16 내 아버지의 집으로 장사하는 집을 만들지 말라. 성전은 하나님께서 특별히 거하시는 곳이다. 그런데 그것이 잊혀지고 있었다. 그래서 성전 회복을 말씀하시는 것이다. 물론 성전에서 장사하는 이들은 변명할 거리가 있었다. 성전에서 제사를 돕기 위한 것이기 때문이다. 그러나 그것은 성전 밖의 거리에서도 할 수 있었다. 그것은 본질을 잊은 처사였다. 편의보다 더 중요한 것은 본질이다.

17 제자들이 성경 말씀에 주의 전을 사모하는 열심이 나를 삼키리라 한 것을 기억하더라
17 His disciples remembered that the scripture says, "My devotion to your house, O God, burns in me like a fire."

2:17 주의 전을 사모하는 열심이 나를 삼키리라. 예수님이 성전에서 장사하는 사람을 방해한 것은 제도권에 매우 큰 도전이다. 그것이 오히려 성전 모독죄가 될 수 있다. 이후에 예수님은 이 죄목이 죽을 때까지 따라 다닌다. 이것은 엄청난 죄목이 될 수 있고 도전이다. 그러나 예수님은 그것을 아시면서도 이렇게 행하셨다. 성전의 회복은 사람들에게 어떤 것보다 더 중요하기 때문이다.

18 이에 유대인들이 대답하여 예수께 말하기를 네가 이런 일을 행하니 무슨 표적을 우리에게 보이겠느냐
18 The Jewish authorities replied with a question, "What miracle can you perform to show us that you have the right to do this?"

2:18 네가 이런 일을 행하니 무슨 표적을 우리에게 보이겠느냐. 예수님의 말씀을 들은 일반 유대인들은 일면 타당한 면이 있다고 생각하였다. 그래서 그런 주장을 하는 권위를 요구하였다. 예수님은 제사장이나 선지자가 아닌데 무슨 권위로 이런 주장을 하는지 그것이 하나님으로부터 온 것이라는 것을 증명하기 위해 '표적'을 구한 것이다. 권위를 가지고 있는지에 대한 요구다.

> **19** 예수께서 대답하여 이르시되 너희가 이 성전을 헐라 내가 사흘 동안에 일으키리라
> **20** 유대인들이 이르되 이 성전은 사십육 년 동안에 지었거늘 네가 삼 일 동안에 일으키겠느냐 하더라
> **19** Jesus answered, "Tear down this Temple, and in three days I will build it again."
> **20** "Are you going to build it again in three days?" they asked him. "It has taken forty-six years to build this Temple!"

2:20 이 성전은 사십육 년 동안에 지었거늘. 요세푸스에 의하면 헤롯은 성전 재건(리모델링)을 주전 19년에 시작하여 일년 반만인 주전 17년에 완성하였다. 그리고 주후 64년에 헤롯 아그립바 2세에 의해 성전이 완공되었다고 말한다. 헤롯 때에 성전이 1차 완성된 이후 오랜 기간 추가 작업을 계속 진행한 것으로 보인다. 예수님이 말씀하시던 때는 주후 30년이기 때문에 그 당시에는 추가작업이 46년 동안 진행되고 있었다고 볼 수 있다.

네가 삼 일 동안에 일으키겠느냐. 유대인들은 성전에 대한 자부심이 대단하였다. 헤롯은 미워하였어도 그가 지은 성전은 사랑하였다. 그래서 예수님이 성전에 대해 말씀하셨을 때 엄청난 반감을 가졌을 것이다. 그런데 그들이 가진 반감은 성전 자체에 대한 것이었다. 성전의 본질인 '하나님이 거하시는 곳'에 대해서는 부차적으로 되어 있었다. 그들이 성전 자랑은 크고 화려함이었다. 그곳에 거하시는 하나님이 아니었다.

> **21** 그러나 예수는 성전된 자기 육체를 가리켜 말씀하신 것이라
> **21** But the temple Jesus was speaking about was his body.

2:21 성전된 자기 육체를 가리켜 말씀하신 것이라. 건물 성전은 하나님께서 특별히 거하시기 때문에 성전이다. 그런데 예수님은 '하나님이 특별히 거하시는 곳'이 아니라 '하나님 자신'이다. 그렇다면 헤롯이 지은 건물 성전이 아니라 그들 눈 앞에 있는 예수

님이 훨씬 더 위대한 성전이다.

예수님이 재림하셔서 시작되는 새 하늘과 새 땅에는 '성전이 없다'고 말한다. 예수님이 직접 거하시기 때문이다. 예수님이 어떤 특정한 곳에 특별히 임하시는 것이 아니라 모든 이들과 함께 하시기 때문이다. 예수님은 성전의 완성이다. 건물 성전에 대해 말하는 유대인들을 향해 예수님은 성전의 완성에 대해 말씀하고 있는 것이다. 가장 영광스러운 성전이다.

> **22** 죽은 자 가운데서 살아나신 후에야 제자들이 이 말씀하신 것을 기억하고 성경과 예수께서 하신 말씀을 믿었더라
> **23** 유월절에 예수께서 예루살렘에 계시니 많은 사람이 그의 행하시는 표적을 보고 그의 이름을 믿었으나
> **24** 예수는 그의 몸을 그들에게 의탁하지 아니하셨으니 이는 친히 모든 사람을 아심이요
> **25** 또 사람에 대하여 누구의 증언도 받으실 필요가 없었으니 이는 그가 친히 사람의 속에 있는 것을 아셨음이니라
> **22** So when he was raised from death, his disciples remembered that he had said this, and they believed the scripture and what Jesus had said.
> **23** While Jesus was in Jerusalem during the Passover Festival, many believed in him as they saw the miracles he performed.
> **24** But Jesus did not trust himself to them, because he knew them all.
> **25** There was no need for anyone to tell him about them, because he himself knew what was in their hearts.

2:22 죽은 자 가운데서 살아나신 후에야 제자들이 이 말씀하신 것을 기억하고. 제자들도 건물 성전에 매료되어 있었다. 주님이 죽으시고 '삼 일'만에 살아나신 것을 경험한 이후에야 영광스러운 성전을 이해하게 될 것이다.

> **1** 그런데 바리새인 중에 니고데모라 하는 사람이 있으니 유대인의 지도자라
> **1** There was a Jewish leader named Nicodemus, who belonged to the party of the Pharisees.

3:1 바리새인...유대인의 지도자. 바리새인은 당시 말씀에 정통하고 가장 열심인 사람

들이었다. 게다가 산헤드린 사람이었으니 바리새인 중에서도 인정받는 리더였다. 그는 예수님이 하시는 말씀과 행동을 주의 깊게 살펴보고 있었던 것 같다.

2 그가 밤에 예수께 와서 이르되 랍비여 우리가 당신은 하나님께로부터 오신 선생인 줄 아나이다 하나님이 함께 하시지 아니하시면 당신이 행하시는 이 표적을 아무도 할 수 없음이니이다
2 One night he went to Jesus and said to him, "Rabbi, we know that you are a teacher sent by God. No one could perform the miracles you are doing unless God were with him."

3:2 랍비여 우리가 당신은 하나님께로부터 오신 선생인 줄 아나이다. 니고데모는 외적으로 예수님보다 훨씬 더 존경받는 사람이었다. 랍비였을 것이다. 그런데 그가 무명의 한 사람을 보고 랍비라고 말하는 것을 보면 예수님을 많이 인정하고 있다는 것을 의미한다. '하나님께로부터 오신 선생'인 것은 인정하였다. 그러나 거기까지였다.
예수님을 성인으로 인정하는 사람들이 있다. 많이 존중하는 것 같다. 그러나 그것은 결코 믿음이 아니다. 사실 예수님은 본인이 하나님의 아들이라 말씀하시니 결코 성인이 될 수 없다. 미친 사람이든지 아니면 성자 하나님이든지 둘 중에 하나다. 그 중간인 성인은 결코 될 수 없다. 니고데모는 예수님을 성인 정도로 생각하고 있는 것이다. 그것은 다른 사람들에 비해 예수님을 대단히 높여 주는 것이지만 진실은 아니다.

3 예수께서 대답하여 이르시되 진실로 진실로 네게 이르노니 사람이 거듭나지 아니하면 하나님의 나라를 볼 수 없느니라
3 Jesus answered, "I am telling you the truth: no one can see the Kingdom of God without being born again."

3:3 거듭나지 아니하면 하나님의 나라를 볼 수 없느니라. 예수님은 자신에 대해 이야기하는 니고데모에게 자신이 아니라 니고데모에 대해 말씀하셨다. '하나님 나라를 본다'는 것은 '하나님 나라에 들어간다'는 것과 동의어다. 예수님을 성생으로 존중하는 니고데모의 생각은 칭찬받을 수는 있지만 정확히 옳은 것은 아니었다. 그래서 예수님은 진리에 대해 더 설명하여 주신다.

4 니고데모가 이르되 사람이 늙으면 어떻게 날 수 있사옵나이까 두 번째 모태에 들어갔다가 날 수 있사옵나이까

4 "How can a grown man be born again?" Nicodemus asked. "He certainly cannot enter his mother's womb and be born a second time!"

3:4 사람이 늙으면 어떻게 날 수 있사옵나이까. 니고데모는 '거듭남'에 대해 모르는 것이 아니라, '유대인의 거듭남'에 대해 모르고 있었다. 유대인들은 이방인 개종자에 대해서는 거듭남의 표현을 사용하였다. 그러나 자신은 유대인이요 바리새인이다. 예수님의 말씀이 이방인 개종자에 버금가는 완전히 새로운 태어남을 말씀하시기에 이해하지 못하였다.

5 예수께서 대답하시되 진실로 진실로 네게 이르노니 사람이 물과 성령으로 나지 아니하면 하나님의 나라에 들어갈 수 없느니라
5 "I am telling you the truth," replied Jesus. "No one can enter the Kingdom of God without being born of water and the Spirit.

3:5 진실로 진실로. 강조이고 선언이다. **물과 성령으로 나지 아니하면 하나님 나라에 들어갈 수 없느니라.** '물'을 오늘날의 세례로 생각하기 쉽다. 그러나 니고데모는 오늘날 우리들의 세례를 전혀 모른다. 니고데모에게 모르는 것을 말씀하실 일이 없다. '물'은 '성령'과 거의 동의어로 보는 것이 맞을 것 같다. 이중 표현이다.
'성령'의 임함은 구약에서 새로운 시대를 알리는 표시였다. 구약 시대에 성령은 특별한 임무를 줄 때만 임하였다. 왕과 제사장과 선지자의 기름부음과 같은 경우다. 그러나 새 시대에는 모든 사람에게 성령이 임한다고 말하였다. 지금 바로 그 시대가 임하였음을 말씀하고 있는 것이다. 주님이 대속하고 승천하신 이후 사람들에게 성령이 임하였다. 죄가 대속되었기에 성령이 임할 수 있게 된 것이다. 이후 모든 신앙인에게 성령이 임하게 된다.
니고데모는 성령이 임하는 새로운 시대에 대해 아주 잘 알고 있었을 것이다. 그러나 지금 그 시대가 시작된 것을 모르고 있었다. 새 시대는 성취의 시대다. 가나 혼인 잔치에서 정결의 법(물)이 혼인의 잔치(술)로 바뀌었다. 성취의 시대 새 시대를 알리는 것이었다. 지금 니고데모에게 성령이 임하는 것을 말하는 것도 새 시대를 알리시는 것이다.

6 육으로 난 것은 육이요 영으로 난 것은 영이니
6 A person is born physically of human parents, but is born spiritually of the Spirit.

3:6 영으로 난 것은 영이니. 땅의 일에 대해 매여 있으면 안 된다. 하늘에서 성령이 임하여 하나님의 일을 하는 시대가 열리고 있다. '영으로 난 것'이 이후의 이야기를 보면 하늘의 품성을 갖게 되는 것까지 포함하고 있는 것 같다. 땅의 도덕이 아니라 하늘의 도덕이다. 그런데 더욱더 중요한 것은 근본적인 변화라는 것을 의미하는 것 같다. 천지 창조에서 성령을 통해 세상을 창조하셨는데 죄로 말미암아 떠나신 성령이 다시 임하는 것을 말한다. 새 창조를 말한다.

7 내가 네게 거듭나야 하겠다 하는 말을 놀랍게 여기지 말라
8 바람이 임의로 불매 네가 그 소리는 들어도 어디서 와서 어디로 가는지 알지 못하나니 성령으로 난 사람도 다 그러하니라
7 Do not be surprised because I tell you that you must all be born again.
8 The wind blows wherever it wishes; you hear the sound it makes, but you do not know where it comes from or where it is going. It is like that with everyone who is born of the Spirit."

3:8 바람이 임으로 불매 네가 그 소리는 들어도 어디서 와서 어디로 가는지 알지 못하나니. '바람'은 성령을 상징한다. 성령이 이미 임하여 일하기 시작하셨다. 예수님이 세례 받으실 때 예수님 위에 임하셨다. 지금 일하고 계신다. 이후에 모든 사람 가운데 임하실 것이다. 그것이 눈에 보이지는 않지만 일어나는 일을 통해 알 수 있다.

9 니고데모가 대답하여 이르되 어찌 그러한 일이 있을 수 있나이까
10 예수께서 그에게 대답하여 이르시되 너는 이스라엘의 선생으로서 이러한 것들을 알지 못하느냐
11 진실로 진실로 네게 이르노니 우리는 아는 것을 말하고 본 것을 증언하노라 그러나 너희가 우리의 증언을 받지 아니하는도다
9 "How can this be?" asked Nicodemus.
10 Jesus answered, "You are a great teacher in Israel, and you don't know this?
11 I am telling you the truth: we speak of what we know and report what we have seen, yet none of you is willing to accept our message.

3:11 우리는 아는 것을 말하고 본 것을 증언하노라. '우리'라고 말하는 것은 예수님을 따르는 무리를 함께 말하기 위함인 것으로 보인다. **증언하노라.** 그들이 말하는 것은 막연하고 추상적인 것에 대해 말하는 것이 아니다. 확실한 진리에 대한 증언이다.

12 내가 땅의 일을 말하여도 너희가 믿지 아니하거든 하물며 하늘의 일을 말하면 어떻게 믿겠느냐

12 You do not believe me when I tell you about the things of this world; how will you ever believe me, then, when I tell you about the things of heaven?

3:12 내가...하늘의 일을 말하면 어떻게 믿겠느냐. 다시 1인칭으로 바꾸어 말씀하신다. 아마 예수님의 지식과 따르는 사람들의 지식의 차이 때문에 그런 것 같다. 따르는 사람도 아직은 잘 모르는 것이 많았다. 그러나 분명한 것은 예수님께서 지금 재 창조의 놀라운 시대에 대해 말씀하고 있다는 사실이다. 모르는 것이 많지만 마음을 여는 것이 중요하다.

13 하늘에서 내려온 자 곧 인자 외에는 하늘에 올라간 자가 없느니라

13 And no one has ever gone up to heaven except the Son of Man, who came down from heaven."

3:13 인자 외에는 하늘에 올라간 자가 없느니라. 유대인들은 하늘에서 누군가 지혜를 가지고 와서 가르쳐 줄 것이라고 생각하였다. 그러나 예수님은 예수님 외에 누구도 하늘의 일을 가르쳐 줄 사람이 없다고 말씀한다. 지금 이미 새 시대가 왔고 그것을 들어야 한다.

14 모세가 광야에서 뱀을 든 것 같이 인자도 들려야 하리니

14 As Moses lifted up the bronze snake on a pole in the desert, in the same way the Son of Man must be lifted up,

3:14 광야에서 뱀을 든 것 같이 인자도 들려야 하리니. 알쏭달쏭한 말씀이다. 이것은 이후의 십자가에 달리실 것을 미리 말씀하시는 것이다.

15 이는 그를 믿는 자마다 영생을 얻게 하려 하심이니라

15 so that everyone who believes in him may have eternal life.

3:15 영생을 얻게 하려 하심이니라. '영생'은 요한복음의 가장 중요한 주제다. 앞에서 나온 '생명의 빛'은 영생을 의미한다. 죽음의 어둠 속에 있는 사람들에게 영생을 주시기 위해 말씀이 육신이 되셨다. 아주 놀라운 일이 일어났다. 그런데도 불구하고 사람

들은 무지와 불신으로 예수님을 믿지 않음으로 죽음 가운데 있다.

16절-21절은 니고데모와 예수님의 대화를 바탕으로 요한이 그것에 대해 제 삼자로서 부가적으로 설명한 것이다.

> **16** 하나님이 세상을 이처럼 사랑하사 독생자를 주셨으니 이는 그를 믿는 자마다 멸망하지 않고 영생을 얻게 하려 하심이라
> **16** For God loved the world so much that he gave his only Son, so that everyone who believes in him may not die but have eternal life.

3:16 하나님이 세상을 이처럼 사랑하사. '이처럼'은 '인자가 들리는 것'을 의미한다. 성자 하나님이신 분이 나무에 매달리는 것을 말한다. 그렇게까지 하시는 이유가 무엇일까? 사랑이다.

그를 믿는 자마다 멸망하지 않고 영생을 얻게 하려 하심이라. '광야에서 모세의 놋 뱀을 보았던 이들이 죽임을 면하였던 것처럼 십자가에 매달리신 예수님을 바라봄으로 멸망에서 영생으로 바뀌도록 하기 위한 것이다. 멸망과 영생이 얼마나 큰 차이인지 주님이 아시기에 사람들에게 영생을 주시기 위해 엄청난 일을 행하신 것이다.

그를 믿는 자마다. '믿는다'는 것은 예수님이 '말씀이 육신이 되신' 분이라는 사실을 믿는 것이다. 예수님이 태초부터 계신 말씀(로고스)으로 하나님이심을 믿는 것이다. 이것은 더 나아가 예수님의 말씀을 믿고 신뢰하며 따르는 것을 포함한다.

> **17** 하나님이 그 아들을 세상에 보내신 것은 세상을 심판하려 하심이 아니요 그로 말미암아 세상이 구원을 받게 하려 하심이라
> **17** For God did not send his Son into the world to be its judge, but to be its saviour.

3:17 아들을 세상에 보내신 것은...세상이 구원을 받게 하려 하심이라. 하나님께서 아들을 세상에 보내신 것은 참으로 힘들고 아픈 일이었을 것이다. 그러나 세상을 구원하기 위해 보내셨다.

세상은 구원이 필요하다. 하나님은 세상을 구원하기 원하신다. 그것이 하나님의 마음이다. 많은 사람이 믿어 구원에 이르기를 원하신다. 사람을 멸망에 떨어지게 하는 것은 자신의 불신앙 외에 어떤 것도 없다. 사탄이 아무리 힘이 강하여도 사탄 때문에 멸망에 떨어지지 않는다. 하나님께서 사람이 구원받기를 원하시기 때문이다. 그러나 하

나님께서 그렇게 원하셔도 사람의 불신앙은 결국 자신을 멸망에 떨어지게 한다. 그러기에 믿음이 매우 중요하다.

> **18** 그를 믿는 자는 심판을 받지 아니하는 것이요 믿지 아니하는 자는 하나님의 독생자의 이름을 믿지 아니하므로 벌써 심판을 받은 것이니라
> **19** 그 정죄는 이것이니 곧 빛이 세상에 왔으되 사람들이 자기 행위가 악하므로 빛보다 어둠을 더 사랑한 것이니라
> **18** Those who believe in the Son are not judged; but those who do not believe have already been judged, because they have not believed in God's only Son.
> **19** This is how the judgement works: the light has come into the world, but people love the darkness rather than the light, because their deeds are evil.

3:19 자기 행위가 악하므로 빛보다 어둠을 더 사랑한 것이니라. 사람들이 영생을 주시는 하나님을 왜 거부할까? 그것은 그들의 행위가 악하기 때문이라고 말씀한다. 사람들은 어둠에 익숙하다. 어둠은 선악과를 마음대로 먹으라고 말한다. '네가 하고 싶은 대로 하라' '네 멋대로 살라'고 말한다. 사람은 어느새 선악과에 익숙하다. 선과 악을 창조주의 규정에 의해 정하는 것이 아니라 자신이 기준이 되어 정하고 살아가고 있다. 그것이 얼마나 잘못된 것인지를 알지 못한다. 그것을 좋아한다. 빛보다 어둠을 더 사랑하고 있다.

> **20** 악을 행하는 자마다 빛을 미워하여 빛으로 오지 아니하나니 이는 그 행위가 드러날까 함이요
> **21** 진리를 따르는 자는 빛으로 오나니 이는 그 행위가 하나님 안에서 행한 것임을 나타내려 함이라 하시니라
> **20** All those who do evil things hate the light and will not come to the light, because they do not want their evil deeds to be shown up.
> **21** But those who do what is true come to the light in order that the light may show that what they did was in obedience to God.

3:21 진리를 따르는 자는 빛으로 오나니. 진리를 따르는 사람은 빛 앞으로 나간다고 말한다. 진리를 따르는 사람은 늘 예수님께 나간다. 예수님의 뜻을 찾는다. 예수님의 뜻이 진리이기 때문이다. 믿음이란 예수님의 뜻을 따라 사는 것이다. 하나님 안에서 행하는 것이다. 빛으로 나가고 빛을 기준으로 살아야 한다.

22 그 후에 예수께서 제자들과 유대 땅으로 가서 거기 함께 유하시며 세례를 베푸시더라

23 요한도 살렘 가까운 애논에서 세례를 베푸니 거기 물이 많음이라 그러므로 사람들이 와서 세례를 받더라

24 요한이 아직 옥에 갇히지 아니하였더라

25 이에 요한의 제자 중에서 한 유대인과 더불어 정결예식에 대하여 변론이 되었더니

26 그들이 요한에게 가서 이르되 랍비여 선생님과 함께 요단 강 저편에 있던 이 곧 선생님이 증언하시던 이가 세례를 베풀매 사람이 다 그에게로 가더이다

22 After this, Jesus and his disciples went to the province of Judea, where he spent some time with them and baptized.

23 John also was baptizing in Aenon, not far from Salim, because there was plenty of water in that place. People were going to him, and he was baptizing them.

24 (This was before John had been put in prison.)

25 Some of John's disciples began arguing with a Jew about the matter of ritual washing.

26 So they went to John and said, "Teacher, you remember the man who was with you on the east side of the Jordan, the one you spoke about? Well, he is baptizing now, and everyone is going to him!"

3:26 선생님이 증언하시던 이가 세례를 베풀매 사람이 다 그에게로 가더이다. 자신들의 스승 세례 요한에 대한 불만이 가득한 것 같다. 세례 요한이 예수님과 자신을 비교하면서 자신은 예수님에 비하면 비천한 종보다 더 못하다고 하였으니 사람들이 세례 요한보다 예수님께 나가서 세례를 받는 것이 당연하다고 생각한 것이다.

27 요한이 대답하여 이르되 만일 하늘에서 주신 바 아니면 사람이 아무 것도 받을 수 없느니라

27 John answered, "No one can have anything unless God gives it to him.

3:27 하늘에서 주신 바 아니면 사람이 아무 것도 받을 수 없느니라. 세례 요한은 예수님의 사역이 하늘에서 받아서 하는 것이라고 말하였다. 그는 사람을 비교하고 시기하는 것이 아니라 그것의 출처가 어디인지를 생각하였다. 하나님께서 주신 것이면 비교하고 시기할 것이 아니라 감사하고 응원해야 하는 것이다.

28 내가 말한 바 나는 그리스도가 아니요 그의 앞에 보내심을 받은 자라고 한 것을 증언할 자는 너희니라

28 You yourselves are my witnesses that I said, 'I am not the Messiah, but I have been sent ahead of him.'

3:28 나는 그리스도가 아니요...증언할 자는 너희니라. 세례 요한은 자신이 그리스도가 아니라는 것을 명확히 알고 있었다. 그것을 제자들에게 가르쳤다. 제자들은 예수님을 시기할 것이 아니라 세례 요한이 그리스도가 아니라고 증언해야 할 사람들이다.

세례 요한은 자신이 그리스도가 아니라는 것을 명확히 알았다. 그가 그리스도가 되지 못하였으니 불행한 것이 아니다. 사람들이 자신의 자리가 아닌 것을 세상이 선망하면 더불어 탐하는 경우가 많다. 그러나 자신의 자리가 아니면 그 자리는 좋은 자리가 아니다.

29 신부를 취하는 자는 신랑이나 서서 신랑의 음성을 듣는 친구가 크게 기뻐하나니 나는 이러한 기쁨으로 충만하였노라
30 그는 흥하여야 하겠고 나는 쇠하여야 하리라 하니라
29 The bridegroom is the one to whom the bride belongs; but the bridegroom's friend, who stands by and listens, is glad when he hears the bridegroom's voice. This is how my own happiness is made complete.
30 He must become more important while I become less important."

3:30 그는 흥하여야…나는 쇠하여야. 세례 요한은 자신과 예수님을 한 번 더 비교를 한다. 시간이 흐를수록 세례 요한은 자신은 오히려 더 쇠하여야 한다고 말한다. 그가 이렇게 쇠하여 지면 불행한 것일까? 아니다. 그가 쇠하면 쇠할수록 사실 그는 자신의 역할을 잘 하고 있는 것이다. 참으로 영광스러운 길이다.

이 구절은 목회를 처음 시작하면서 나의 모토였다. 시간이 흐를수록 나는 더욱더 드러나지 않고 오직 그리스도가 드러나는 삶이 되기를 기도하였다.

사람들이 신앙생활에 세례 요한의 이 고백이 담겼으면 좋겠다. 어떤 사람은 시간이 갈수록 자신이 더욱더 흥해야 한다고 생각한다. 그러나 그렇지 않다. 신앙인은 자신이 흥하는 것이 아니라 자신을 통해 그리스도가 흥하는 삶이 되어야 한다. 만약 자신이 흥한다면 그것은 썩을 것이 쌓이는 것이다. 오직 그리스도가 흥해야 영광이 쌓이는 것이다.

31절-35절은 요한복음의 저자인 요한의 부가적 설명이다. 세례 요한의 이야기를 바탕으로 부가적 설명을 한다.

31 위로부터 오시는 이는 만물 위에 계시고 땅에서 난 이는 땅에 속하여 땅에 속한 것을 말하느니라 하늘로부터 오시는 이는 만물 위에 계시나니
31 He who comes from above is greater than all. He who is from the earth belongs to the earth and speaks about earthly matters, but he who comes from heaven is above all.

3:31 위로부터 오시는 이는 만물 위에 계시고 땅에서 난 이는 땅에 속하여. '위로부터 오시는 이'는 예수님을 의미한다. '땅에서 난 이'는 세례 요한을 의미한다. 예수님과 세례 요한은 비교 대상이 아니다. 완전히 다르다. 창조주와 피조물이 어찌 비교될 수 있겠는가? 만약 세례 요한이 자신의 제자들이 느낀 시기심을 가지게 되었다면 그것이 얼마나 부끄러운 일이겠는가?

32 그가 친히 보고 들은 것을 증언하되 그의 증언을 받는 자가 없도다
33 그의 증언을 받는 자는 하나님이 참되시다는 것을 인쳤느니라
34 하나님이 보내신 이는 하나님의 말씀을 하나니 이는 하나님이 성령을 한량 없이 주심이니라
32 He tells what he has seen and heard, yet no one accepts his message.
33 But whoever accepts his message confirms by this that God is truthful.
34 The one whom God has sent speaks God's words, because God gives him the fullness of his Spirit.

3:34 하나님이 성령을 한량 없이 주심이니라. 예수님이 세례 받으실 때 성령이 임하였다. 그리고 성령이 예수님 안에서 제한 없이 일을 하신다. 놀라운 일을 하신다. 그것은 세상이 하는 일과 차원이 다르다. 그러기에 예수님이 하시는 일과 세례 요한이 하는 일을 비교하면 안 된다.

35 아버지께서 아들을 사랑하사 만물을 다 그의 손에 주셨으니
35 The Father loves his Son and has put everything in his power.

3:35 만물을 다 그의 손에 주셨으니. 세례 요한의 제자들은 아들에게 주어진 만물을 볼 수 있었어야 했다. 예수님은 만물 위에 계신 분이다. 그런데 피조물인 자신의 스승과 자신들의 위치를 예수님과 비교하고 시기하였으니 얼마나 어리석은 일인가?
오늘날 우리들 또한 그러하다. 예수님께서 우리에게 무엇을 말씀하시는 것은 만물 위에 계신 분으로 하시는 것이다. 그런데 우리는 세상의 작은 일 때문에 예수님이 말씀하시는 것을 거역하곤 한다. 참으로 말도 안 되는 일이 일어나는 것이다. 우리의 일이

만물 위에 계신 주님의 말씀을 따라 하는 일이 되게 해야 한다.

> **36** 아들을 믿는 자에게는 영생이 있고 아들에게 순종하지 아니하는 자는 영생
> 을 보지 못하고 도리어 하나님의 진노가 그 위에 머물러 있느니라
> **36** Whoever believes in the Son has eternal life; whoever disobeys the Son will not have life,
> but will remain under God's punishment.

3:36 아들을 믿는 자에게는 영생이 있고 아들에게 순종하지 아니하는 자는 영생을 보지 못하고. 예수님을 믿어 예수님의 말씀에 순종하는 것은 순종하는 하나의 행위에 그치는 것이 아니다. 불순종이라는 하나의 행위에 그치는 것이 아니다. 그것의 이면에는 늘 영생의 유무와 연결되어 있다. 용서하는 것과 용서하지 못하는 것은 그것만의 일이 아니다. 그 이면에 영생과 연결되어 있다. 우리는 이 땅에서 우리의 모든 삶에 대해 영생의 연관성을 볼 수 있어야 한다.

하나님의 진노가 그 위에 머물러 있느니라. 예수님은 어둠에 빛을 주시기 위해 오셨다. 예수님의 빛을 받아들이지 않으면 그들은 여전히 어둠 가운데 있는 것이다. 하나님의 진노가 머물러 있다. 하나님의 진노가 없었던 그들에게 예수님을 믿지 않음으로 하나님의 진노가 생긴 것이 아니다. 그들은 본래 죄 때문에 하나님의 진노 가운데 있었다. 그러나 생명의 빛으로 오신 예수님을 믿음으로 하나님의 진노가 떠나는 것이다.

4장

> **1** 예수께서 제자를 삼고 세례를 베푸시는 것이 요한보다 많다 하는 말을 바리
> 새인들이 들은 줄을 주께서 아신지라
> **2** (예수께서 친히 세례를 베푸신 것이 아니요 제자들이 베푼 것이라)
> **3** 유대를 떠나사 다시 갈릴리로 가실새
> **4** 사마리아를 통과하여야 하겠는지라
> **1** The Pharisees heard that Jesus was winning and baptizing more disciples than John.
> **2** (Actually, Jesus himself did not baptize anyone; only his disciples did.)
> **3** So when Jesus heard what was being said, he left Judea and went back to Galilee;
> **4** on his way there he had to go through Samaria.

4:4 사마리아를 통과하여야. 이것이 지리적인 것을 말하는 것인지, 예수님의 마음을 말하는 것인지 정확하지 않다. 예수님은 요단강 근처에 계셨을 가능성이 제일 높다.

그렇다면 사마리아 지역을 통과하지 않고 요단강을 따라 올라가는 것이 제일 좋다. 그런데 사마리아 지역으로 가신 것을 통해 볼 때 이것은 아마 예수님의 마음을 의미하는 것 같다. 의도적으로 누군가를 만나기 위해 사마리아 지역으로 가신 것이다.

5 사마리아에 있는 수가라 하는 동네에 이르시니 야곱이 그 아들 요셉에게 준 땅이 가깝고
6 거기 또 야곱의 우물이 있더라 예수께서 길 가시다가 피곤하여 우물 곁에 그대로 앉으시니 때가 여섯 시쯤 되었더라
5 In Samaria he came to a town named Sychar, which was not far from the field that Jacob had given to his son Joseph.
6 Jacob's well was there, and Jesus, tired out by the journey, sat down by the well. It was about noon.

4:6 예수께서 길 가시다가 피곤하여 우물 곁에 그대로 앉으시니. 예수님은 그 길이 피곤한 길이었지만 구태여 그렇게 그 길을 가셨다.

7 사마리아 여자 한 사람이 물을 길으러 왔으매 예수께서 물을 좀 달라 하시니
7 A Samaritan woman came to draw some water, and Jesus said to her, "Give me a drink of water."

4:7 사마리아 여자 한 사람이 물을 길으러 왔으매. 사마리아 여인이 물을 길러 왔다. 그런데 혼자 온 것을 보니 많이 외로운 사람이라는 것을 알 수 있다. 보통은 물 길러 다닐 때는 힘든 것을 혼자 하지 않고 말 동무하는 이와 함께 다닌다.
예수께서 물을 좀 달라 하시니. 예수님께서 여인에게 물을 달라고 하셨다. 매우 위급할 때는 남자가 여인에게 물을 달라 할 수 있다. 그러나 그래도 사마리아 지역에서 남자가 여인에게 물을 달라 하는 것은 결코 흔한 일은 아니었다.

8 이는 제자들이 먹을 것을 사러 그 동네에 들어갔음이러라
9 사마리아 여자가 이르되 당신은 유대인으로서 어찌하여 사마리아 여자인 나에게 물을 달라 하나이까 하니 이는 유대인이 사마리아인과 상종하지 아니함이러라
8 (His disciples had gone into town to buy food.)
9 The woman answered, "You are a Jew, and I am a Samaritan—so how can you ask me for a drink?" (Jews will not use the same cups and bowls that Samaritans use.)

4:9 유대인으로서 어찌하여 사마리아 여자인 나에게 물을 달라 하나이까. 여자는 유대인 남자가 자신에게 말을 거는 것이 너무 이상하였다. 책망하는 듯한 말이다. 여인의 이러한 반응은 그 문화에서는 당연하였다.

먼저 사마리아 사람에 대해 알아 볼 필요가 있다. 유대인들은 사마리아인을 완전히 이방인으로 보지는 않았다. 그러나 다양한 시각이 있어 사마리아인을 유대인과 이방인 중간 정도로 보았다. 예를 들어 이스라엘인이 이방인 자녀에게는 젖을 먹일 수 없지만 사마리아인에게는 젖을 먹일 수 있다. 모세오경을 공유하기에 그들을 이단으로 보지는 않았지만 다른 종파로 여겼다.

여인은 어떨까? 오늘날에도 전통적인 중동 사회에서는 남자와 여자가 단 둘이 20분 이상 있으면 성적인 교류로 여긴다. 유대인들은 유대 남자가

여인과 불필요한 대화를 피해야 한다. 유대인 학자에게 합당하지 않은 것 중에 하나가 여인과의 대화다. 엄격한 사람들은 아내가 길거리에서 남자와 이야기하면 위자료 없이 이혼할 수 있다고 생각하였다.

10 예수께서 대답하여 이르시되 네가 만일 하나님의 선물과 또 네게 물 좀 달라 하는 이가 누구인 줄 알았더라면 네가 그에게 구하였을 것이요 그가 생수를 네게 주었으리라

10 Jesus answered, "If only you knew what God gives and who it is that is asking you for a drink, you would ask him, and he would give you life-giving water."

4:10 네가 만일 하나님의 선물과 또 네게 물을 좀 달라 하는 이가 누구인줄 알았더라면 네가 그에게 구하였을 것이요. 이상하게 생각하는 사마리아 여인에게 예수님은 지금 일어나고 있는 일은 참으로 위대하여 이상함을 넘어서야 하는 것임을 말씀하셨다. 어떤 사람에게는 신앙의 길로 들어서는 것이 매우 어려울 수 있다. 집안 때문에 어렵고, 성격 때문에 어려울 수 있다. 주변의 친구들 때문에 어려울 수 있다. 그러나 신앙은 영원한 죽음과 영원한 생명의 갈림길이다. 그러기에 이상하다 하여 멈출 수 있는 것이 아니다. 피곤하다 하여 멈출 수 있는 것이 아니다.

11 여자가 이르되 주여 물 길을 그릇도 없고 이 우물은 깊은데 어디서 당신이 그 생수를 얻겠사옵나이까

11 "Sir," the woman said, "you haven't got a bucket, and the well is deep. Where would you get that life-giving water?

4:11 주여 물 길을 그릇도 없고 이 우물은 깊은데. 지금도 이 우물로 여겨지는 우물의 깊이가 30m가 넘는다. 결코 아래로 내리는 그릇과 끈이 없이는 물을 기를 수 없다. 여인은 예수님이 말씀하시는 것이 이해가 안 되었다.

사람들은 자신들이 살아온 삶이 있기 때문에 진리를 이해하는 것이 매우 힘들다. 진리에서 먼 삶을 살아왔기 때문이다. 중요한 것은 자신이 모르더라도 질문하는 것이다. 모른다고 가만히 있으면 답을 얻을 수 없다. 그러나 질문하면 그때 마음이 열리고 답을 들을 수 있는 가능성이 열린다.

12 우리 조상 야곱이 이 우물을 우리에게 주셨고 또 여기서 자기와 자기 아들들과 짐승이 다 마셨는데 당신이 야곱보다 더 크니이까

12 It was our ancestor Jacob who gave us this well; he and his sons and his flocks all drank from it. You don't claim to be greater than Jacob, do you?"

4:12 당신이 야곱보다 더 크니이까. 여인의 질문은 조금씩 더 앞으로 나갔다. 질문이 더 좋아지고 있다. 여인은 자신들이 가장 존경하는 야곱과 예수님을 비교하였다. 그것 만으로도 매우 놀라운 발전이다.

13 예수께서 대답하여 이르시되 이 물을 마시는 자마다 다시 목마르려니와
14 내가 주는 물을 마시는 자는 영원히 목마르지 아니하리니 내가 주는 물은 그 속에서 영생하도록 솟아나는 샘물이 되리라

13 Jesus answered, "All those who drink this water will be thirsty again,
14 but whoever drinks the water that I will give him will never be thirsty again. The water that I will give him will become in him a spring which will provide him with life-giving water and give him eternal life."

4:14 내가 주는 물을 마시는 자는 영원히 목마르지 아니하리니. 예수님은 여인이 길러주는 물과 자신이 주시는 물을 비교하셨다. 갈증이 나는 시간에 힘들게 물을 길러 온 여인에게 예수님이 말씀하시는 영원히 목마르지 않는 물은 참으로 대단한 소식이었다. 예수님은 조금씩 더 여인의 마음에 다가가셨다.

15 여자가 이르되 주여 그런 물을 내게 주사 목마르지도 않고 또 여기 물 길으러 오지도 않게 하옵소서

15 "Sir," the woman said, "give me that water! Then I will never be thirsty again, nor will I have to come here to draw water."

4:15 여인의 이 말은 다양한 해석이 가능하지만 농담처럼 여기는 것일 수 있다. '세상에 그런 물이 어디 있으며 당신은 지금 나에게 수작 거는 것이 아니냐'고 생각할 수 있다. 사람들은 하나님에 대한 이야기를 농담처럼 가볍게 여기기도 한다. 조롱하기도 한다. 모르기 때문에 진지하게 생각하지 않는다.

16 이르시되 가서 네 남편을 불러 오라
16 "Go and call your husband," Jesus told her, "and come back."

4:16 네 남편을 불러 오라. 예수님이 이 여인을 여인으로서 관심을 가졌다면 남편을 데려오라는 말은 결코 하지 않으실 것이다. 이 말을 들은 여인은 예수님의 의도에 대해 의심을 내려놓을 수 있었을 것이다.

17 여자가 대답하여 이르되 나는 남편이 없나이다 예수께서 이르시되 네가 남편이 없다 하는 말이 옳도다
17 "I haven't got a husband," she answered. Jesus replied, "You are right when you say you haven't got a husband.

4:17 나는 남편이 없나이다. 이 대답은 어쩌면 여인이 여전히 예수님을 남자로 생각하고 있기 때문일 가능성이 있다. 자신은 자유한 여인이라는 의미다.

18 너에게 남편 다섯이 있었고 지금 있는 자도 네 남편이 아니니 네 말이 참되도다
18 You have been married to five men, and the man you live with now is not really your husband. You have told me the truth."

4:18 남편 다섯이 있었고. 오늘날의 시각으로는 도덕적으로 흠이 있는 경우로 생각하기 쉽다. 그런데 '어떤 경우 남편이 다섯이 될 수 있을까'를 생각해 보아야 한다. 첫째, 여자가 이혼을 요구한 경우다. 그런 경우는 매우 드물다. 여성은 경제적 자립이 힘들고, 고대에 여인이 먼저 이혼을 요구할 수 있는 경우가 아주 제한적이었다.

둘째, 아기를 낳지 못해 이혼당한 경우다. 또는 남편이 사망한 경우다. 이 가능성이 높다. 이러한 경우 여인은 사회로부터 철저히 고립당하였을 것이다. 아이 못 낳는 여인이나 남편 잡아먹는 여인이기 때문이다. 그런데도 다섯이나 있었다는 것은 여인이 미인이었을 가능성이 높다. 그러나 지금은 나이가 어느 정도 들어 결혼이라는 법적 보호 장치도 없이 한 남자와 함께 살고 있을 가능성이 높다.

이 여인은 도덕적 흠결이 많은 여인이 아니라 사회적 흠결이 많은 여인으로 보인다. 이 여인의 잘못이 아니라 사회가 이 여인에 대해 편견을 가지고 보고 있었을 것이다. 편견에 의해 고립된 여인이라고 말할 수 있다. 매우 불쌍한 여인이라 할 수 있다.

19 여자가 이르되 주여 내가 보니 선지자로소이다
19 "I see you are a prophet, sir," the woman said.

4:19 선지자로소이다. 여인은 자신의 속마음과 아픔을 아는 예수님을 향해 이렇게 말했다. 사마리아 사람들은 모세오경만 믿었다. 모세 이후 참 선지자가 없다고 생각했기 때문이다. 그래서 모세 이후에 나타날 한 선지자를 기다렸다. 그들은 그리스도를 '다윗의 자손'이라는 개념보다는 '한 선지자'라는 개념으로 불렀다. 그러기에 이것은 예수님을 그 선지자로 생각하는 열린 자세다.

여인의 이야기를 보면 종교적인 관심과 고민이 있었다는 것을 볼 수 있다. 사회적 편견 속에서 고통을 당하고 살았지만 하늘을 향하여 관심과 열린 마음을 가지고 있었다. 어쩌면 그래서 예수님께서 그 여인을 찾아 가신 것 같다.

사마리아 여인의 이야기는 복음이 깨뜨리는 것들을 볼 수 있다. 유대인과 사마리아라는 뿌리 깊은 지역적 편견, 남성과 여성이라는 건널 수 없는 장벽, 한 개인을 향한 사회 문화적 편견을 깨뜨린다.

영생은 모든 사람에게 필요하다. 내가 어떤 진영에 속하여 있다할지라도 영생을 들어야 하고 받아들여야 한다. 상대가 어떤 진영과 형편에 처해 있다 할지라도 그 사람에게 가장 필요한 것은 영생이다. 그러기에 그 사람에게 영생을 전할 수 있어야 한다.

20 우리 조상들은 이 산에서 예배하였는데 당신들의 말은 예배할 곳이 예루살렘에 있다 하더이다
20 "My Samaritan ancestors worshipped God on this mountain, but you Jews say that Jerusalem is the place where we should worship God."

4:20 이 산에서 예배하였는데...예배할 곳이 예루살렘에 있다 하더이다. 여인은 마음이 열리자 그가 가진 가장 큰 질문을 던졌다. 세겜의 그리심 산에서 예배해야 하는지 예

루살렘의 시온 산에서 예배해야 하는지. 이것은 이 당시 유대인과 사마리아 사람들 사이에 아주 뿌리 깊은 반목과 싸움의 원인이었다.

> **21** 예수께서 이르시되 여자여 내 말을 믿으라 이 산에서도 말고 예루살렘에서도 말고 너희가 아버지께 예배할 때가 이르리라
> **21** Jesus said to her, "Believe me, woman, the time will come when people will not worship the Father either on this mountain or in Jerusalem.

4:21 이 산에서도 말고 예루살렘에서도 말고 너희가 아버지께 예배할 때가 이르리라. 이 당시는 예배할 장소 문제로 피를 흘리는 전쟁을 하였지만 장소가 중요하지 않을 때가 온다는 것이다. 여인의 질문에 대해 간접적인 대답이다.

> **22** 너희는 알지 못하는 것을 예배하고 우리는 아는 것을 예배하노니 이는 구원이 유대인에게서 남이라
> **22** You Samaritans do not really know whom you worship; but we Jews know whom we worship, because it is from the Jews that salvation comes.

4:22 구원이 유대인에게서 남이라. 여인의 질문에 대한 직접적인 대답이다. 21절하고 위치가 바뀌어야 할 것 같은데 21절부터 말하고 22절을 말하는 것은 여인에 대한 배려 때문인 것으로 보인다.

대답을 회피하지 않으시고 정확한 대답도 해 주신다. 사마리아의 그리심 산이 아니라 유대의 예루살렘이 맞다는 말씀이다. 하나님께서 유대인을 도구와 통로로 삼으셨기 때문이다. 그러나 이제 그것이 중요한 것이 아니다. 새 시대가 왔기 때문이다.

> **23** 아버지께 참되게 예배하는 자들은 영과 진리로 예배할 때가 오나니 곧 이 때라 아버지께서는 자기에게 이렇게 예배하는 자들을 찾으시느니라
> **23** But the time is coming and is already here, when by the power of God's Spirit people will worship the Father as he really is, offering him the true worship that he wants.

4:23 참되게 예배하는 자들은 영과 진리로 예배할 때가 오나니. 21절과 이어진 답이다. '영'은 '마음을 다하는 것'을 의미하기보다는 성령이 임하여 예배하는 것을 말하는 것 같다. 모든 사람들에게 성령이 임하는 때다. 새 시대를 말한다. '그리심 산에서'인지 아니면 '예루살렘에서'인지가 아니라 '성령 안에서' 예배하는 때가 오는 것을 말한다.

'진리'는 독립적으로 해석하여 진리되신 예수님으로 해석하는 경우도 있지만 '물과 성령'(3:5)으로 세례를 받을 때의 해석처럼 성령과 동격이거나 꾸미는 말로 해석하여 '진리의 영'으로 해석하는 것이 제일 나을 것 같다. 또는 '성취된 진리'로 해석하는 것도 좋을 것 같다.

여하튼 이것은 새 시대의 예배를 의미한다. 새 시대는 장소가 중요한 것이 아니라 그들 안에 임한 성령 안에서 예배하는 것이 중요하다. 성령의 임재를 특이한 현상으로 제한하지 않도록 해야 한다. 그것은 성령의 임재를 놓치게 한다. 성령의 임재는 하나님의 뜻과 인격적 교통으로 드러난다. 오늘 우리는 영(성령)안에서 예배하고 있다. 그렇게 해야 한다. 눈으로 보는 것보다 더 풍성한 교제를 경험하는 예배가 되도록 발전시켜야 한다. 예배의 모든 순서는 하나님과의 교통이다.

24 하나님은 영이시니 예배하는 자가 영과 진리로 예배할지니라
24 God is Spirit, and only by the power of his Spirit can people worship him as he really is."

4:24 하나님은 영이시니. 하나님은 영이시기 때문에 눈에 보이지 않는다. 그러나 그렇다고 하나님 없는 예배가 되면 안 된다. 오늘 우리가 예배할 때 우리는 영 안에서의 예배가 되어야 한다. 과거에 건물 성전에 하나님이 특별히 임재하셨는데 이제는 사람 성전에 성령이 특별히 임재하신다. 그래서 우리는 임재하시는 성령 하나님과 교통하는 예배가 되어야 한다.

25 여자가 이르되 메시야 곧 그리스도라 하는 이가 오실 줄을 내가 아노니 그가 오시면 모든 것을 우리에게 알려 주시리이다
26 예수께서 이르시되 네게 말하는 내가 그라 하시니라
27 이 때에 제자들이 돌아와서 예수께서 여자와 말씀하시는 것을 이상히 여겼으나 무엇을 구하시나이까 어찌하여 그와 말씀하시나이까 묻는 자가 없더라
28 여자가 물동이를 버려 두고 동네로 들어가서 사람들에게 이르되
25 The woman said to him, "I know that the Messiah will come, and when he comes, he will tell us everything."
26 Jesus answered, "I am he, I who am talking with you."
27 At that moment Jesus' disciples returned, and they were greatly surprised to find him talking with a woman. But none of them said to her, "What do you want?" or asked him, "Why are you talking with her?"
28 Then the woman left her water jar, went back to the town, and said to the people there,

4:28 물동이를 버려 두고 동네로 들어가서. 사마리아 여인은 예수님과의 대화에서 놀라운 것을 깨달았다. 물을 길러 왔는데 물동이를 버려 두고 갔다. 이것은 급히 가기 위한 것일 거다. 그리고 다시 돌아올 것이라는 사실을 담고 있다.

29 내가 행한 모든 일을 내게 말한 사람을 와서 보라 이는 그리스도가 아니냐 하니
29 "Come and see the man who told me everything I have ever done. Could he be the Messiah?"

4:29 이는 그리스도가 아니냐. 여인은 확신을 가지고 예수님을 전하였다.

30 그들이 동네에서 나와 예수께로 오더라
31 그 사이에 제자들이 청하여 이르되 랍비여 잡수소서
30 So they left the town and went to Jesus.
31 In the meantime the disciples were begging Jesus, "Teacher, have something to eat!"

4:31 그 사이에 제자들이 청하여 이르되. 여인이 사마리아 마을로 들어간 시점이다. **잡수소서.** 제자들은 마을에 음식을 구하러 들어갔었기 때문에 음식을 가지고 와서 예수님께 드시라고 말하였다.

32 이르시되 내게는 너희가 알지 못하는 먹을 양식이 있느니라
32 But he answered, "I have food to eat that you know nothing about."

4:32 내게는 너희가 알지 못하는 먹을 양식이 있느니라. 이해가 되지 않는 말씀이다. 이전까지 많이 지쳐 있으셨고 허기진 상태이셨는데 왜 식사를 먹지 않으실까? 이제 먹지 않으셔도 되는 것일까? 아닐 것이다. 여전히 배고픈 상태로 있으셨을 것이다. 그런데 지금 먹는 것보다 더 중요한 것을 생각하고 계신 것 같다. 아마 가슴이 벅차셔서 그런 것 같다. 여인이 변하여 사마리아 마을로 급히 돌아가고 있다. 어쩌면 돌아가서 사람들에게 말을 하고 있는 시점일 수도 있다. 예수님은 그 모습을 보면서 기뻐하고 계셨다. 그 기쁨을 음식을 먹는 것으로 방해하고 싶지 않으신 것 아닐까. 여인이 곧 사람들을 데리고 올 것이기 때문에 그것에 집중하고 싶으셨던 것 같다.

33 제자들이 서로 말하되 누가 잡수실 것을 갖다 드렸는가 하니
34 예수께서 이르시되 나의 양식은 나를 보내신 이의 뜻을 행하며 그의 일을 온전히 이루는 이것이니라
33 So the disciples started asking among themselves, "Could somebody have brought him food?"
34 "My food," Jesus said to them, "is to obey the will of the one who sent me and to finish the work he gave me to do.

4:34 나의 양식은 나를 보내신 이의 뜻을 행하며. 하나님의 뜻에 따라 사마리아 여인에게 영생이 전해지고, 여인이 사마리아 사람들에게 전하여, 구원하시는 하나님의 일이 더욱 풍성하게 이루어지는 모습을 보면서 매우 흐뭇해하신다. 허기진 배가 채워지는 것보다 결핍된 땅에 하나님의 뜻과 일이 이루어지는 것이 더 좋으신 것이다. 밥을 먹지 않아도 배부름을 느끼시는 주님처럼 우리도 하나님의 뜻과 일이 이루어지는 것을 진정 기뻐해야 한다. 그것이 주님의 마음을 따르는 길이다.

35 너희는 넉 달이 지나야 추수할 때가 이르겠다 하지 아니하느냐 그러나 나는 너희에게 이르노니 너희 눈을 들어 밭을 보라 희어져 추수하게 되었도다
35 You have a saying, 'Four more months and then the harvest.' But I tell you, take a good look at the fields; the crops are now ripe and ready to be harvested!

4:35 넉 달이 지나야 추수할 때가 이르겠다 하지 아니하느냐. 속담에 대한 언급일 수 있다. 그런데 그보다 지금 들에 익어가는 곡식을 보시면서 하시는 말씀인 것 같다. 지금 보고 있는 곡식은 넉 달이 지나야 추수할 때가 이르겠지만 그것을 보시면서 영적 추수를 말씀하시는 것으로 보인다.
너희 눈을 들어 밭을 보라 희어져 추수하게 되었도다. 예수님 눈에 지금 당장 추수할 수 있는 사람들이 보이셨다. 그들을 추수하기를 원하셨다. 사마리아 사람의 경우 제자들이 보기에는 추수하려면 아직 많은 시간을 더 기다려야 한다고 생각할 것이다. 그러나 예수님의 눈에는 당장 추수할 때가 된 것으로 보였다. 많은 경우 그렇다. 사람들은 아직 추수 때가 되지 않았다고 생각할 수 있으나 추수 때가 된 경우가 많다. 추수 때를 놓치지 말아야 한다.

36 거두는 자가 이미 삯도 받고 영생에 이르는 열매를 모으나니 이는 뿌리는 자와 거두는 자가 함께 즐거워하게 하려 함이라

37 그런즉 한 사람이 심고 다른 사람이 거둔다 하는 말이 옳도다
36 The one who reaps the harvest is being paid and gathers the crops for eternal life; so another who sows and the one who reaps will be glad together.
37 The saying is true, 'One sows, another reaps.'

4:37 한 사람이 심고 다른 사람이 거둔다. 내가 심지 않았으니 아직 추수 때가 아니라고 생각할 수 있다. 그러나 심는 사람이 있고 거두는 사람이 있다. 심지 않았어도 하나님께서 이미 작업을 다 해 놓으셔서 추수만 해도 되는 경우가 많다. 그러니 우리는 언제든지 추수하는 사람이 되어야 한다. 내 재산에 대한 욕심 때문이 아니라 하나님 나라에 대한 욕심으로 추수하는 것은 언제든지 필요한다.

38 내가 너희로 노력하지 아니한 것을 거두러 보내었노니 다른 사람들은 노력하였고 너희는 그들이 노력한 것에 참여하였느니라
39 여자의 말이 내가 행한 모든 것을 그가 내게 말하였다 증언하므로 그 동네 중에 많은 사마리아인이 예수를 믿는지라
40 사마리아인들이 예수께 와서 자기들과 함께 유하시기를 청하니 거기서 이틀을 유하시매
38 I have sent you to reap a harvest in a field where you did not work; others worked there, and you profit from their work."
39 Many of the Samaritans in that town believed in Jesus because the woman had said, "He told me everything I have ever done."
40 So when the Samaritans came to him, they begged him to stay with them, and Jesus stayed there two days.

4:40 와서 자기들과 함께 유하시기를 청하니. 그들은 마치 예수님을 기다린 사람처럼 와서 자신들의 마을로 모셔갔다. 그리고 잠시 머무르시기를 청하였다.

41 예수의 말씀으로 말미암아 믿는 자가 더욱 많아
41 Many more believed because of his message,

4:41 믿는 자가 더욱 많아. 사마리아 사람들은 유대인과 대화조차 싫어하는데 환영 정도가 아니라 많은 사람들이 유대인인 예수님을 그리스도로 믿었다. 생각지도 않았던 놀라운 일이 일어난 것이다.

42 그 여자에게 말하되 이제 우리가 믿는 것은 네 말로 인함이 아니니 이는 우

리가 친히 듣고 그가 참으로 세상의 구주신 줄 앎이라 하였더라

42 and they said to the woman, "We believe now, not because of what you said, but because we ourselves have heard him, and we know that he really is the Saviour of the world."

4:42 그가 참으로 세상의 구주신 줄 앎이라. 그들은 예수님을 '세상의 구원자'로 고백하고 있다. 전혀 생각지도 못한 추수가 이루어졌다. 예수님은 한 여인에게 영생을 가르치셨는데 그 여인은 마을 전체를 전도하였다. 그래서 많은 사람들이 예수님을 믿게 되었다. 위대한 추수가 이루어졌다.

복음은 위대하다. 때로는 전혀 예상하지 못했던 곳에서 아름다운 추수가 일어난다. 생각지도 못했던 상황과 장소와 사람에게 추수가 일어난다. 그러기에 우리는 복음을 제한하지 말고 하나님이 추수하시고자 하는 곳에서 추수가 이루어지도록 순종해야 한다.

43 이틀이 지나매 예수께서 거기를 떠나 갈릴리로 가시며

43 After spending two days there, Jesus left and went to Galilee.

4:43 갈릴리로 가시며. 예수님이 사마리아에 이틀을 머무르신 후 갈릴리 지역으로 가셨다. 보통 갈릴리를 생각하면 갈릴리 바다 근처를 생각하지만 사마리아 위쪽 지역 전체를 갈릴리라고 말한다.

44 친히 증언하시기를 선지자가 고향에서는 높임을 받지 못한다 하시고

44 For he himself had said, "A prophet is not respected in his own country."

4:44 고향에서는 높임을 받지 못한다. 이렇게 말씀하시는 이유가 무엇일까? 45절을 보면 사람들이 '영접하니'라고 말하고 있는데 말이다.

45 갈릴리에 이르시매 갈릴리인들이 그를 영접하니 이는 자기들도 명절에 갔다 가 예수께서 명절중 예루살렘에서 하신 모든 일을 보았음이더라

45 When he arrived in Galilee, the people there welcomed him, because they had gone to the Passover Festival in Jerusalem and had seen everything that he had done during the festival.

4:45 명절에 갔다가 예수께서 명절중 예루살렘에서 하신 모든 일을 보았음이더라. 갈릴리 사람들이 예수님을 영접한 이유다. 예루살렘에서 하신 일을 보았기 때문이다. 기적과 관련된 것일 것이다. 그러나 이것이 진정한 영접이 아니기 때문에 44절에서 '고향에서 높임을 받지 못한다'고 말씀하시는 것으로 보인다.

바로 앞에서 일어났던 사마리아에서의 영접은 진정한 영접이라고 할 수 있다. 그곳 사람들은 명절 중 예루살렘에서 예수님이 하신 일을 본 사람들이 아니기 때문이다. 사마리아 사람들은 예루살렘의 명절에 참여하지 않다. 그래서 그들은 예수님이 예루살렘에서 하신 일을 잘 알지 못하였을 것이다. 그래서 그들의 영접은 순수한 것이라 할 수 있지만 지금 갈릴리에서는 그렇지 못하였다.

46 예수께서 다시 갈릴리 가나에 이르시니 전에 물로 포도주를 만드신 곳이라 왕의 신하가 있어 그의 아들이 가버나움에서 병들었더니
46 Then Jesus went back to Cana in Galilee, where he had turned the water into wine. A government official was there whose son was ill in Capernaum.

4:46 왕의 신하가 있어 그의 아들이 가버나움에서 병들었더니. 갈릴리 지역 통치자인 헤롯 안티파스의 신하를 의미하는 것 같다. 가버나움에 살고 있던 그는 예수님이 갈릴리 가나에 계시다는 소식을 듣고 직접 찾아왔다. 30km거리를 온 것이다.

47 그가 예수께서 유대로부터 갈릴리로 오셨다는 것을 듣고 가서 청하되 내려오셔서 내 아들의 병을 고쳐 주소서 하니 그가 거의 죽게 되었음이라
47 When he heard that Jesus had come from Judea to Galilee, he went to him and asked him to go to Capernaum and heal his son, who was about to die.

4:47 내려오셔서 내 아들의 병을 고쳐 주소서. 이 신하는 예수님께 자신의 아들이 죽게 되었으니 가버나움에 함께 가셔서 치료해 달라고 요청하였다.

48 예수께서 이르시되 너희는 표적과 기사를 보지 못하면 도무지 믿지 아니하리라
48 Jesus said to him, "None of you will ever believe unless you see miracles and wonders."

4:48 예수께서 이르시되. 번역하고 있지 않지만 헬라어는 3인칭 단수 '그에게'가 있다.

예수님께서 그 신하에게 대답하신 것이다. **너희는 표적과 기사를 보지 못하면 도무지 믿지 아니하리라.** '너희는'은 2인칭 복수다. 그래서 이것은 신하를 포함하여 듣고 있는 모든 사람들에게 말씀하고 있는 것이다.

표적과 기사를 보지 못하면 도무지 믿지 아니하리라. 그들이 믿는 것은 진정한 믿음이 아니라는 것이다. 예수님은 자신에게 아들을 고쳐달라고 말하는 신하의 요청을 사람들을 교육하시는 통로로 삼으셨다. 그리고 그 신하에게는 한 차원 높은 믿음을 요구하시는 도전적인 말씀을 하신다.

49 신하가 이르되 주여 내 아이가 죽기 전에 내려오소서
49 "Sir," replied the official, "come with me before my child dies."

4:49 내 아이가 죽기 전에 내려오소서. 신하는 아이가 매우 위급하였기 때문에 예수님께서 빨리 가셔서 고쳐 주시기를 원하였다.

50 예수께서 이르시되 가라 네 아들이 살아 있다 하시니 그 사람이 예수께서 하신 말씀을 믿고 가더니
50 Jesus said to him, "Go, your son will live!" The man believed Jesus' words and went.

4:50 가라 네 아들이 살아 있다. 함께 가셔서 고쳐 달라는 요청에 예수님은 고쳐졌으니 '가라'고 말씀하셨다.

그 사람이 예수께서 하신 말씀을 믿고 가더니. 예수님의 말씀을 들은 신하는 황당하다고 생각할 수 있다. 그래도 자신이 왕의 신하인데 함께 가지 않고 '이미 생기를 찾았다' 하시니 실망과 분노까지 일어날 수 있다. 그러나 신하의 왕은 어찌 된 일인지 믿었다. 그래서 예수님과 함께가 아니라 홀로 다시 돌아갔다. 예수님은 신하에게 이 믿음을 요청하는 도전을 주신 것 같다.

믿음이 이유 없는 신뢰는 아니다. 그것은 망상이다. 이 신하가 아들이 죽음 앞에 있는 아주 위급한 상황에서 하루 길에 해당하는 먼 길을 찾아 온 것을 보면 예수님에 대한 소문 및 말씀을 들었음이 분명해 보인다. 어느 정도 신뢰를 하는 것이다. 그런데 예수님이 표적으로 믿는 것이 아닌 그 이상의 믿음을 요구하셨을 때 그것을 믿음으로 받아들인 것이다.

믿음에 대해 말할 때 나는 '하나님의 뜻'과 연결한다. 예수님을 믿음은 예수님의 인격을 신뢰하는 것이다. 예수님이 하나님의 아들이라 하셨으니 그것을 믿는다. 예수님을 신뢰하니 예수님의 마음과 뜻을 또한 신뢰한다. 그래서 그것을 따라가는 것이 믿음이다. 신하가 예수님을 그리스도로 신뢰하였는지 잘 모른다. 그러나 어느 정도 신뢰하였기에 왔다. 그렇다면 이제 예수님이 그에게 '가라'고 말씀하셨으니 그 말씀도 신뢰해야한다. 그래서 갔다. 그것이 그의 진정한 믿음이 된다.

51 내려가는 길에서 그 종들이 오다가 만나서 아이가 살아 있다 하거늘
51 On his way home his servants met him with the news, "Your boy is going to live!"

4:51 살아 있다 하거늘. 가버나움에 가던 중에 가버나움에서 기쁜 소식을 전하기 위해 오던 자신의 종을 만났다. 자신의 아들이 '살아 있다'는 소식을 들었다. 매우 기쁜 소식이다. 그런데 신하는 그 기쁜 소식을 들은 사실에 멈추지 않았다.

52 그 낫기 시작한 때를 물은즉 어제 일곱 시에 열기가 떨어졌나이다 하는지라
52 He asked them what time it was when his son got better, and they answered, "It was one o'clock yesterday afternoon when the fever left him."

4:52 낫기 시작한 때를 물은즉. 신하는 아들이 나은 것이 우연이 아니라 예수님의 말씀으로 된 것이라는 생각이 들었다. 그래서 그 시간을 물었다. **어제 일곱 시에 열기가 떨어졌나이다.** 어제 오후 1시다. 신하는 그 시간에 예수님을 만나 말씀을 들었고 그 말을 듣고 바로 가버나움으로 출발하였다. 오는 길에 한 마을에서 숙박을 한 이후 또 일어나 부리나케 가버나움으로 가던 중이었을 것이다.

53 그의 아버지가 예수께서 네 아들이 살아 있다 말씀하신 그 때인 줄 알고 자기와 그 온 집안이 다 믿으니라
54 이것은 예수께서 유대에서 갈릴리로 오신 후에 행하신 두 번째 표적이니라
53 Then the father remembered it was at that very hour that Jesus had told him, "Your son will live." So he and all his family believed.
54 This was the second miracle that Jesus performed after coming from Judea to Galilee.

4:53 예수께서...말씀하신 그 때인 줄 알고...다 믿으니라. 여기에서의 믿음은 50절에서의 믿음이 더욱 깊어진 것을 말할 것이다. 이것은 믿음에 믿음이 더해진 일이다. 신하는 자신의 아들이 고침을 받은 것보다 더 큰 것을 얻게 되었다. 온 집안이 믿음을 갖

게 되었다. 아들의 육체적 생명을 넘어 온 집안의 영원한 생명을 얻게 되었다.

5장

1 그 후에 유대인의 명절이 되어 예수께서 예루살렘에 올라가시니라
2 예루살렘에 있는 양문 곁에 히브리 말로 베데스다라 하는 못이 있는데 거기
행각 다섯이 있고
1 After this, Jesus went to Jerusalem for a religious festival.
2 Near the Sheep Gate in Jerusalem there is a pool with five porches; in Hebrew it is called
Bethzatha.

5:2 베데스다라 하는 못. 이 못은 남녀탕을 구분하여 두 개로 구성되어 있고, 크기는
축구장 크기만 했으며 깊이는 6m가 넘었다. 계곡의 빗물을 모아 놓는 곳이며 바닥에
서는 간헐적으로 지하수가 솟아 올랐던 것 같다. 헤롯 대왕은 못 사방과 중간을 가로
지르는 행각을 만들어 사람들이 쉬면서 그 못을 이용할 수 있도록 하였던 것 같다.

3 그 안에 많은 병자, 맹인, 다리 저는 사람, 혈기 마른 사람들이 누워 [물의 움
직임을 기다리니
3 A large crowd of sick people were lying in the porches—the blind, the lame, and the
paralysed.

5:3 베데스다 못에는 전설이 내려왔던 것 같다. 질병의 치료에 대한 전설이다. 3절 후
반부와 4절은 아마 성경 원문에 없었던 것 같다. 초기의 권위 있는 헬라어 성경은 이
부분을 기록하지 않고 있고 근래의 대부분의 영어 성경도 이 부분을 삭제한다. 한글
개역개정은 괄호 표시와 함께 넣어서 참고용으로 제공한다. 이 부분은 아마 후대의
사람이 설명하기 위해 삽입한 것으로 보인다.

4 이는 천사가 가끔 못에 내려와 물을 움직이게 하는데 움직인 후에 먼저 들어
가는 자는 어떤 병에 걸렸든지 낫게 됨이러라]
4

5:4 베데스다 못은 일반 사람들이 이용하는 목욕탕이었던 것으로 보인다. 그런데 병

든 사람들도 많이 모여들었는데 이 물이 특별한 때에 효과가 있다는 전설적인 민간 요법 때문이었다.

그러한 민간 요법은 일정 부분 효과가 있을 수 있다. 그러나 그러한 효과는 대부분 플라시보(위약) 효과다. 마음이 그렇게 느끼는 것이다. 특별하게는 악령에 의해 치료가 일어날 수도 있다. 그런데 다리를 저는 자는 플라시보 효과에 의해 고침을 받지는 못할 것이다. 헛된 희망일 뿐이다.

> **5** 거기 서른여덟 해 된 병자가 있더라
> **6** 예수께서 그 누운 것을 보시고 병이 벌써 오래된 줄 아시고 이르시되 네가 낫고자 하느냐
> **7** 병자가 대답하되 주여 물이 움직일 때에 나를 못에 넣어 주는 사람이 없어 내가 가는 동안에 다른 사람이 먼저 내려가나이다
> **5** A man was there who had been ill for **38** years.
> **6** Jesus saw him lying there, and he knew that the man had been ill for such a long time; so he asked him, "Do you want to get well?"
> **7** The sick man answered, "Sir, I have no one here to put me in the pool when the water is stirred up; while I am trying to get in, somebody else gets there first."

5:7 나를 못에 넣어 주는 사람이 없어 내가 가는 동안에 다른 사람이 먼저 내려가나이다. 이 사람은 헛된 희망과 자신이 먼저 들어가도록 돕는 사람이 없다는 원망을 가지고 있었다. 사람들의 인생이 대부분 그렇게 헛된 희망과 원망을 가지고 살다가 마친다.

> **8** 예수께서 이르시되 일어나 네 자리를 들고 걸어가라 하시니
> **8** Jesus said to him, "Get up, pick up your mat, and walk."

5:8 일어나 네 자리를 들고 걸어가라. 예수님의 말씀에 이 사람은 치유되어 멀쩡하게 걸어가게 되었다. 그런데 이것이 목적은 아니다. 중병에 걸린 사람은 거짓이라도 혹시나 하는 마음으로 따른다. 그러한 희망 없는 세상에 예수님은 그들에게 진정한 영생을 전하시기 위해 오셨다.

> **9** 그 사람이 곧 나아서 자리를 들고 걸어가니라 이 날은 안식일이니
> **10** 유대인들이 병 나은 사람에게 이르되 안식일인데 네가 자리를 들고 가는 것이 옳지 아니하니라

9 Immediately the man got well; he picked up his mat and started walking. The day this happened was a Sabbath,
10 so the Jewish authorities told the man who had been healed, "This is a Sabbath, and it is against our Law for you to carry your mat."

5:10 안식일인데 네가 자리를 들고 가는 것이 옳지 아니하니라. 미쉬나에는 안식일에 지켜야 하는 39가지의 행동규범이 나와 있다. 마지막 규범이 '어떤 것을 한 장소에서 다른 장소로 운반하는 일을 금지한다'이다. 고침을 받은 병자가 자신이 누워 있는 자리(침상)같은 것을 들고 움직인 것을 가지고 안식일을 어겼다고 책망하고 있는 것이다. 하나님의 은혜로 치유되었다. 치유된 사람에게는 그것이 얼마나 중요한 일이겠는가? 지나온 세월 병으로 고통받은 사람에 대해서는 전혀 공감하지 못하고 오직 안식일의 규정을 어긴 것에 대해서만 말하고 있다. 하나님의 마음을 생각하지 못하고 치료 받은 사람의 형편도 전혀 생각하지 못하고 있다.

11 대답하되 나를 낫게 한 그가 자리를 들고 걸어가라 하더라 하니
12 그들이 묻되 너에게 자리를 들고 걸어가라 한 사람이 누구냐 하되
13 고침을 받은 사람은 그가 누구인지 알지 못하니 이는 거기 사람이 많으므로 예수께서 이미 피하셨음이라
14 그 후에 예수께서 성전에서 그 사람을 만나 이르시되 보라 네가 나았으니 더 심한 것이 생기지 않게 다시는 죄를 범하지 말라 하시니
11 He answered, "The man who made me well told me to pick up my mat and walk."
12 They asked him, "Who is the man who told you to do this?"
13 But the man who had been healed did not know who Jesus was, for there was a crowd in that place, and Jesus had slipped away.
14 Afterwards, Jesus found him in the Temple and said, "Listen, you are well now; so stop sinning or something worse may happen to you."

5:14 그 후에 예수께서 성전에서 그 사람을 만나. '만나(헬. 헤우리스코)'는 의도적으로 찾은 것을 의미할 수 있다. **더 심한 것이 생기지 않게 다시는 죄를 범하지 말라 하시니.** 이 사람의 병은 아마 죄와 연결이 되었었던 것 같다. 그래서 병이 나은 것만으로 기뻐하지 말고 더이상 죄를 범하지 않는 것이 중요하다고 말씀하셨다. 육체적 치유가 아니라 영혼의 치유가 더 중요하다.

15 그 사람이 유대인들에게 가서 자기를 고친 이는 예수라 하니라
15 Then the man left and told the Jewish authorities that it was Jesus who had healed him.

5:15 자기를 고친 이는 예수라 하니라. 이 사람은 유대인들이 자기를 고치신 이를 책망하기 위해 이름을 물었었다는 것을 안다. 그런데 나중에 자기를 고치신 이가 예수님이라는 것을 알고 그가 유대인들에게 가서 신고하였다.

이 사람의 병고침에는 긍정적인 요소가 거의 나오지 않는다. 이 사람은 믿음 때문에 치유 받은 것이 아니다. 단지 예수님이 긍휼히 여기신 것이다. 치유되고 복음에 반응하는 모습도 안 보인다. 게다가 예수님이 어려움을 당할 것을 뻔히 알면서도 신고하였다. 육체적 치료로 끝난다면 전혀 유익이 없다. 베데스다 못에서 벌어진 이 유명한 이야기에서 우리는 육의 양식만 생각하는 불쌍한 영혼 이야기를 볼 수 있어야 한다.

> **16** 그러므로 안식일에 이러한 일을 행하신다 하여 유대인들이 예수를 박해하게 된지라
> **17** 예수께서 그들에게 이르시되 내 아버지께서 이제까지 일하시니 나도 일한다 하시매
> **16** So they began to persecute Jesus, because he had done this healing on a Sabbath.
> **17** Jesus answered them, "My Father is always working, and I too must work."

5:17 아버지께서 이제까지 일하시니 나도 일한다. 성부 하나님께서 안식일에 일하시기 때문에 '예수님도 안식일에 일하신다'는 말씀은 사람들을 분노하게 만들었다. 말씀이 육신이 되신 것을 생각하지 못하는 사람들에게는 공분을 일으키는 주장이다. 그러나 분노할 것이 아니다. 이 땅은 죄로 말미암아 불의와 사망이 가득한 곳이다. 그것을 깨뜨리고 정의와 샬롬의 세상을 만들기 위해 하나님께서 그리스도를 보내신다고 창세기 때부터 약속하셨다. 사람들은 그것을 기다렸다. 그렇게 기다렸는데 정작 예수님이 오셨는데 깨닫지 못했다.

> **18** 유대인들이 이로 말미암아 더욱 예수를 죽이고자 하니 이는 안식일을 범할 뿐만 아니라 하나님을 자기의 친 아버지라 하여 자기를 하나님과 동등으로 삼으심이러라
> **19** 그러므로 예수께서 그들에게 이르시되 내가 진실로 진실로 너희에게 이르노니 아들이 아버지께서 하시는 일을 보지 않고는 아무 것도 스스로 할 수 없나니 아버지께서 행하시는 그것을 아들도 그와 같이 행하느니라
> **18** This saying made the Jewish authorities all the more determined to kill him; not only had he broken the Sabbath law, but he had said that God was his own Father and in this way had made himself equal with God.
> **19** So Jesus answered them, "I am telling you the truth: the Son can do nothing on his own;

he does only what he sees his Father doing. What the Father does, the Son also does.

5:19 아들이 아버지께서 하시는 일을 보지 않고는 아무 것도 스스로 할 수 없나니. 예수님은 자신의 하시는 일이 임의적인 것이 아니라고 말씀한다. 모든 것이 철저히 하나님과 밀접한 관계속에서 이루어짐을 말씀하셨다.

아버지께서 행하시는 그것을 아들도 그와 같이 행하느니라. 예수님은 자신이 행하시는 일이 하나님 아버지의 행하시는 것을 따라 행하는 것이라고 말씀하셨다. 철저히 하나님의 뜻을 따라 행하신다는 말씀이다.

> **20** 아버지께서 아들을 사랑하사 자기가 행하시는 것을 다 아들에게 보이시고 또 그보다 더 큰 일을 보이사 너희로 놀랍게 여기게 하시리라
> **21** 아버지께서 죽은 자들을 일으켜 살리심 같이 아들도 자기가 원하는 자들을 살리느니라
> 20 For the Father loves the Son and shows him all that he himself is doing. He will show him even greater things to do than this, and you will all be amazed.
> 21 Just as the Father raises the dead and gives them life, in the same way the Son gives life to those he wants to.

5:21 아들도 자기가 원하는 자들을 살리느니라. 성부 하나님의 능력을 따라 예수님이 죽은 자를 살리신다는 말씀이다. 이 말씀대로 예수님은 이후에 죽은 자를 살리신다. 나사로를 살리신다. 그리고 첫 열매로 부활하신다. 이 말씀은 죽음을 이기고 생명을 주시는 능력을 말씀하는 것이다. 여기에서도 자신의 독자 능력이 아니다. 하나님 아버지의 능력을 따라 행하는 능력이다.

> **22** 아버지께서 아무도 심판하지 아니하시고 심판을 다 아들에게 맡기셨으니
> 22 Nor does the Father himself judge anyone. He has given his Son the full right to judge,

5:22 심판을 다 아들에게 맡기셨으니. 하나님께서 아들에게 심판을 맡기셨다. 심판은 하나님께서 하시는 것이다. 그런데 아들에게 위임하심으로 아들의 하늘의 권위를 드러내셨다. 누구를 심판할까? 생명을 받아들이지 않음으로 죽음 가운데 있는 사람들이다. 아들은 하나님의 뜻에 따라, 하나님의 힘을 가지고, 하나님의 위임사항을 행하실 것이다.

23 이는 모든 사람으로 아버지를 공경하는 것 같이 아들을 공경하게 하려 하심
이라 아들을 공경하지 아니하는 자는 그를 보내신 아버지도 공경하지 아니하느
니라

23 so that all will honour the Son in the same way as they honour the Father. Whoever does
not honour the Son does not honour the Father who sent him.

5:23 아버지를 공경하는 것 같이 아들을 공경하게 하려 하심이라. 성부 하나님과 동일
한 공경심을 가지고 예수님을 대해야 한다. 예수님이 하시는 생명의 일을 공경심을 가
지고 받아들여야 한다.

24 내가 진실로 진실로 너희에게 이르노니 내 말을 듣고 또 나 보내신 이를 믿는
자는 영생을 얻었고 심판에 이르지 아니하나니 사망에서 생명으로 옮겼느니라

24 "I am telling you the truth: those who hear my words and believe in him who sent me
have eternal life. They will not be judged, but have already passed from death to life.

**5:24 내 말을 듣고 또 나 보내신 이를 믿는 자는 영생을 얻었고 심판에 이르지 아니하나
니.** 하나님께서 예수님을 보내신 이유는 '영생' 때문이다. 세상이 죄로 인하여 사망
가운데 있다. 사망 가운데 있는 이들을 생명으로 옮기기 위해 예수님을 보내셨다. 그
러기에 영생을 얻기 원한다면 예수님의 말씀을 듣고 하나님께서 예수님을 보내셨음
을 믿어야 한다.

25 진실로 진실로 너희에게 이르노니 죽은 자들이 하나님의 아들의 음성을 들
을 때가 오나니 곧 이 때라 듣는 자는 살아나리라

25 I am telling you the truth: the time is coming—the time has already come—when the
dead will hear the voice of the Son of God, and those who hear it will come to life.

5:25 죽은 자들이 하나님의 아들의 음성을 들을 때가 오나니. 죽음 가운데 있던 이들이
예수님의 말씀을 듣고 순종할 때 그들은 이제 생명을 가진 사람이 된다.

26 아버지께서 자기 속에 생명이 있음 같이 아들에게도 생명을 주어 그 속에
있게 하셨고

26 Just as the Father is himself the source of life, in the same way he has made his Son to
be the source of life.

5:26 아들에게도 생명을 주어 그 속에 있게 하셨고. 예수님 안에 생명이 있음을 말씀한다. 우리가 생명을 얻기 위해서는 예수님의 말씀을 들어야 한다. 그 안에 있는 생명을 받아야 한다. 예수님의 말씀을 듣고 순종하면 생명의 삶이 된다.

27 또 인자됨으로 말미암아 심판하는 권한을 주셨느니라

27 And he has given the Son the right to judge, because he is the Son of Man.

5:27 인자됨으로 말미암아. 이것은 다니엘서에서 말하는 권세와 영광과 나라를 가진 '인자'를 의미할 것이다. 메시야로 약속된 분이며 인자(사람)의 모양을 하신 분이다. 말씀이 육신이 되어 인자(사람)이 되셨다. 사람이 되신 예수님은 사람들의 처지를 잘 아신다. 그들을 긍휼히 여기시며 또한 그들의 죄도 잘 아신다. 그래서 말씀이 육신이 되심으로 예수님은 세상을 심판하는 권세를 받으셨다. 다니엘서에서 말씀하신 그 모습대로 세상을 심판하신다.

28 이를 놀랍게 여기지 말라 무덤 속에 있는 자가 다 그의 음성을 들을 때가 오나니
29 선한 일을 행한 자는 생명의 부활로, 악한 일을 행한 자는 심판의 부활로 나오리라

28 Do not be surprised at this; the time is coming when all the dead will hear his voice
29 and come out of their graves: those who have done good will rise and live, and those who have done evil will rise and be condemned.

5:29 생명의 부활...심판의 부활로 나오리라. 사람은 영원한 존재로 창조되었다. 주님 재림하실 때 모든 이들이 부활한다. 생명의 부활을 하면 참으로 행복한 일이다. 그런데 심판의 부활로 일어나는 사람에게는 차라리 죽음이 훨씬 더 나을 것이다. 심판의 부활이 얼마나 비참한지를 아시기 때문에 말씀이 육신이 되는 엄청난 일을 하시면서까지 사람을 구원하기를 원하셨다. 사람들이 생명의 부활을 하기를 원하셨다.

30 내가 아무 것도 스스로 할 수 없노라 듣는 대로 심판하노니 나는 나의 뜻대로 하려 하지 않고 나를 보내신 이의 뜻대로 하려 하므로 내 심판은 의로우니라
31 내가 만일 나를 위하여 증언하면 내 증언은 참되지 아니하되

30 "I can do nothing on my own authority; I judge only as God tells me, so my judgement is right, because I am not trying to do what I want, but only what he who sent me wants.

31 "If I testify on my own behalf, what I say is not to be accepted as real proof.

5:31 내 증언은 참되지 아니하되. 예수님이 성육신 하신 분이라는 자신의 증언에 대한 말씀이다. 물론 예수님이 말씀하시는 것은 참된 것이다. 그러나 사람들은 법정에서 모두 자신이 옳다고 변론할 것이기 때문에 자신에 대한 주장은 효력이 없다. 그것에 대한 말씀이다.

32 나를 위하여 증언하시는 이가 따로 있으니 나를 위하여 증언하시는 그 증언이 참인 줄 아노라
33 너희가 요한에게 사람을 보내매 요한이 진리에 대하여 증언하였느니라
32 But there is someone else who testifies on my behalf, and I know that what he says about me is true.
33 John is the one to whom you sent your messengers, and he spoke on behalf of the truth.

5:33 요한이 진리에 대하여 증언하였느니라. 요한은 예수님이 성경에서 약속하신 그리스도임을 증언하였다. 그 시대 사람들은 요한에 대한 존경이 대단하였다. 일반 사람이 증언하여도 효력이 있는데 세례 요한이 말하였으니 그것은 확실한 증언이 된다.

34 그러나 나는 사람에게서 증언을 취하지 아니하노라 다만 이 말을 하는 것은 너희로 구원을 받게 하려 함이니라
34 It is not that I must have a human witness; I say this only in order that you may be saved.

5:34 나는 사람에게서 증언을 취하지 아니하노라. 예수님은 요한의 증언이 있어야 참이고 그렇지 않으면 거짓인 것이 아니다. 요한이 예수님을 증언해야 참된 것이 되는 것이 아니다.
다만 이 말을 하는 것은 너희로 구원을 받게 하려 함이니라. 요한의 증언이 필요하지 않으나 요한의 증언을 인용하시는 것은 사람들이 요한을 신뢰하니 사람들의 구원을 돕기 위해 요한의 증언을 인용하신 것이라고 말씀한다.

35 요한은 켜서 비추이는 등불이라 너희가 한때 그 빛에 즐거이 있기를 원하였거니와
36 내게는 요한의 증거보다 더 큰 증거가 있으니 아버지께서 내게 주사 이루게 하시는 역사 곧 내가 하는 그 역사가 아버지께서 나를 보내신 것을 나를 위하

여 증언하는 것이요

35 John was like a lamp, burning and shining, and you were willing for a while to enjoy his light.
36 But I have a witness on my behalf which is even greater than the witness that John gave: what I do, that is, the deeds my Father gave me to do, these speak on my behalf and show that the Father has sent me.

5:36 아버지께서 내게 주사 이루게 하시는 역사...아버지께서 나를 보내신 것을 나를 위하여 증언하는 것이요. 예수님은 자신의 성육신에 대해 요한의 증언보다 더 큰 증언이 있다고 말씀한다.하나님이 예수님께 맡기셔서 행하시는 일들이 예수님의 성육신을 증언한다. 예수님이 행하시는 일은 모두 예수님이 성육신하신 분이라는 것을 증언한다.

37 또한 나를 보내신 아버지께서 친히 나를 위하여 증언하셨느니라 너희는 아무 때에도 그 음성을 듣지 못하였고 그 형상을 보지 못하였으며

37 And the Father, who sent me, also testifies on my behalf. You have never heard his voice or seen his face,

5:37 나를 보내신 아버지께서 친히 나를 위하여 증언하셨느니라. 예수님이 세례를 받으실 때 하늘에서 음성이 나서 예수님이 하나님의 아들이심을 증언하셨다. 그것을 많은 사람이 보고 들었다. 그것보다 더 큰 증언도 없을 것이다.

38 그 말씀이 너희 속에 거하지 아니하니 이는 그가 보내신 이를 믿지 아니함이라

38 and you do not keep his message in your hearts, for you do not believe in the one whom he sent.

5:38 그 말씀이 너희 속에 거하지 아니하니. 예수님을 거부하는 사람들은 증언이 없어서 믿지 않는 것이 아니라 믿지 않는 마음 때문에 믿지 않는 것이었다.
법정에서 두 사람 이상의 증언은 효력이 있었다. 그런데 예수님의 성육신은 세례 요한, 하나님 그리고 예수님께서 하시는 일로 증언되었다. 그러나 예수님을 거부하는 이들은 처음부터 믿고 싶지 않았다. 그래서 예수님께서 세우시는 증언이 아무리 진리이고 효력이 있어도 그것을 믿지 않았다.

39 너희가 성경에서 영생을 얻는 줄 생각하고 성경을 연구하거니와 이 성경이

곧 내게 대하여 증언하는 것이니라

39 You study the Scriptures, because you think that in them you will find eternal life. And these very Scriptures speak about me!

5:39 성경에서 영생을 얻는 줄 생각하고 성경을 연구하거니와. 사람들은 성경 연구를 통해 영생을 얻는다고 생각하여 열심히 성경을 연구하였다. 그들의 그런 생각은 옳은 것이다. 그것에 대해 반대를 말씀하시는 것이 아니다.

이 성경이 곧 내게 대하여 증언하는 것이니라. 중요한 것은 그들이 성경의 핵심을 놓치고 있다는 사실이다. 성경은 예수님에 대해 증언하고 있다. 그런데 그들은 성육신 하신 예수님을 받아들이지 않았다. 오실 메시야에 대해서는 잘 연구하였는데 메시야가 오셨음에도 불구하고 받아들이지 않았다.

40 그러나 너희가 영생을 얻기 위하여 내게 오기를 원하지 아니하는도다

40 Yet you are not willing to come to me in order to have life.

5:40 영생을 얻기 위하여 내게 오기를 원하지 아니하는도다. 성경은 메시야를 말한다. 메시야가 영생을 주시는 것을 말한다. 그런데 그들이 메시야이신 예수님을 받아들이지 않았다.

41 나는 사람에게서 영광을 취하지 아니하노라
42 다만 하나님을 사랑하는 것이 너희 속에 없음을 알았노라

41 "I am not looking for human praise.
42 But I know what kind of people you are, and I know that you have no love for God in your hearts.

5:42 하나님을 사랑하는 것이 너희 속에 없음을 알았노라. 그들은 성경을 통해 하나님을 알고 사랑하는 것이 아니었다. 사랑 없는 만남을 이어오고 있었다. 사랑하면 알아본다. 그러나 사랑하지 않으면 옆에 있어도 알아보지 못한다.

43 나는 내 아버지의 이름으로 왔으매 너희가 영접하지 아니하나 만일 다른 사람이 자기 이름으로 오면 영접하리라

43 I have come with my Father's authority, but you have not received me; when, however, someone comes with his own authority, you will receive him.

5:43 내 아버지의 이름으로 왔으매 너희가 영접하지 아니하나. 예수님은 하나님의 말씀에 따라 하나님의 임재 가운데 오셨다. 그러나 사람들은 영접하지 않았다. 그들이 하나님을 모르기 때문이다.

다른 사람이 자기 이름으로 오면 영접하리라. 예수님의 이 말씀대로 사람들은 다른 거짓 메시야를 받아들인 경우가 많았다. 다양한 거짓 메시야가 나왔었고 이후로도 나올 것이다. 그때마다 따르는 사람이 많았다. 그들은 하나님께서 함께 하시는 것이 아니기 때문에 자기 이름으로 온 것이다. 그런데도 사람들이 따랐다. 그들이 좋아하는 면을 가지고 있었기 때문이다. 주로 이스라엘의 정치적 독립을 주장하는 메시야였다.

44 너희가 서로 영광을 취하고 유일하신 하나님께로부터 오는 영광은 구하지 아니하니 어찌 나를 믿을 수 있느냐

44 You like to receive praise from one another, but you do not try to win praise from the one who alone is God; how, then, can you believe me?

5:44 너희가 서로 영광을 취하고. 사람들은 자기들의 이익을 위해 살았다. 자신의 명예를 위해 살았다. 예수님을 통해 자신의 이익을 얻을 것이 없으니 예수님을 거절하였다. 그들은 예수님의 영광이 아니라 자신들의 영광과 명예가 더 중요하였던 것이다.

하나님께로부터 오는 영광은 구하지 아니하니. 사람들은 영광이 어디로부터 오는지를 중요하게 생각하지 않았다. 오직 자신의 이익에 얼마나 더 부합한지를 생각하는 사람들이 많았다. 그래서 하나님의 영광을 구분하지 못하고 세상의 영광을 좇아갔다.

사람들이 추구하는 영광은 하나님의 영광이 아니라 자신들의 영광이 많다. 그런데 사람들은 그러한 영광을 더 좋아하는 경향이 있다. 자신의 생각과 성향과 이익에 더 부합하기 때문이다. 그래서 진짜 영광을 놓친다.

45 내가 너희를 아버지께 고발할까 생각하지 말라 너희를 고발하는 이가 있으니 곧 너희가 바라는 자 모세니라

45 Do not think, however, that I am the one who will accuse you to my Father. Moses, in whom you have put your hope, is the very one who will accuse you.

5:45 너희를 고발하는 이가 있으니 곧 너희가 바라는 자 모세니라. 그들은 나름대로 모세의 율법을 아주 열심히 따른다고 생각하였다. 그러나 그들은 결국 모세에 의해 그들이 얼마나 모세가 전한 율법을 따르지 않았는지가 드러나게 될 것이다. 그러니 피상

적으로 말씀을 따르는 것이 아니라 율법이 말하는 진심을 보아야 한다.

5:46 그가 내게 대하여 기록하였음이라. 모세는 이후에 오실 메시야에 대해 말하였다.
"내가 그들의 형제 중에서 너와 같은 선지자 하나를 그들을 위하여 일으키고 내 말을
그 입에 두리니 내가 그에게 명령하는 것을 그가 무리에게 다 말하리라"(신 18:18) '선
지자 하나'는 '그리스도'가 오실 것을 말씀하는 것이다. 성경은 예수님에 대해 계속 증
거한다.

성경 말씀은 모두 철저히 그리스도에 대한 말씀이다. 제사법은 정확히 그리스도의 대
속을 중심으로 이루어졌다. 성전 이야기는 그리스도의 임재를 말한다. 성경이 지향하
고 있는 샬롬이 이루어진 영생의 나라는 오직 그리스도가 오심으로 이루어지는 나라
다. 그러니 모든 것이 그리스도에 대한 것이다.

(6장)

오빵이어로 만 명 이상의 사람들을 먹이신 사건을 말한다. 어쩌면 한 끼의 식사에 불
과한 일이다. 그러나 사복음서에서 모두 기록하고 있는 기적 사건은 부활 사건 외에
는 이것이 유일하다. 요한복음은 다른 복음서에서 기록하고 있는 기적을 다시 반복하
여 기록하지 않는 경향을 가지고 있다. 그런데 요한복음의 7가지 기적 중에 두 가지만
복음서에 기록된 것을 반복하여 기록하고 있는데 오빵이어 사건과 이것과 연결된 예
수님께서 물 위를 걸은 사건이다. 오빵이어 사건을 그만큼 매우 중요한 사건으로 보는
것이다.

1 그 후에 예수께서 디베랴의 갈릴리 바다 건너편으로 가시매

1 After this, Jesus went across Lake Galilee (or, Lake Tiberias, as it is also called).

6:1 갈릴리 바다 건너편. 대략 요단강을 기준으로 상대 지역을 건너편이라고 말한다. 갈릴리 서쪽이 헤롯 안티파스의 통치 지역이었고 동쪽은 헤롯 빌립의 통치 지역이거나 데가볼리 지역이었다.

2 큰 무리가 따르니 이는 병자들에게 행하시는 표적을 보았음이러라
3 예수께서 산에 오르사 제자들과 함께 거기 앉으시니
4 마침 유대인의 명절인 유월절이 가까운지라
5 예수께서 눈을 들어 큰 무리가 자기에게로 오는 것을 보시고 빌립에게 이르시되 우리가 어디서 떡을 사서 이 사람들을 먹이겠느냐 하시니

2 A large crowd followed him, because they had seen his miracles of healing those who were ill.
3 Jesus went up a hill and sat down with his disciples.
4 The time for the Passover Festival was near.
5 Jesus looked round and saw that a large crowd was coming to him, so he asked Philip, “Where can we buy enough food to feed all these people?”

6:5 예수께서 눈을 들어 큰 무리가 자기에게로 오는 것을 보시고. 예수님이 배를 타고 떠나시는 것을 보고 사람들이 해안을 따라 뛰다시피 하여 따라왔다. 어떤 사람은 족히 10km 이상을 따라 왔을 것이다. 그들은 예수님께 모여들어 말씀을 들었다. 그러다가 식사 시간이 지났다.

이들은 말씀을 듣기 위해 모인 사람들이다. 병고침을 받기 위해 모인 사람들도 있었다. 먼 길을 힘들게 왔고 말씀에 집중하느라 많이 힘들었을 것이다. 날이 저물어 그들은 다시 돌아가야 했다.

마태복음과 마가복음은 예수님이 그들을 ‘불쌍히 여기사’라고 말한다. 병으로 고생하는 것도 불쌍히 여기시고, 목자 없는 양 같음도 불쌍히 여기시고, 허기진 배를 움켜잡고 있는 모습도 불쌍히 여기셨다.

어디서 떡을 사서 이 사람들을 먹이겠느냐. 빌립이 그곳에서 가까운 벳새다 출신이기 때문에 그에게 물은 것으로 생각할 수 있다.

6 이렇게 말씀하심은 친히 어떻게 하실지를 아시고 빌립을 시험하고자 하심이라
6 (He said this to test Philip; actually he already knew what he would do.)

6:6 친히 어떻게 하실지를 아시고. 예수님은 이미 마음으로 오빵이어를 생각하고 계신 것 같다. 그런데 '시험하고자 하심이라'는 말처럼 빌립을 시험하기 위해 물으셨다. 단지 빌립에게 도전적인 질문을 던지시는 것이다.

> **7 빌립이 대답하되 각 사람으로 조금씩 받게 할지라도 이백 데나리온의 떡이 부족하리이다**
> **7** Philip answered, "For everyone to have even a little, it would take more than two hundred silver coins to buy enough bread."

6:7 빌립은 엘리사가 보리 빵 20개로 100명의 사람들을 먹게 한 사건을 잘 알고 있었을 것이다. 그런데 그는 아직 예수님께서 그렇게 하실 것이라고는 상상도 하지 못하고 있었다. **조금씩 받게 할지라도 이백 데나리온의 떡이 부족하리이다.** 이 천만 원어치 빵을 사도 만 명이 넘는 사람이 배불리 먹을 수 없다는 재빠른 계산을 하여 보고한다. 그렇게 많은 빵을 지금 당장 살 곳도 없을 것이다.

> **8 제자 중 하나 곧 시몬 베드로의 형제 안드레가 예수께 여짜오되**
> **8** Another of his disciples, Andrew, who was Simon Peter's brother, said,

6:8 안드레가 예수께 여짜오되. 빌립이 시험을 통과하지 못하였는데 안드레가 통과한 것으로 보인다

> **9 여기 한 아이가 있어 보리떡 다섯 개와 물고기 두 마리를 가지고 있나이다 그러나 그것이 이 많은 사람에게 얼마나 되겠사옵나이까**
> **9** "There is a boy here who has five loaves of barley bread and two fish. But they will certainly not be enough for all these people."

6:9 보리떡 다섯 개와 물고기 두 마리를 가지고 있나이다. 그것으로 어찌 만 명이 넘는 사람들을 먹이겠다고 가져왔을까? 그는 엘리사의 기적을 생각한 것이 분명해 보인다. '보리'는 하층민이나 동물의 사료로 사용하는 것이었다. 밀의 반 가격 또는 삼 분의 일 가격이었다. 참 별 볼일 없는 작은 빵과 마른 물고기 두 마리가 만 명이 모인 곳에서 찾아낸 전부였다. 그곳에 모인 사람들이 갑자기 좇아오느라 먹을 것이 준비 안 되었고 또한 가난한 사람들이 많았다는 것을 의미한다. 이렇게 가난한 사람들을 데리

고 대체 무엇을 할 수 있을까?

> **10** 예수께서 이르시되 이 사람들로 앉게 하라 하시니 그 곳에 잔디가 많은지라 사람들이 앉으니 수가 오천 명쯤 되더라
> **11** 예수께서 떡을 가져 축사하신 후에 앉아 있는 자들에게 나눠 주시고 물고기도 그렇게 그들의 원대로 주시니라
> **10** "Make the people sit down," Jesus told them. (There was a lot of grass there.) So all the people sat down; there were about 5,000 men.
> **11** Jesus took the bread, gave thanks to God, and distributed it to the people who were sitting there. He did the same with the fish, and they all had as much as they wanted.

6:11 예수께서 떡을 가져 축사하신 후...그들의 원대로 주시니라. 예수님께서 축복하며 기도하시자 보리 빵 다섯 개가 만 명이 넘는 사람이 원대로 먹을 수 있게 되었다.

놀라운 것은 사복음서 모두 다섯 개의 빵이 어떻게 만 명이 배불리 먹을 수 있도록 증식되었는지에 대해 구체적으로 기록하지 않고 있다는 것이다. 초점이 분명한 것 같다. 그곳에 있는 사람들은 모두 그것이 기적적으로 증식되었다는 것을 다 알게 된 것으로 보인다. 그러나 증식의 방법이 아니라 증식되었다는 사실이 중요하고 그것보다 더 중요한 것을 가리키고 있는 것 같다.

> **12** 그들이 배부른 후에 예수께서 제자들에게 이르시되 남은 조각을 거두고 버리는 것이 없게 하라 하시므로
> **12** When they were all full, he said to his disciples, "Gather the pieces left over; let us not waste any."

6:12 남은 조각을 거두고 버리는 것이 없게 하라. 4절에서는 '유월절이 가까운지라'고 말한다. 이 시기에 이런 일이 일어났을 때 사람들은 모두 유월절에 출애굽하고 광야에서 만나를 먹은 것을 기억할 것이다.

광야에서 만나는 남기지 말아야 했다. 다음날 또 주실 것이기 때문이다. 그러나 지금 빵은 남은 것을 거두어 모았다. 다음날 또 오병이어의 기적이 일어나지는 않을 것이기 때문이다. 광야의 만나와 비슷하면서도 달랐다.

광야의 만나는 이스라엘 백성들에게 필요한 일용할 양식을 주시는 것이었다. 그러나 오병이어의 기적은 일용할 양식보다는 더 큰 의미가 있었다. 일용할 양식이 목적이라면 조금 더 비싸고 맛있는 것을 주시는 것이 좋을 것 같다. 이것은 진짜 저렴한 식단

이다. 예수님은 이후에 이방인 지역에서 한 번 더 이런 일을 행하시지만 일용할 양식을 위해 빵을 만들지는 않으신다.

13 이에 거두니 보리떡 다섯 개로 먹고 남은 조각이 열두 바구니에 찼더라
14 그 사람들이 예수께서 행하신 이 표적을 보고 말하되 이는 참으로 세상에 오실 그 선지자라 하더라
13 So they gathered them all up and filled twelve baskets with the pieces left over from the five barley loaves which the people had eaten.
14 Seeing this miracle that Jesus had performed, the people there said, "Surely this is the Prophet who was to come into the world!"

6:14 이는 참으로 세상에 오실 그 선지자라 하더라. 사람들은 오빵이어의 기적을 통해 끼니를 채우고 나서 예수님을 모세가 말한 선지자로 인식하였다. 그리스도로 받아들였다.

15 그러므로 예수께서 그들이 와서 자기를 억지로 붙들어 임금으로 삼으려는 줄 아시고 다시 혼자 산으로 떠나 가시니라
15 Jesus knew that they were about to come and seize him in order to make him king by force; so he went off again to the hills by himself.

6:15 임금으로 삼으려는 줄 아시고 다시 혼자 산으로 떠나 가시니라. 사람들이 예수님 때문에 난리가 났다. 그런데 예수님은 그들을 피하셨다. 왜 그럴까?
사람들이 원하는 나라는 세상 왕국이었다. 로마에서 해방시켜 줄 왕이었다. 그들의 배고픔을 해결해 줄 왕이었다. 그러나 예수님은 기껏해야 로마에서 해방시켜 주고 맛없는 보리 빵을 주시려고 오신 것이 아니다. 물론 그 백성이 행복하기를 원하신다. 그러나 임시적으로 행복한 것이 아니라 근본적이고 영원한 행복을 위해 오셨다. 그들에게 필요한 것은 세상 왕국이 아니라 하늘 왕국이다. 예수님은 그들에게 하늘 왕국을 전하셨는데 그들은 그것을 세상 왕국으로 전락시키려 하였다.
세상 역사를 보면 늘 하늘 왕국을 세상 왕국으로 전락시키는 능력이 있다. 오늘날 신앙생활을 하는 사람들도 믿음을 땅의 영역으로 전락시키곤 한다. 신앙인은 땅의 배부름과 성공과 정의를 이룬다. 그러나 궁극적으로는 늘 하늘의 배부름과 성공과 정의이다. 이것을 놓치면 우리는 예수님께서 피하신 이들과 같은 사람이 될 것이다. 그들은 나름대로 예수님을 환호한다고 생각하였으나 오히려 예수님의 뜻에 무지하였다.

적대하였다. 그들이 보아야 할 나라는 하늘 왕국이다.

16 저물매 제자들이 바다에 내려가서
17 배를 타고 바다를 건너 가버나움으로 가는데 이미 어두웠고 예수는 아직 그들에게 오시지 아니하셨더니
18 큰 바람이 불어 파도가 일어나더라
19 제자들이 노를 저어 십여 리쯤 가다가 예수께서 바다 위로 걸어 배에 가까이 오심을 보고 두려워하거늘
16 When evening came, Jesus' disciples went down to the lake,
17 got into a boat, and went back across the lake towards Capernaum. Night came on, and Jesus still had not come to them.
18 By then a strong wind was blowing and stirring up the water.
19 The disciples had rowed about five or six kilometres when they saw Jesus walking on the water, coming near the boat, and they were terrified.

6:19 예수께서 바다 위로 걸어 배에 가까이 오심을 보고 두려워하거늘. 제자들은 그날 방금 전에 있었던 오빵이어를 경험하였지만 바다를 걸어오시는 예수님을 보고 두려워하였다.

이 사건은 마태, 마가복음 모두 오빵이어 사건의 연속 사건으로 이야기한다. 요한복음에서는 오빵이어 이야기를 6장 71절까지 계속 말한다.

물 위를 걸으신 사건은 제자들이 하늘 왕국을 더 인식하고 준비시키기 위한 것으로 보인다. 제자들은 한 끼의 빵을 먹은 것으로 만족하지 말고 영원한 생명의 빵을 먹을 준비를 해야 한다. 예수님은 그들에게 영생을 주시기 위해 오셨다. 그것을 위해 예수님이 자연을 다스리시는 분임을 경험하게 하시는 것이다.

20 이르시되 내니 두려워하지 말라 하신대
21 이에 기뻐서 배로 영접하니 배는 곧 그들이 가려던 땅에 이르렀더라
22 이튿날 바다 건너편에 서 있던 무리가 배 한 척 외에 다른 배가 거기 없는 것과 또 어제 예수께서 제자들과 함께 그 배에 오르지 아니하시고 제자들만 가는 것을 보았더니
23 (그러나 디베랴에서 배들이 주께서 축사하신 후 여럿이 떡 먹던 그 곳에 가까이 왔더라)
24 무리가 거기에 예수도 안 계시고 제자들도 없음을 보고 곧 배들을 타고 예수를 찾으러 가버나움으로 가서
20 "Don't be afraid," Jesus told them, "it is I!"

21 Then they willingly took him into the boat, and immediately the boat reached land at the place they were heading for.
22 Next day the crowd which had stayed on the other side of the lake realized that there had been only one boat there. They knew that Jesus had not gone in it with his disciples, but that they had left without him.
23 Other boats, which were from Tiberias, came to shore near the place where the crowd had eaten the bread after the Lord had given thanks.
24 When the crowd saw that Jesus was not there, nor his disciples, they got into those boats and went to Capernaum, looking for him.

6:24 가버나움으로 가서. 예수님이 오빵이어 기적을 행하신 곳은 벳새다다. 그리고 배를 타고 가신 곳은 가버나움이다. 마태, 마가복음은 예수님이 오빵이어 기적 이후 '게네사렛 땅'에 이르렀다고 말하고 있다. 게네사렛 땅은 지금 오빵이어 기념 교회당이 있는 타브가라는 곳이다. 그곳은 가버나움에서 2km정도 떨어진 곳에 있다. 그래서 게네사렛 땅과 가버나움은 같은 곳을 가리키는 것으로 보인다. 오늘날 오빵이어 기념 교회당이 세워진 곳은 과거에는 오빵이어 기적을 행한 곳으로 생각했으나 오빵이어 기적을 행하시고 다시 배를 타고 도착한 곳으로 보면 맞을 것 같다.

벳새다 지역에서 오빵이어를 먹은 사람들과 디베랴에서 온 사람들이 예수님을 찾아 나섰다. 그 사이에 예수님이 물 위를 걸은 사건이 있었으나 그들은 그것까지는 몰랐다. 오빵이어 기적 하나만으로도 그들은 충분히 놀랐고 예수님을 찾아 나서기에 충분하였다.

25 바다 건너편에서 만나 랍비여 언제 여기 오셨나이까 하니
26 예수께서 대답하여 이르시되 내가 진실로 진실로 너희에게 이르노니 너희가 나를 찾는 것은 표적을 본 까닭이 아니요 떡을 먹고 배부른 까닭이로다
25 When the people found Jesus on the other side of the lake, they said to him, "Teacher, when did you get here?"
26 Jesus answered, "I am telling you the truth: you are looking for me because you ate the bread and had all you wanted, not because you understood my miracles.

6:26 표적을 본 까닭이 아니요 떡을 먹고 배부른 까닭이로다. 표적이 가리키고 있는 것을 보고 더 자세히 알기 위해 온 것이 아니라 표적이 가져다 준 부수적 효과인 '먹고 배부름'을 위해 찾았다는 것이다. 표적의 의미를 찾음이 아니고, 먹고 배부름이 한 번에 머물지 않고 그들이 원하는 것을 채워줄 정치적 메시야를 찾은 것이다.

27 썩을 양식을 위하여 일하지 말고 영생하도록 있는 양식을 위하여 하라 이
양식은 인자가 너희에게 주리니 인자는 아버지 하나님께서 인치신 자니라
27 Do not work for food that goes bad; instead, work for the food that lasts for eternal life.
This is the food which the Son of Man will give you, because God, the Father, has put his
mark of approval on him."

6:27 썩을 양식을 위하여 일하지 말고. 이 당시 사람들은 쉬는 시간이 거의 없이 매일
일하였다. 그러나 그들이 일하는 이유는 '썩을 양식'을 위해서였다. 이것은 지금 그들이
찾고 있는 정치적 메시야도 포함한다. 정치적 메시야가 그들을 해방시켜 준다면 그것은
진정 행복한 일일까? 먹을 것이 진정한 행복을 가져다 주지 못하는 것처럼 정치적 메시
야도 진정한 행복을 가져다 주는 것이 아니다. 그것 또한 썩을 양식에 불과하다.

영생하도록 있는 양식을 위하여 하라. 사람들이 찾아야 하는 것은 영생이었다. 오늘 먹
고 끝나는 양식이 아니라 영원히 살게 하는 양식을 찾아야 했다. 사람들이 열심을 가
지고 예수님을 찾아왔지만 그들은 영생을 찾는 것이 아니었다. 썩을 양식을 찾는 것
이었다. 그러한 열심은 무의미하다.

이 양식은 인자가 너희에게 주리니. 예수님은 사람들이 찾는 정치적 메시야가 아니라
'말씀이 육신이 되신' 메시야로서 그들에게 영생을 주시는 분이다. 사람들은 자신들
이 찾는 정치적 메시야가 아니라 예수님이 주시는 메시야에 대해 들어야 했다.

28 그들이 묻되 우리가 어떻게 하여야 하나님의 일을 하오리이까
28 So they asked him, "What can we do in order to do what God wants us to do?"

6:28 어떻게 하여야 하나님의 일을 하오리이까. 무엇을 해야 하나님의 일이 될지를 물
었다. '일'이 복수로 되어 있다. 그들은 많은 일을 해야 하는 것으로 생각하였다. 어떤
일이든 할 것이라 생각하고 있었다.

29 예수께서 대답하여 이르시되 하나님께서 보내신 이를 믿는 것이 하나님의
일이니라 하시니
29 Jesus answered, "What God wants you to do is to believe in the one he sent."

6:29 하나님께서 보내신 이를 믿는 것이 하나님의 일이니라. '일'이 단수로 되어 있다.
많은 것이 아니다. 단순하다. 오직 하나님께서 보내신 '그리스도를 믿는 것'이다. 말씀
이 육신이 되심을 믿는 것이다. 물론 그것을 믿는다는 것은 말씀을 순종할 필요가 없

다는 것은 아니다. 예수님은 말씀의 완성이시기 때문이다. 이후에는 오히려 더욱더 말씀을 순종해야 한다. 그러나 그것의 핵심은 한 가지다. 예수님이 그리스도가 되신다는 것을 믿고 따르는 것이다.

30 그들이 묻되 그러면 우리가 보고 당신을 믿도록 행하시는 표적이 무엇이니이까, 하시는 일이 무엇이니이까
30 They replied, "What miracle will you perform so that we may see it and believe you? What will you do?

6:30 당신을 믿도록 행하시는 표적이 무엇이니이까 하시는 일이 무엇이니이까. 그들은 공을 다시 예수님께 돌린다. 믿음을 위해 자신들의 일이 아니라 예수님의 일이 필요하다고 말한다.

31 기록된 바 하늘에서 그들에게 떡을 주어 먹게 하였다 함과 같이 우리 조상들은 광야에서 만나를 먹었나이다
31 Our ancestors ate manna in the desert, just as the scripture says, 'He gave them bread from heaven to eat.' "

6:31 우리 조상들은 광야에서 만나를 먹었나이다. 그들이 이렇게 말하는 것은 예수님께 한 번의 오빵이어가 아니라 모세에 의해 광야에서 매일 만나를 먹은 것처럼 매일 빵을 만드는 기적을 달라는 마음이 담겨 있다. 그것을 요구하는 자신들이 문제가 아니라 그것을 주지 않고 있는 예수님이 문제인 것이다.

32 예수께서 이르시되 내가 진실로 진실로 너희에게 이르노니 모세가 너희에게 하늘로부터 떡을 준 것이 아니라 내 아버지께서 너희에게 하늘로부터 참 떡을 주시나니
32 "I am telling you the truth," Jesus said. "What Moses gave you was not the bread from heaven; it is my Father who gives you the real bread from heaven.

6:32 모세가 너희에게 하늘로부터 떡을 준 것이 아니라. 먼저 저희들이 알아야 하는 것은 모세를 통해 주신 '만나'도 모세가 아니라 하나님께서 주신 것이라는 사실이다. 그것은 일차적으로는 일용할 양식이었으나 그것 또한 하나님을 향한 믿음을 갖는 것이 핵심이다. 그것이 하나님의 뜻이다.

내 아버지께서 너희에게 하늘로부터 참 떡을 주시나니. 예수님은 모세 시대에서 바로당시 시대로 건너뛰기를 하셔서 말씀하신다. 지금 하나님께서 그들에게 또한 빵을 주시는데 그것은 '참 빵'으로서 영생을 주시기 위함이다. 그것이 1차적 의미이고 핵심이다.

33 하나님의 떡은 하늘에서 내려 세상에 생명을 주는 것이니라
34 그들이 이르되 주여 이 떡을 항상 우리에게 주소서
33 For the bread that God gives is he who comes down from heaven and gives life to the world."
34 "Sir," they asked him, "give us this bread always."

6:34 이 떡을 항상 우리에게 주소서. 그들은 여전히 주님의 오빵이어 사건을 생각하며 먹을 양식을 생각하였다. 여전히 이해하지 못하고 오빵이어 사건의 반복을 요청하였다.

35 예수께서 이르시되 나는 생명의 떡이니 내게 오는 자는 결코 주리지 아니할 터이요 나를 믿는 자는 영원히 목마르지 아니하리라
35 "I am the bread of life," Jesus told them. "Those who come to me will never be hungry; those who believe in me will never be thirsty.

6:35 나는 생명의 떡이니 내게 오는 자는 결코 주리지 아니할 터이요. 예수님이 이제는 직접적으로 설명하셨다. 오빵이어의 기적에서 빵을 볼 것이 아니라 그것을 행하신 예수님을 보아야 한다는 것이다. 예수님 자신이 생명의 빵이기 때문이다. 영원히 살게 하는 생명의 빵이다.

36 그러나 내가 너희에게 이르기를 너희는 나를 보고도 믿지 아니하는도다 하였느니라
37 아버지께서 내게 주시는 자는 다 내게로 올 것이요 내게 오는 자는 내가 결코 내쫓지 아니하리라
38 내가 하늘에서 내려온 것은 내 뜻을 행하려 함이 아니요 나를 보내신 이의 뜻을 행하려 함이니라
36 Now, I told you that you have seen me but will not believe.
37 Everyone whom my Father gives me will come to me. I will never turn away anyone who comes to me,
38 because I have come down from heaven to do not my own will but the will of him who sent me.

6:38 나를 보내신 이의 뜻을 행하려 함이니라. 예수님이 행하시는 일은 하나님의 뜻을 행하기 위한 것이라 말씀한다. 하나님의 뜻은 사람들이 영생을 알고 영생을 얻는 것이다.

39 나를 보내신 이의 뜻은 내게 주신 자 중에 내가 하나도 잃어버리지 아니하고 마지막 날에 다시 살리는 이것이니라
40 내 아버지의 뜻은 아들을 보고 믿는 자마다 영생을 얻는 이것이니 마지막 날에 내가 이를 다시 살리리라 하시니라
39 And it is the will of him who sent me that I should not lose any of all those he has given me, but that I should raise them all to life on the last day.
40 For what my Father wants is that all who see the Son and believe in him should have eternal life. And I will raise them to life on the last day."

6:40 내 아버지의 뜻은 아들을 보고 믿는 자마다 영생을 얻는 이것이니. 하나님의 뜻은 사람들이 아들을 믿고 영생을 얻는 것이다. 만나를 볼 것이 아니라 그것을 주시는 하나님의 뜻과 사랑을 보아야 했다. 오빵이어의 빵과 물고기를 볼 것이 아니라 그것이 가리키고 있는 예수님이 그리스도임을 보아야 했다. 그리스도를 보고 믿어 영생을 아는 것이 하나님의 뜻이다.

41 자기가 하늘에서 내려온 떡이라 하시므로 유대인들이 예수에 대하여 수군거려
41 The people started grumbling about him, because he said, "I am the bread that came down from heaven."

6:41 유대인들이 예수에 대하여 수군거려. 사람들은 예수님의 말씀이 비유라는 것을 알았다. 그런데 그 주장이 어떤 이들이 보기에는 너무 황당하였다. 그러나 오빵이어의 기적을 통해 빵과 물고기를 먹은 사람들은 그때의 놀라운 경험을 이야기하였을 것이다. 대체 지금 무슨 일이 일어나고 있는 것일까?

42 이르되 이는 요셉의 아들 예수가 아니냐 그 부모를 우리가 아는데 자기가 지금 어찌하여 하늘에서 내려왔다 하느냐
42 So they said, "This man is Jesus son of Joseph, isn't he? We know his father and mother. How, then, does he now say he came down from heaven?"

6:42 그 부모를 우리가 아는데 자기가 지금 어찌하여 하늘에서 내려왔다 하느냐. 사람에

게서 태어났으면서 하늘에서 왔다고 하는 예수님의 말이 비상식적이라 생각하였다.

43 예수께서 대답하여 이르시되 너희는 서로 수군거리지 말라
44 나를 보내신 아버지께서 이끌지 아니하시면 아무도 내게 올 수 없으니 오는 그를 내가 마지막 날에 다시 살리리라
43 Jesus answered, "Stop grumbling among yourselves.
44 No one can come to me unless the Father who sent me draws him to me; and I will raise him to life on the last day.

6:44 나를 보내신 아버지께서 이끌지 아니하시면 아무도 내게 올 수 없으니. 이 구절을 운명론이나 기계적으로 생각하지 말아야 한다. 이것은 하나님께서 주시는 하늘의 지혜를 의미한다. 그들이 듣고 있는 말들이 결코 쉽지 않았다. 결코 작은 일이 아니다. 그래서 그들이 이해하는 것이 참 어렵다. 그래서 하나님의 지혜를 구해야 한다. 하나님께서 주시는 지혜이기 때문에 겸손하게 구해야 한다. 겸손함으로 구하지 않고 교만함으로 판단하려고 하기 때문에 받아들이기 어려운 것이다.

45 선지자의 글에 그들이 다 하나님의 가르치심을 받으리라 기록되었은즉 아버지께 듣고 배운 사람마다 내게로 오느니라
45 The prophets wrote, 'Everyone will be taught by God.' Anyone who hears the Father and learns from him comes to me.

6:45 선지자의 글...아버지께 듣고 배운 사람마다 내게로 오느니라. 하나님의 지혜를 구하기 위해서는 말씀으로 들어가야 한다. 다시 말씀 앞에 서야 한다. 그리고 겸손함으로 하나님의 뜻을 찾아야 한다. 하나님께 듣고 배우는 자세를 가져야 한다.

46 이는 아버지를 본 자가 있다는 것이 아니니라 오직 하나님에게서 온 자만 아버지를 보았느니라
47 진실로 진실로 너희에게 이르노니 믿는 자는 영생을 가졌나니
46 This does not mean that anyone has seen the Father; he who is from God is the only one who has seen the Father.
47 I am telling you the truth: he who believes has eternal life.

6:47 믿는 자는 영생을 가졌나니. 하늘에서 내려온 떡을 먹는다는 것은 곧 예수 그리스도를 믿는 것에 대한 상징이다. 지금 예수님이 말씀하시는 것을 믿어야 영생이 있

다. 믿지 않으면 영생이 없다. 영생의 문제이니 이것이 어렵다고 그냥 넘어갈 문제가 아니다. 그것이 진실인지 아닌지를 깊이 살펴야 한다.

48 내가 곧 생명의 떡이니라
48 I am the bread of life.

6:48 예수님이 직접적으로 주장하셨다. 예수님이 생명의 빵이라는 것은 지금 예수님을 받아들이라는 것이다. 빵을 먹듯이 예수님을 받아들여야 영생을 얻을 수 있다. 오빵이어의 빵은 한 끼의 식사요 그것을 행하신 예수님을 먹으면 영생을 먹는 식사가 된다.

49 너희 조상들은 광야에서 만나를 먹었어도 죽었거니와
50 이는 하늘에서 내려오는 떡이니 사람으로 하여금 먹고 죽지 아니하게 하는 것이니라
51 나는 하늘에서 내려온 살아 있는 떡이니 사람이 이 떡을 먹으면 영생하리라 내가 줄 떡은 곧 세상의 생명을 위한 내 살이니라 하시니라
49 Your ancestors ate manna in the desert, but they died.
50 But the bread that comes down from heaven is of such a kind that whoever eats it will not die.
51 I am the living bread that came down from heaven. If anyone eats this bread, he will live for ever. The bread that I will give him is my flesh, which I give so that the world may live."

6:51 **이 떡을 먹으면 영생하리라.** '먹는 것'은 예수님을 믿는 것에 대한 상징이다. 육신이 되신 말씀을 믿고 순종해야 한다.

52 그러므로 유대인들이 서로 다투어 이르되 이 사람이 어찌 능히 자기 살을 우리에게 주어 먹게 하겠느냐
53 예수께서 이르시되 내가 진실로 진실로 너희에게 이르노니 인자의 살을 먹지 아니하고 인자의 피를 마시지 아니하면 너희 속에 생명이 없느니라
52 This started an angry argument among them. "How can this man give us his flesh to eat?" they asked.
53 Jesus said to them, "I am telling you the truth: if you do not eat the flesh of the Son of Man and drink his blood, you will not have life in yourselves.

6:53 **인자의 살을 먹지 아니하고 인자의 피를 마시지 아니하면...생명이 없느니라.** 이 말

씀을 듣는 사람들은 어쩌면 매우 섬뜩할 수 있었다. 인육을 먹는다는 개념이 그렇다. 피는 유대인에게는 더욱더 꺼리는 것이다.

이것은 사실 예수님을 믿는 것을 상징적인 의미로 사용하신 것이다. 이후에 성만찬에서도 그렇다. 이 구절을 성만찬에 문자적인 의미로 사용해서 성만찬을 먹지 않으면 영생이 없는 것처럼 오해하기 쉽다. 그러나 성만찬에서 빵과 잔을 마시는 것은 유월절의 주인공을 상징한다. 유월절에 죽으신 진정한 어린 양이다. 모든 이들의 죄를 대속하신 것을 믿음으로 받아들이는 것이다. 그것은 예수님의 살과 피가 아니라 오늘 본문에서 예수님이 말씀하시듯이 예수님의 대속을 온전히 믿고 받아들이는 것이다.

> **54** 내 살을 먹고 내 피를 마시는 자는 영생을 가졌고 마지막 날에 내가 그를 다시 살리리니
> **54** Those who eat my flesh and drink my blood have eternal life, and I will raise them to life on the last day.

6:54 내 살을 먹고 내 피를 마시는 자는 영생을 가졌고. 이것은 실제로 예수님의 살을 먹는 것이 아니다. 성만찬에 참여하는 것을 의미하는 것이 아니다. 이것은 예수님을 믿는 것이다. 받아들이는 것이다.

'내 살과 피'는 유월절의 어린 양처럼 험한 고난을 받고 대신 죽으시는 것까지 포함할 것이다. 그렇게 자신을 진정한 유월절 양으로 주실 것이다. 그렇게까지 하시면서 영생을 주시기를 원하신다. 그래야 주님이 재림하시는 마지막 날에 성도가 부활하여 영원히 살게 된다.

> **55** 내 살은 참된 양식이요 내 피는 참된 음료로다
> **56** 내 살을 먹고 내 피를 마시는 자는 내 안에 거하고 나도 그의 안에 거하나니
> **55** For my flesh is the real food; my blood is the real drink.
> **56** Those who eat my flesh and drink my blood live in me, and I live in them.

6:56 내 안에 거하고 나도 그의 안에 거하나니. 예수님을 육신이 되신 말씀으로 믿고 받아들일 때 우리는 진정 예수님과 연합할 수 있다. 믿을 때 서로 소통하고 연합하게 된다.

> **57** 살아 계신 아버지께서 나를 보내시매 내가 아버지로 말미암아 사는 것 같이

나를 먹는 그 사람도 나로 말미암아 살리라
58 이것은 하늘에서 내려온 떡이니 조상들이 먹고도 죽은 그것과 같지 아니하
여 이 떡을 먹는 자는 영원히 살리라
57 The living Father sent me, and because of him I live also. In the same way whoever eats
me will live because of me.
58 This, then, is the bread that came down from heaven; it is not like the bread that your
ancestors ate. They later died, but those who eat this bread will live for ever."

6:58 이 떡을 먹는 자는 영원히 살리라. 예수님을 믿는 자만 영원히 살게됨을 말씀하시
는 것이다. 오직 예수님만이 영원한 삶을 주시는 분이다. 오늘 예수님과 함께하지 않
는다면 영원한 삶은 없다.

59 이 말씀은 예수께서 가버나움 회당에서 가르치실 때에 하셨느니라
60 제자 중 여럿이 듣고 말하되 이 말씀은 어렵도다 누가 들을 수 있느냐 한대
59 Jesus said this as he taught in the synagogue in Capernaum.
60 Many of his followers heard this and said, "This teaching is too hard. Who can listen to
it?"

6:60 이 말씀은 어렵도다 누가 들을 수 있느냐. 예수님은 오빵이어에 대해 자세히 설명
하여 주셨다. 이것은 내용이 이해하기 어렵다는 것도 어느 정도 포함되어 있겠으나 그
것보다는 받아들이기가 어렵다는 의미가 더 클 것이다. 하늘에서 내려온 빵으로서 예
수님을 믿을 때 영생을 얻게 된다는 말은 받아들이는 것이 결코 쉽지 않았을 것이다.

61 예수께서 스스로 제자들이 이 말씀에 대하여 수군거리는 줄 아시고 이르시
되 이 말이 너희에게 걸림이 되느냐
61 Without being told, Jesus knew that they were grumbling about this, so he said to them,
"Does this make you want to give up?

6:61 이 말이 너희에게 걸림이 되느냐. 예수님의 오빵이어의 기적은 사람들을 환호하
게 만들었다. 그런데 그것에 대해 설명하시자 사람들이 냉담하였다. 예수님은 오빵이
어의 한 끼 식사가 아니라 영원한 양식을 주기 원하셨다. 그런데 사람들은 작은 것에
는 환호하였으면서 영생에는 냉담하였다.

62 그러면 너희는 인자가 이전에 있던 곳으로 올라가는 것을 본다면 어떻게 하

62 Suppose, then, that you should see the Son of Man go back up to the place where he was before?

6:62 인자가 이전에 있던 곳으로 올라가는 것을 본다면 어떻게 하겠느냐. 예수님께서 승천하시는 것을 본 이후 제자들은 믿음의 확실성 위에 서게 될 것이다. 그러나 지금은 많은 불확실성과 의문이 가득하였다. 믿음을 위해서는 이런 불확실성의 단계를 지나야 한다.

63 살리는 것은 영이니 육은 무익하니라 내가 너희에게 이른 말은 영이요 생명이라

63 What gives life is God's Spirit; human power is of no use at all. The words I have spoken to you bring God's life-giving Spirit.

6:63 살리는 것은 영. 성령을 의미한다. '육'은 사람의 '육적인 면'만을 의미하는 것이 아니라 '사람'을 의미한다. 영원한 생명을 주시는 성령 하나님과 생명이 없는 사람을 대조한 것이다.

사람이 만일 자신의 삶에서 하나님의 영이 행하시는 영생의 일을 보지 못하면 이 땅에서 사는 한 사람으로서 끝나고 말 것이다. 하나님으로부터 오는 영생을 얻지 못하고 무익한 사람, 희망이 없는 사람이 되어 영원한 멸망으로 마쳤을 것이다. 사람들이 열심히 사는 것 같으나 실상은 허무하고 절망적인 삶이다. 그러니 영생의 일이 어렵고 생소하더라도 그것을 알기 위해 힘을 더 쏟는 것은 결코 헛된 일이 아니다.

너희에게 이른 말은 영이요 생명이라. 예수님은 '생명을 주시는 성령'에 대해 말씀하시고 계신다. 그것이 어려운 일일까? 물론 당시 이것을 처음 듣는 사람들에게는 받아들이기 어려웠을 것이다. 그러나 그들은 오빵이어의 기적을 경험하였다. 그렇다면 그것에 이은 이 설명에 대해서도 더 잔잔한 살핌이 필요하였다. 그것은 조금 좋고 끝나는 육체의 일이 아니라 영생을 주는 성령에 대한 것이다.

64 그러나 너희 중에 믿지 아니하는 자들이 있느니라 하시니 이는 예수께서 믿지 아니하는 자들이 누구며 자기를 팔 자가 누구인지 처음부터 아심이러라
65 또 이르시되 그러므로 전에 너희에게 말하기를 내 아버지께서 오게 하여 주지 아니하시면 누구든지 내게 올 수 없다 하였노라 하시니라

64 Yet some of you do not believe." (Jesus knew from the very beginning who were the

ones that would not believe and which one would betray him.)
65 And he added, "This is the very reason I told you that no one can come to me unless the Father makes it possible for him to do so."

6:65 아버지께서 오게 하여 주지 아니하시면 누구든지 내게 올 수 없다. 앞에서 했던 말씀을 또 반복하여 말씀하고 있다. 진정한 믿음을 위해서는 하나님의 계시를 받아들여야 한다. 계시는 내가 발견해 내는 것이 아니라 하나님께서 보여주시는 것이다. 위로부터 오는 것이다. 그러기에 겸손해야 한다.

막연히 자기의 생각으로 부정할 것이 아니라 겸손히 계시에 마음을 기울여야 한다. 오빵이어의 기적에서 자기가 본 것을 넘어 구약의 성경 말씀과 예수님의 가르치심에 마음을 열고 기울여야 한다. 어려우면 더욱더 시간을 들이고 마음을 다하여 생각해 보아야 한다.

영생과 영벌이 있다면 그것은 가장 중요한 문제이기 때문에 더욱더 그래야 한다. 자신들이 지금 목격한 오빵이어의 기적이 놀라운 것이기에 더욱더 그래야 한다. 우리의 삶에서 신비를 경험하면 더욱더 그래야 한다.

66 그 때부터 그의 제자 중에서 많은 사람이 떠나가고 다시 그와 함께 다니지 아니하더라

66 Because of this, many of Jesus' followers turned back and would not go with him any more.

6:66 그 때부터 그의 제자 중에서 많은 사람이 떠나가고. 오빵이어에 환호하였던 사람들이 그것에 대한 설명을 듣자 떠난 사람이 많았다. 일용할 양식은 좋았지만 영생은 싫어하였다.

사실 영생을 싫어할 사람은 없다. 단지 그들이 영생을 제대로 알지 못하였기 때문일 것이다. 오늘날도 사람들은 영생을 별로 좋아하지 않는다. 교회에서 복받는 것은 좋아하는데 영생을 받는 것은 별로 좋아하지 않는 것 같다. 영생이 손에 잡히지 않아서 그럴 것이다. 그러나 영생만큼 사람에게 중요하고 필요한 것이 또 있을까? 가치를 알면 영생이라는 단어는 우리를 가슴 벅차게 할 것이다.

67 예수께서 열두 제자에게 이르시되 너희도 가려느냐
68 시몬 베드로가 대답하되 주여 영생의 말씀이 주께 있사오니 우리가 누구에

게로 가오리이까

67 So he asked the twelve disciples, "And you—would you also like to leave?"
68 Simon Peter answered him, "Lord, to whom would we go? You have the words that give eternal life.

6:68 주여 영생의 말씀이 주께 있사오니 우리가 누구에게로 가오리이까. 제자들은 영생에 초점을 맞추었기 때문에 떠나지 않았다. 신앙은 영생을 찾는 것이다. 세상을 둘러보라. 지금 사람들이 모든 힘을 다하여 하고 있는 일을 보라. 그들이 그것을 통해 영생을 얻는다고 생각하기 때문에 하고 있는가? 결코 아닐 것이다. 그들은 영생을 생각하지 않으며 생각할 수도 없다. 단지 지금 그들의 타락한 본성이 좋아서 하고 있을 뿐이다. 오직 예수님께 가야 영생에 대해 들을 수 있다. 믿는 이들에게 영생이 있음을 말씀하신다.

신앙인은 영생을 알고 영생을 찾는 사람이라는 것을 알아야 한다. 영생을 좋아하고 그것을 좇아 사는 사람이다. 신앙인이면서 여전히 영생을 좇아가고 있지 않다면 본질을 놓치고 있는 것이다.

69 우리가 주는 하나님의 거룩하신 자이신 줄 믿고 알았사옵나이다
70 예수께서 대답하시되 내가 너희 열둘을 택하지 아니하였느냐 그러나 너희 중의 한 사람은 마귀니라 하시니
71 이 말씀은 가룟 시몬의 아들 유다를 가리키심이라 그는 열둘 중의 하나로 예수를 팔 자러라

69 And now we believe and know that you are the Holy One who has come from God."
70 Jesus replied, "I chose the twelve of you, didn't I? Yet one of you is a devil!"
71 He was talking about Judas, the son of Simon Iscariot. For Judas, even though he was one of the twelve disciples, was going to betray him.

6:70 너희 중의 한 사람은 마귀니라. 가룟 유다를 생각하면서 말씀하신 것이다. 이 당시 가룟 유다는 믿음이 제대로 없는 것 같은데 왜 예수님을 떠나지 않았을까? 지금 그의 마음에도 베드로의 고백처럼 영생을 사모하는 마음이 있었을까? 아직 떠나지는 않았지만 그의 마음에는 영생을 향한 마음이 없었던 것 같다. 그러기에 영생에 비해 터무니 없는 적은 돈을 받고 예수님을 팔게 된다. 자신의 양심과 신앙을 판다. 영생보다 돈이 더 큰 가치를 가지고 있기 때문이다.

믿음에 실패하는 사람은 늘 있다. 처음부터 실패하는 사람이 있다. 중간에 떠나가는 사람이 있다. 가룟 유다처럼 꽤 좋은 신앙인인 것 같았는데 나중에 떠나는 사람도 있다.

신앙인은 세상에서 조금 더 나은 삶이 아니라 세상이 줄 수 없는 탁월한 영생을 찾고 소유한 사람이라는 것을 명심해야 한다. 영생을 가진 것이 큰 기쁨이라는 것을 더 깊이 알아가야 한다. 그러면 세상의 어떤 것에도 낙심하지 않고 믿음에 인내할 수 있을 것이다. 영생은 세상이 줄 수 있는 것과 결코 비교할 수 없다.

3. 초막절

(7:1-10:21)

7장

1 그 후에 예수께서 갈릴리에서 다니시고 유대에서 다니려 아니하심은 유대인들이 죽이려 함이러라

1 After this, Jesus travelled in Galilee; he did not want to travel in Judea, because the Jewish authorities there were wanting to kill him.

7:1 갈릴리에서 다니시고 유대에서 다니려 아니하심은 유대인들이 죽이려 함이러라. 이 당시 이스라엘 지역은 크게 유대, 사마리아, 갈릴리로 구분하였다. 갈릴리 지역은 헤롯 안티파스가 분봉왕으로 있었다. 헤롯 안티파스는 세례요한을 죽인 이후 예수님에 대해 무서워하는 마음이 있었다. 그래서 예수님에 대해 적대적인 행동을 취하지 않았다.

지역마다 큰 도시들은 산헤드린이 있었다. 그런데 예수님에 대한 반대는 종교적 중심지인 예루살렘 산헤드린이 심하였다. 예수님을 죽이려 한 유대인은 예루살렘 산헤드린을 중심으로 한 세력을 의미하는 것으로 보인다. 성전 청결 사건은 그들에게 매우 큰 충격이었던 것 같다. 그래서 예수님은 예루살렘에 가는 것을 조심스럽게 생각하신 것으로 보인다.

2 유대인의 명절인 초막절이 가까운지라

2 The time for the Festival of Shelters was near,

7:2 초막절. 초막절은 이스라엘의 3대 절기 중 하나이다. 이 때 대부분의 유대인들은 성전을 방문하였다.

3 그 형제들이 예수께 이르되 당신이 행하는 일을 제자들도 보게 여기를 떠나 유대로 가소서

3 so Jesus' brothers said to him, "Leave this place and go to Judea, so that your followers

will see the things that you are doing.

7:3 형제들이...유대로 가소서. 예루살렘에 함께 가자는 말이다. 이 당시 지방에서 명절에 성전에 갈 때는 가족이나 마을 사람들이 대단위로 함께 움직였다. 강도를 만날 위험성 때문이었을 것이다. 그런데 이들의 말은 그것만을 의미하는 것이 아니었다.

4 스스로 나타나기를 구하면서 묻혀서 일하는 사람이 없나니 이 일을 행하려 하거든 자신을 세상에 나타내소서 하니
5 이는 그 형제들까지도 예수를 믿지 아니함이러라
4 No one hides what he is doing if he wants to be well known. Since you are doing these things, let the whole world know about you!"
5 (Not even his brothers believed in him.)

7:5 예수를 믿지 아니함이러라. 예수님의 형제들은 아직 예수님을 신뢰하지 않았다. 그들은 예수님을 따라다니는 제자 그룹에 속하지 않았다. 그래서 그들은 예수님께 '자신을 더 증명하라'고 말하는 세상 사람의 편에 서 있는 것이다.

6 예수께서 이르시되 내 때는 아직 이르지 아니하였거니와 너희 때는 늘 준비 되어 있느니라
6 Jesus said to them, "The right time for me has not yet come. Any time is right for you.

7:6 내 때는 아직 이르지 아니하였거니와 너희 때는 늘 준비되어 있느니라. 이중적인 의미가 담겨 있는 것 같다. 먼저는 예루살렘으로 떠날 때를 의미할 것이다. 예수님의 형제들은 언제든지 가고 싶을 때 예루살렘에 가도 된다. 그러나 예수님은 적대하는 사람들이 있기 때문에 언제든지 갈 수 있는 것이 아니었다.
또한 이것은 믿음의 때와 관련되어 말씀하신 것 같다. 예수님께서 십자가에 못 박히시고 부활하심으로 하나님의 계획을 실행하실 때는 아직 이르지 않았으나 형제들이 믿음을 받아들일 수 있는 때는 늘 열려 있어 지금이라도 믿음을 알게 되기를 원하는 마음이 담겨 있는 것 같다. 그러나 형제들은 지금 가까이에 있는 영생을 얻을 기회를 놓치고 있었다. 가까이에 있으나 때를 잡지 못하고 있었다. 영생에 대한 무관심 때문이다.

7 세상이 너희를 미워하지 아니하되 나를 미워하나니 이는 내가 세상의 일들을
악하다고 증언함이라

7 The world cannot hate you, but it hates me, because I keep telling it that its ways are bad.

7:7 내가 세상의 일들을 악하다고 증언함이라. 사람들은 예수님을 미워하였다. 그래서
초막절이 되었어도 성전에 아무 때나 갈 수 있는 형편이 안 되었다. 그들이 예수님을
미워한 이유는 예수님이 전하시는 영생 때문이 아니다. 그들은 그것에 관심이 없었다.
예수님이 그들이 행하는 악을 지적하셨기 때문에 미워하였다. 그들은 영생이 아니라
자신들이 누리는 세상의 권력을 더 사랑하였다. 그것이 지적되어 영생을 얻을 수 있
으면 더 좋은 것이다. 그러나 그들은 영생에 무지하였기 때문에 그들이 누리고 있는
권력이 더 중요하였다.

8 너희는 명절에 올라가라 내 때가 아직 차지 못하였으니 나는 이 명절에 아직
올라가지 아니하노라

8 You go on to the festival. I am not going to this festival, because the right time has not
come for me."

7:8 너희는 명절에 올라가라...나는...아직 올라가지 아니하노라. 형제들의 관심과 예수
님의 관심이 달랐다. 그래서 때가 달랐다. 형제들은 영생에 대해 무지하였다. 사람들
이 보는 예수님에 대해 생각하였다. 그러나 예수님은 어떻게 하여야 영생을 더 전할
수 있을지를 생각하셨다.

9 이 말씀을 하시고 갈릴리에 머물러 계시니라
10 그 형제들이 명절에 올라간 후에 자기도 올라가시되 나타내지 않고 은밀히
가시니라
11 명절중에 유대인들이 예수를 찾으면서 그가 어디 있느냐 하고
12 예수에 대하여 무리 중에서 수군거림이 많아 어떤 사람은 좋은 사람이라 하
며 어떤 사람은 아니라 무리를 미혹한다 하나

9 He said this, and then stayed on in Galilee.
10 After his brothers had gone to the festival, Jesus also went; however, he did not go
openly, but secretly.
11 The Jewish authorities were looking for him at the festival. "Where is he?" they asked.
12 There was much whispering about him in the crowd. "He is a good man," some people
said. "No," others said, "he is misleading the people."

7:12 예수에 대하여 무리 중에서 수군거림이 많아. 사람들은 예수님께서 행하신 일을 알고 있어 그것에 대해 많은 이야기를 하였다. 그러나 예수님이 주시고자 하시는 영생에 대해서는 무지하였다.

어떤 사람은 좋은 사람이라 하며 어떤 사람은 아니라 무리를 미혹한다 하나. 사람들은 예수님에 대해 칭찬을 하기도 하고 어떤 사람들은 비난하였다. 그러나 예수님이 진정 주시고자 하시는 영생에 대해서는 이야기를 하지 않았다. 영생에 대해 무지하여 생각도 하지 못하고 있었다.

13 그러나 유대인들을 두려워하므로 드러나게 그에 대하여 말하는 자가 없더라
13 But no one talked about him openly, because they were afraid of the Jewish authorities.

7:13 유대인들을 두려워하므로 드러나게...말하는 자가 없더라. 힘 있는 사람들이 예수님을 죽이려 하고 있다는 것을 알기 때문에 예수님에 대해 더 말하지 않으려 하였다. 영생에 대한 무지 때문이다. 영생이 무엇인지 알았다면 어떤 위협이 있어도 그것에 대해 말하였을 것이다.

오늘날도 사람들은 예수님에 대해 잘 말하지 않는다. 세상의 돈을 두려워하고 위신을 중요하게 생각하기 때문이다. 그들은 예수님이 주시는 영생에 대해 무지하다. 그래서 짧은 생애의 잃는 것에 대해서는 두려워하면서 영생을 얻지 못하는 것에 대해서는 두려워하지 않는다. 그래서 예수님과 영생 이야기는 늘 사람들의 이야기거리가 되지 못한다.

14 이미 명절의 중간이 되어 예수께서 성전에 올라가사 가르치시니
14 The festival was nearly half over when Jesus went to the Temple and began teaching.

7:14 명절의 중간이 되어. 사람들이 가장 많이 모일 때다. 예루살렘의 산헤드린 사람들이 예수님께 적대적이기 때문에 일반 사람들이 많이 모이는 시간에 성전에 가신 것으로 보인다.

15 유대인들이 놀랍게 여겨 이르되 이 사람은 배우지 아니하였거늘 어떻게 글을 아느냐 하니
15 The Jewish authorities were greatly surprised and said, "How does this man know so

much when he has never had any training?"

7:15 이 사람은 배우지 아니하였거늘. 이 당시 배움은 유명한 랍비의 제자로 들어가는 방식이었다. 그들은 자신들의 말이 아니라 랍비에게 배운 것을 전하였다. 예수님은 그렇게 유명한 랍비에게 배우지 않았는데 하시는 말이 매우 유식하였기 때문에 놀라서 하는 말이다. **어떻게 글을 아느냐.** 이것은 단순히 글을 읽는 것을 의미하기 보다는 아는 것이 많다는 의미로 보인다.

16 예수께서 대답하여 이르시되 내 교훈은 내 것이 아니요 나를 보내신 이의 것이니라
16 Jesus answered, "What I teach is not my own teaching, but it comes from God, who sent me.

7:16 내 교훈은 내 것이 아니요 나를 보내신 이의 것이니라. 예수님은 배운 것이 없어 랍비의 말을 인용하지 못하고 자신의 말을 하시는 것이 아니다. 예수님의 스승은 '하나님 아버지'임을 말씀하신다. 하나님보다 더 큰 스승은 없다. 예수님이 주장하시는 것처럼 메시야이시면 당연히 다른 랍비에게 배우시는 것이 아니다. 그 출처는 하나님 아버지라는 것이 합리적 주장이다.

17 사람이 하나님의 뜻을 행하려 하면 이 교훈이 하나님께로부터 왔는지 내가 스스로 말함인지 알리라
17 Whoever is willing to do what God wants will know whether what I teach comes from God or whether I speak on my own authority.

7:17 하나님의 뜻을 행하려 하면...알리라. '하나님의 뜻'에 집중해야 한다. 하나님의 뜻에 부합한지를 생각해야 한다. 자신들의 생각에 맞는지가 아니다. 하나님의 뜻을 생각해야 한다. 그래야 진리를 알 수 있다.
진리는 행함 즉 삶에 적합성이 있는지 분별해야 한다. 삶에 빛을 비추고 하나님의 성품에 합한 것이어야 옳은 것이다.

18 스스로 말하는 자는 자기 영광만 구하되 보내신 이의 영광을 구하는 자는 참되니 그 속에 불의가 없느니라

19 모세가 너희에게 율법을 주지 아니하였느냐 너희 중에 율법을 지키는 자가 없도다 너희가 어찌하여 나를 죽이려 하느냐

18 A person who speaks on his own authority is trying to gain glory for himself. But he who wants glory for the one who sent him is honest, and there is nothing false in him.
19 Moses gave you the Law, didn't he? But not one of you obeys the Law. Why are you trying to kill me?"

7:19 너희 중에 율법을 지키는 자가 없도다. 율법의 가장 큰 원리는 사랑하는 것이고 살리는 것이다. 그러나 산헤드린 사람들이 예수님을 죽이려 하고 있었다. 그래서 그들은 율법을 어기는 자들이었다.

20 무리가 대답하되 당신은 귀신이 들렸도다 누가 당신을 죽이려 하나이까

20 "You have a demon in you!" the crowd answered. "Who is trying to kill you?"

7:20 귀신이 들렸도다 누가 당신을 죽이려 하나이까. 죽이려는 사람이 없는데 과대망상증으로 혼자 그렇게 생각한다는 말이다. 산헤드린 사람들이 예수님을 죽이려 하고 있다는 것을 아는 사람이 이 말을 했다면 거짓말을 하고 있는 것이다. 그러나 모르는 사람도 있었을 것이다. 그렇다면 그들은 착각하고 있는 것이다.

21 예수께서 대답하여 이르시되 내가 한 가지 일을 행하매 너희가 다 이로 말미암아 이상히 여기는도다

21 Jesus answered, "I performed one miracle, and you were all surprised.

7:21 내가 한 가지 일을 행하매. 이전에 예수님께서 베데스다에서 안식일에 다리 저는 사람을 고치신 일에 대한 말씀이다. 안식일에 고쳤다고 산헤드린 사람들이 예수님을 잡으려 하였다.

22 모세가 너희에게 할례를 행했으니 (그러나 할례는 모세에게서 난 것이 아니요 조상들에게서 난 것이라) 그러므로 너희가 안식일에도 사람에게 할례를 행하느니라

22 Moses ordered you to circumcise your sons (although it was not Moses but your ancestors who started it), and so you circumcise a boy on the Sabbath.

7:22 너희가 안식일에도 사람에게 할례를 행하느니라. 유대인들은 남자 아기가 난 지

팔일만에 할례를 행해야 하는데 그 날이 안식일이면 안식일이라고 할례를 행하지 않은 것이 아니라 할례법을 안식일법의 상위법으로 여겨 행하였다. 그렇다면 사람을 건강하게 하는 일은 할례를 행하는 것보다 결코 더 가볍지 않다. 할례를 받는 것은 구원이나 하나님의 백성이라는 자체가 아니라 하나님의 백성이 된 것에 대한 상징일 뿐이다.

하나님의 뜻에 합당하게 안식일에도 예외적으로 할례를 행하였으면 안식일에 사람을 고친 것에 대해서도 하나님의 뜻을 더 깊이 생각해 보아야 한다. 사실 많은 랍비들이 이미 바벨론 탈무드에서 안식일에 사람을 고치는 것에 대해 찬성하는 논쟁을 하기도 하였었다.

> **23** 모세의 율법을 범하지 아니하려고 사람이 안식일에도 할례를 받는 일이 있거든 내가 안식일에 사람의 전신을 건전하게 한 것으로 너희가 내게 노여워하느냐
> **24** 외모로 판단하지 말고 공의롭게 판단하라 하시니라
> **23** If a boy is circumcised on the Sabbath so that Moses' Law is not broken, why are you angry with me because I made a man completely well on the Sabbath?
> **24** Stop judging by external standards, and judge by true standards."

7:24 외모로 판단하지 말고. 사람들은 여전히 예수님이 유명한 랍비에게서 배운 사람이 아니라는 사실을 가지고 판단하고 있었다. **공의롭게 판단하라.** 랍비의 가르침이 중요한 것이 아니라 하나님의 뜻이 더 중요하다. 그러니 하나님의 뜻을 따라 판단할 수 있도록 잘 생각해 보아야 한다. 자신들의 이익이 아니라 하나님의 영광이라는 기준에 합당하도록 잘 생각해 보고 판단해야 한다. 그런데 그들이 그것을 놓치고 있었다.

> **25** 예루살렘 사람 중에서 어떤 사람이 말하되 이는 그들이 죽이고자 하는 그 사람이 아니냐
> **26** 보라 드러나게 말하되 그들이 아무 말도 아니하는도다 당국자들은 이 사람을 참으로 그리스도인 줄 알았는가
> **25** Some of the people of Jerusalem said, "Isn't this the man the authorities are trying to kill?
> **26** Look! He is talking in public, and they say nothing against him! Can it be that they really know that he is the Messiah?

7:26 당국자들은 이 사람을 참으로 그리스도인 줄 알았는가. 산헤드린 사람들이 예수님을 죽이려 하고 있다고 알았는데 예수님을 잡지 않고 계속 가르치도록 놔두자 의구

심을 가진 사람이 있었다. 산헤드린 사람들이 예수님을 재평가하여 그리스도로 인정하기로 한 것인가하는 생각을 가졌다.

> **27** 그러나 우리는 이 사람이 어디서 왔는지 아노라 그리스도께서 오실 때에는 어디서 오시는지 아는 자가 없으리라 하는지라
> **27** But when the Messiah comes, no one will know where he is from. And we all know where this man comes from."

7:27 우리는 이 사람이 어디서 왔는지 아노라...어디서 오시는지 아는 자가 없으리라. 그들은 그리스도에 대해 잘 알고 있다고 생각하였다. 특히 그들은 성경이 아니라 전승에 의해 '숨겨진 메시야' 생각을 가지고 있었던 것 같다. 모세가 나타나기 전에 미디안 광야에 있다 갑자기 나타났듯이 모세가 말하는 그 선지자도 전혀 모르던 곳에서 갑자기 나타날 것이라고 생각하는 경향이 있었다.

> **28** 예수께서 성전에서 가르치시며 외쳐 이르시되 너희가 나를 알고 내가 어디서 온 것도 알거니와 내가 스스로 온 것이 아니니라 나를 보내신 이는 참되시니 너희는 그를 알지 못하나
> **28** As Jesus taught in the Temple, he said in a loud voice, "Do you really know me and know where I am from? I have not come on my own authority. He who sent me, however, is truthful. You do not know him,

7:28 너희가 나를 알고 내가 어디에 온 것도 알거니와. 그들이 알고 있다고 생각하지만 실상은 모르고 있다는 말씀이다. 사람들은 모르면서 알고 있다고 생각하는 경향이 많다. 믿음도 아마 모르면서 알고 있다고 생각하는 사람이 많을 것이다.

나를 보내신 이는 참되시니 너희는 그를 알지 못하나. 예수님은 사람들이 알고 있다고 생각하는 그런 분이 아니셨다. 예수님은 하늘의 하나님에게서 오셨다. 이 땅에 생명을 주시기 위해 오셨다. 이 땅은 살아 있는 것 같으나 실제로는 영원한 죽음의 길을 가고 있었다. 그래서 그들을 살리기 위해 하나님 아버지께서 예수님을 보내셨다. 그들이 말하고 있는 예수님의 출생 지역이나 출처도 분명하지 않은 전승인 땅의 어느 곳에 숨겨져 있다가 나타나는 것 등은 사실 전혀 중요한 것이 아니다.

예수님은 땅의 이야기가 아니라 하늘 이야기를 전하기 위해 오셨다. 땅의 성공이나 구원이 아니라 하늘의 성공과 구원을 주시기 위해 오셨다.

29 나는 아노니 이는 내가 그에게서 났고 그가 나를 보내셨음이라 하시니
30 그들이 예수를 잡고자 하나 손을 대는 자가 없으니 이는 그의 때가 아직 이르지 아니하였음이러라
29 but I know him, because I come from him and he sent me.”
30 Then they tried to seize him, but no one laid a hand on him, because his hour had not yet come.

7:30 이는 그의 때가 아직 이르지 아니하였음이러라. 사람들이 보기에 예수님은 지극히 힘 없는 한 사람에 불과하다. 로마의 군대나 성전을 경비하는 군사를 거느린 산헤드린 사람들에 비하면 예수님은 아무 힘도 없어 보인다.

그러나 예수님은 하늘의 뜻을 이루고 계셨기 때문에 사명을 다하지 않으시고는 결코 잡히지 않으실 것이다. 전능하신 하나님께서 보호하시는데 어찌 세상의 군대가 잡을 수 있겠는가? 사람들은 땅의 일을 보고 있었고 예수님은 하늘의 일을 보고 계셨다.

31 무리 중의 많은 사람이 예수를 믿고 말하되 그리스도께서 오실지라도 그 행하실 표적이 이 사람이 행한 것보다 더 많으랴 하니
31 But many in the crowd believed in him and said, “When the Messiah comes, will he perform more miracles than this man has?”

7:31 그리스도께서 오실지라도 그 행하실 표적이 이 사람이 행한 것보다 더 많으랴. 이것저것을 떠나 예수님이 행하신 놀라운 일들이 많기에 이미 그것만으로도 사람들은 예수님을 믿는 사람들이 있었다. 혹 예수님이 그리스도가 아니고 진짜 그리스도가 오셔도 예수님만큼 표적을 행하지는 못할 것이라고 말할 정도로 많은 증거가 이미 차고 넘쳤다.

32 예수에 대하여 무리가 수군거리는 것이 바리새인들에게 들린지라 대제사장들과 바리새인들이 그를 잡으려고 아랫사람들을 보내니
32 The Pharisees heard the crowd whispering these things about Jesus, so they and the chief priests sent some guards to arrest him.

7:32 대제세장들과 바리새인들이 그를 잡으려고 아랫사람들을 보내니. 산헤드린 사람들은 더 많은 사람들이 동요하기 전에 예수님을 잡고자 하였다. 그들은 예수님이 그리스도인지 아닌지가 중요한 것이 아니라 사람들이 동요하는지 그렇지 않은지가 중요하였다. 그들에게는 땅의 일이 중요하였다.

33 예수께서 이르시되 내가 너희와 함께 조금 더 있다가 나를 보내신 이에게로 돌아가겠노라

33 Jesus said, "I shall be with you a little while longer, and then I shall go away to him who sent me.

7:33 내가 너희와 함께 조금 더 있다가...돌아가겠노라. 산헤드린 사람들이 힘이 있어 예수님을 잡아 죽일 수 있는 것이 아니다. 아직 예수님의 때가 아니기 때문에 지금 못 잡고 이후에 예수님의 때가 되면 그때 잡아 죽일 수 있을 것이다.

계획하고 컨트롤하는 것은 산헤드린 사람들이 아니라 하나님 아버지다. 예수님은 하나님 나라에서 보내심을 받아 이 땅에 영생을 전하시고 때가 되면 사람들의 대속을 위해 죽으심으로 이 땅의 삶을 마치고 하나님 아버지께 다시 돌아가실 것이다.

34 너희가 나를 찾아도 만나지 못할 터이요 나 있는 곳에 오지도 못하리라 하시니

35 이에 유대인들이 서로 묻되 이 사람이 어디로 가기에 우리가 그를 만나지 못하리요 헬라인 중에 흩어져 사는 자들에게로 가서 헬라인을 가르칠 터인가

34 You will look for me, but you will not find me, because you cannot go where I will be."
35 The Jewish authorities said among themselves, "Where is he about to go so that we shall not find him? Will he go to the Greek cities where our people live, and teach the Greeks?

7:35 이 사람이 어디로 가기에 우리가 그를 만나지 못하리요. 사람들은 예수님이 산헤드린을 피해 다른 나라에 흩어져 있는 유대인들을 가르칠 것인가라고 생각하였다. 사람들이 만나지 못할 곳으로 가신다 하니 먼 곳으로 간다고 생각한 것이다.

그들은 하늘에 대해 전혀 알지 못하였다. 그들의 구원을 위하여 하늘에서 무엇을 계획하고 무엇을 이루어 가고 있는지 몰랐다. 사실 하늘은 매우 가깝다. 하늘의 통치가 없으면 지금 이 땅은 존재할 수 없다. 하늘의 사랑으로 우리는 살고 있다. 그런데도 그들에게 하늘(하나님 나라)은 너무 멀고 먼 곳이었다.

36 나를 찾아도 만나지 못할 터이요 나 있는 곳에 오지도 못하리라 한 이 말이 무슨 말이냐 하니라

37 명절 끝날 곧 큰 날에 예수께서 서서 외쳐 이르시되 누구든지 목마르거든 내게로 와서 마시라

36 He says that we will look for him but will not find him, and that we cannot go where he

will be. What does he mean?"
37 On the last and most important day of the festival Jesus stood up and said in a loud voice, "Whoever is thirsty should come to me, and

7:37 명절 끝날. '명절'은 초막절을 의미한다. 초막절은 오늘날 우리의 추석과 날짜와 많은 면에서 비슷하다.

초막절에 대해 조금 더 알아볼 필요가 있다. 1. 출애굽 후 광야 생활을 기억하기 위해 지켰다. 2. 광야에서 성막을 지을 물건을 드릴 때의 기간이 초막절 기간이었다. 3. 마카비 시대부터 시작된 것으로 추측되는데 초막절 기간 내내 사람들이 실로암에서 황금 항아리에 물을 길어 성전의 제단에 부었다. 800m의 거리가 있어 긴 행렬이 만들어졌다. 제단을 돌면서 기도하였는데 이어 시작되는 우기에 비가 내리기를 소원하는 마음이 담겨 있다. 비가 와야 씨를 뿌림. 모세가 샘물을 터지게 하였듯이 나중 구원자도 샘물을 솟게 하리라는 믿음을 가지고 있었다. 초막절을 제대로 지키지 않을 때 비가 오지 않을 것이라는 성경의 경고가 주어졌다. 4. 수장절이라는 이름을 가지고 있기도 하는데 가을에 추수한 것을 저장하고 지키는 절기이기 때문이다. 축제의 절기였다.

외쳐 이르시되. 예수님은 사람들에게 안타까운 마음을 담아 큰 소리로 외쳐 가르치셨다. **목마르거든 내게로 와서 마시라.** 이것은 초막절 절기 행사와 많이 관련이 있다. 사람들은 건기 막바지에 우기의 비를 기대하며 기도하였다. 초막절마다 다시 반복되는 기도다.

예수님은 메시야가 주는 새로운 물을 말씀하고 있다. 그래서 실로암이 아니라 예수님께 와서 마시라고 말씀한다. 영혼의 목마름을 채우는 물이다.

38 나를 믿는 자는 성경에 이름과 같이 그 배에서 생수의 강이 흘러나오리라 하시니
38 whoever believes in me should drink. As the scripture says, 'Streams of life-giving water will pour out from his side.' "

7:38 나를 믿는 자는...배에서 생수의 강이 흘러나오리라. 믿는 자는 목마름이 아니라 풍성한 물과 채움이 있음을 말씀한다. 그 안에서 생수가 흘러서 그가 목마르지 않고 이웃에게 복의 근원이 된다.

39 이는 그를 믿는 자들이 받을 성령을 가리켜 말씀하신 것이라 (예수께서 아

직 영광을 받지 않으셨으므로 성령이 아직 그들에게 계시지 아니하시더라)

39 Jesus said this about the Spirit, which those who believed in him were going to receive. At that time the Spirit had not yet been given, because Jesus had not been raised to glory.

7:39 이는 그를 믿는 자들이 받을 성령을 가리켜 말씀하신 것이라. 예수님이 말씀하시는 '생수'는 '성령'을 의미한다.

성령이 아직 그들에게 계시지 아니하시더라. 예수님이 대속하고 승천하신 이후에 성령이 임한다. 예수님은 성령을 약속하시며 예수님을 믿는 사람이 되라고 큰 소리로 선포하신 것이다.

이 구절은 '아직'이라고 말하지만 오늘날 우리들에게는 '이미'다. 오늘 우리에게는 이미 성령이 임하였다. 예수님을 믿는 사람은 이미 '목마름이 해결된 사람'이다. 여전히 마치 성령이 안 온 사람처럼 생각하고 있으면 안 된다. 목마름이 해결되지 않았다면 믿음이 없는 것이며 '목마르거든 내게로 와서 마시라'는 말씀을 다시 들어야 한다.

영혼의 목마름이 해결된 사람은 어떤 사람인가? 여기에서의 목마름의 해결은 영적이며 근본적인 것이다. 그 안에 성령이 임한 사람이다. 모든 믿는 사람 안에는 성령이 임한다. 성령이 임하면 깨닫게 하신다. 하나님을 알고 믿음의 귀함을 깨닫게 하신다. 말씀이 육신이 된 성육신의 사건은 결코 쉽게 믿어지는 것이 아니다. 성령이 임하여 깨닫게 된 것이다.

성령이 임하였다는 것은 그 사람이 이제 의인이라는 뜻이다. 성령이 임하는 거룩한 사람이다. 그러기에 성령이 임한 사람은 자신의 존귀함을 느낀다. 세상이 무슨 말을 해도 자신은 이제 성령이 임한 성전이기 때문에 자신을 스스로 함부로 생각하지 않는다.

성령이 임한다는 것은 관계가 회복되는 것이다. 샬롬의 관계가 된다. 하나님과의 관계가 샬롬이 되고 이웃과의 관계가 샬롬이 된다. 이웃이 미운 것이 아니라 사랑스럽다. 신앙인은 이러한 목마름이 해결된 사람이다. 영혼의 목마름이 해결되면 세상의 목마름은 그리 큰 문제가 되지 않는다. 주님 오시면 저절로 해결될 것이기 때문이다.

40 이 말씀을 들은 무리 중에서 어떤 사람은 이 사람이 참으로 그 선지자라 하며

40 Some of the people in the crowd heard him say this and said, "This man is really the Prophet!"

7:40 이 사람이 참으로 그 선지자라. 예수님이 하시는 일과 말씀하시는 것이 '그 선지

자’ 즉 그리스도의 모습이었다. 그래서 그리스도라고 고백하였다.

41 어떤 사람은 그리스도라 하며 어떤 이들은 그리스도가 어찌 갈릴리에서 나
오겠느냐
41 Others said, "He is the Messiah!" But others said, "The Messiah will not come from
Galilee!

7:41 어떤 이들은 그리스도가 어찌 갈릴리에서 나오겠느냐. 그들은 예수님이 베들레헴
출신이라는 것조차 몰랐다. 그들은 세상의 목마름에 더 관심이 많았다. 그래서 영혼
의 목마름과 채워짐에 대해 무지하였다.

불신앙을 주장하는 사람들을 보면 때로는 아주 단순한 거짓 지식인 경우가 많다. 확
인해 보지도 않고 부정한다. 그들은 세상에 바쁘다. 그래서 진리에 대해 알아볼 시간
이 없다. 그들은 세상에 목마름이 많다. 그 목마름을 채우느라 성경이 말하는 진리에
대해서 신경 쓸 시간이 없다.

42 성경에 이르기를 그리스도는 다윗의 씨로 또 다윗이 살던 마을 베들레헴에
서 나오리라 하지 아니하였느냐 하며
43 예수로 말미암아 무리 중에서 쟁론이 되니
44 그 중에는 그를 잡고자 하는 자들도 있으나 손을 대는 자가 없었더라
45 아랫사람들이 대제사장들과 바리새인들에게로 오니 그들이 묻되 어찌하여
잡아오지 아니하였느냐
46 아랫사람들이 대답하되 그 사람이 말하는 것처럼 말한 사람은 이 때까지 없
었나이다 하니
42 The scripture says that the Messiah will be a descendant of King David and will be born
in Bethlehem, the town where David lived."
43 So there was a division in the crowd because of Jesus.
44 Some wanted to seize him, but no one laid a hand on him.
45 When the guards went back, the chief priests and Pharisees asked them, "Why did you
not bring him?"
46 The guards answered, "Nobody has ever talked like this man!"

7:46 그 사람이 말하는 것처럼 말한 사람은 이 때까지 없었나이다. 산헤드린 사람들은
성전 경비병을 시켜 예수님을 잡도록 하였다. 그런데 그들은 예수님을 잡아 오기는커
녕 이상한 말을 하였다.

47 바리새인들이 대답하되 너희도 미혹되었느냐
48 당국자들이나 바리새인 중에 그를 믿는 자가 있느냐
47 "Did he fool you, too?" the Pharisees asked them.
48 "Have you ever known one of the authorities or one Pharisee to believe in him?

7:48 산헤드린 사람들은 높은 사람이나 바리새인들은 누구도 예수님을 믿지 않는다고 주장하였다. 예수님을 믿는 사람들은 그들이 율법을 모르고 어리석어서 미혹되는 것이라고 주장하였다. 그들은 세상의 힘과 지혜 등 세상의 목마름의 측면만 생각하였다. 그들이 세상의 목마름에 매여 있다는 것을 바로 알 수 있다.

49 율법을 알지 못하는 이 무리는 저주를 받은 자로다
50 그 중의 한 사람 곧 전에 예수께 왔던 니고데모가 그들에게 말하되
49 This crowd does not know the Law of Moses, so they are under God's curse!"
50 One of the Pharisees there was Nicodemus, the man who had gone to see Jesus before. He said to the others,

7:50 전에 예수께 왔던 니고데모. 그들의 말이 거짓말인 것을 말한다. 산헤드린 회원인 그는 이때 이미 예수님께 많이 동조하고 있었던 것으로 보인다. 이후에 예수님의 장례에 다시 나타난다. 니고데모만이 아니다. 산헤드린 회원 중에 예수님을 믿는 사람들이 있었다.

51 우리 율법은 사람의 말을 듣고 그 행한 것을 알기 전에 심판하느냐
51 "According to our Law we cannot condemn anyone before hearing him and finding out what he has done."

7:51 우리 율법은...심판하느냐. 니고데모는 율법을 잘 알고 있는 사람으로서 산헤드린 사람들이 율법을 어기고 있는 것은 아닌지 반문하고 있다. 그것은 사실 산헤드린 사람들이 율법을 어기고 있다는 주장이다. 그들은 세상의 목마름에 매여 성경이 말하고 있고 예수님이 말씀하시는 목마름을 이해하지 못하였다.

52 그들이 대답하여 이르되 너도 갈릴리에서 왔느냐 찾아 보라 갈릴리에서는 선지자가 나지 못하느니라 하였더라
52 "Well," they answered, "are you also from Galilee? Study the Scriptures and you will learn that no prophet ever comes from Galilee."

7:52 너도 갈릴리에서 왔느냐. 이것은 사실 조롱이다. 니고데모가 갈릴리 출신이 아닐 것이다. 그러나 그렇게 말함으로 조롱하고 있다. 이것은 니고데모를 조롱한 것만이 아니라 갈릴리 지역을 조롱한 것이기도 하다.

갈릴리는 그렇게 조롱받을 곳이 아니었다. 그곳이 성전이 있는 예루살렘보다는 유명한 곳은 아니어도 갈릴리는 비옥하여 이스라엘의 곡식 창고 역할을 하였고 중요한 지역이었다.

갈릴리에서는 선지자가 나지 못하느니라. 갈릴리 지역이 이전에 앗수르에 점령된 곳이었기 때문에 유다 지역에 사는 사람들이 얕잡아 볼 수는 있다. 그러나 갈릴리에서 선지자가 나오지 않은 것이 아니다. 요나, 호세아 등의 선지자들이 그 지역 출신이다. 이 사람들은 하늘의 일을 생각하지 않기 때문에 땅의 출생 지역을 가지고 편 가르기를 시도하고 있는 것이다.

7:53-8:11은 기독교도가 아닌 사람들도 잘 아는 성경에서 가장 유명한 이야기다. 그러나 한글 개역개정 성경에서 괄호로 묶여 있다. 이것은 실제로는 성경 본문에 없을 가능성이 많음을 가리키는 표시다.

오늘 본문은 본래 성경에 포함된 것이 아님이 거의 확실하다. 다음과 같은 이유 때문이다. 1.요한복음의 초기 권위 있는 사본에 이 구절이 없다. 2.이 구절이 발견되는 사본은 이곳만이 아니라 다양한 다른 구절에 삽입되어 있기도 하고 누가복음에 넣어 있기도 하다. 3.이 구절에는 요한이 사용하지 않는 단어들이 굉장히 많다. 4.이 구절은 앞과 뒤 사이의 문맥에 맞지 않다. 5.4세기 전까지는 초대 교부 사이에 이 이야기가 거의 알려지지 않았었다.

그러나 그럼에도 불구하고 이 이야기는 구전 전승으로 가치가 있는 것으로 보인다. 이 이야기가 본래 성경 기록에 없었다 하여 실제 사건이 아니라고는 말할 수 없다. 구전 전승으로 전래되어 오다 실제 사건일 가능성과 내용의 가치 때문에 누군가 성경의 본문에 삽입한 것으로 보인다. 그래서 성경 본문은 아니지만 가치는 상당하다 할 수 있다. 그래서 실제 성경 본문이 아닐 것이 확실함에도 불구하고 오늘날 성경 번역본은 대부분 괄호로 묶어 성경에 넣어둔다.

이 구절에 대한 설명은 특별 계시로서 성경이 가지는 가치보다는 내용에 대한 점검 차원으로 볼 것이다. 아무리 내용이 맞아도 성경과 성경이 아닌 것의 차이는 엄청나기 때문이다.

8장

53 [다 각각 집으로 돌아가고
1 예수는 감람 산으로 가시니라
2 아침에 다시 성전으로 들어오시니 백성이 다 나아오는지라 앉으사 그들을 가르치시더니
3 서기관들과 바리새인들이 음행중에 잡힌 여자를 끌고 와서 가운데 세우고
53 (8:1a) Then everyone went home,
1 but Jesus went to the Mount of Olives.
2 Early the next morning he went back to the Temple. All the people gathered round him, and he sat down and began to teach them.
3 The teachers of the Law and the Pharisees brought in a woman who had been caught committing adultery, and they made her stand before them all.

8:3 음행중에 잡힌 여자를 끌고 와서. 시작부터 이상하다. 음행을 여자 혼자 할 수는 없기 때문이다. 잡아 오려면 여자와 남자 둘 다 잡아와야 한다.

4 예수께 말하되 선생이여 이 여자가 간음하다가 현장에서 잡혔나이다
4 "Teacher," they said to Jesus, "this woman was caught in the very act of committing adultery.

8:4 예수께 말하되 선생이여. 서기관과 바리새인들은 성경을 가르치고 적용하는 사람들이다. '서기관'은 공적으로 가르치는 사람으로 전문가다. 오늘날 목사와 같다. 그런데 왜 여인을 예수님께 데려왔을까? 그들이 예수님을 그리스도로 생각하는 측면이 있는 것일까?

5 모세는 율법에 이러한 여자를 돌로 치라 명하였거니와 선생은 어떻게 말하겠나이까
5 In our Law Moses commanded that such a woman must be stoned to death. Now, what do you say?"

8:5 이러한 여자를 돌로 치라...선생은 어떻게 말하겠나이까. 이 질문은 함정이다. 어떤 대답을 해도 함정에 빠지게 되어 있다.
모세의 율법을 따라 대답하시면 로마법에 위배된다. 로마법은 사람들이 사적으로 사형을 집행하는 것을 법으로 금지하고 있었다. 모세의 율법에 명시되어 있는 '돌로 치

는 것'을 부정하면 예수님을 율법을 어기는 사람으로 공격하려고 하는 것이다. 그들의 목적은 처음부터 여인을 재판하는 것이 아니라 예수님을 재판하고자 하였다.

6 그들이 이렇게 말함은 고발할 조건을 얻고자 하여 예수를 시험함이러라 예수께서 몸을 굽히사 손가락으로 땅에 쓰시니
6 They said this to trap Jesus, so that they could accuse him. But he bent over and wrote on the ground with his finger.

8:6 손가락으로 땅에 쓰시니. 이것은 이전에 청중들을 가르치시던 내용을 계속 쓰면서 가르치시는 행동일 수 있다. 예수님은 그들의 의도를 아셨기 때문에 그들의 질문에 대답하지 않으신 것으로 보인다.

7 그들이 묻기를 마지 아니하는지라 이에 일어나 이르시되 너희 중에 죄 없는 자가 먼저 돌로 치라 하시고
7 As they stood there asking him questions, he straightened himself up and said to them, "Whichever one of you has committed no sin may throw the first stone at her."

8:7 그들이 묻기를 마지 아니하는지라. 그들은 계속 예수님께 대답을 요구하였다. 이에 일어나 말씀하셨다. '너희 중에 죄 없는 자가 먼저 돌로 치라'고 말씀한다. "이런 자를 죽이기 위하여는 증인이 먼저 그에게 손을 댄 후에 뭇 백성이 손을 댈지니라 너는 이와 같이 하여 너희 중에서 악을 제할지니라"(신 17:7) '증인이 먼저 그에게 손을 댄 후에'라는 말씀처럼 예수님은 그 여인을 잡아 온 사람들이 증인이니 먼저 돌로 치라고 말씀하셨다.
그런데 조건이 있다. '죄 없는 자'이다. 이 조건을 막연히 적용한다면 사실 세상에서는 죄가 만연하게 될 것이다. 어느 누구도 죄가 없는 사람이 없기 때문에 다른 사람의 죄를 지적할 수 없기 때문이다.

8 다시 몸을 굽혀 손가락으로 땅에 쓰시니
8 Then he bent over again and wrote on the ground.

8:8 몸을 굽혀 손가락으로 땅에 쓰시니. 이전에 글을 쓰실 때는 이전에 하던 행동의 연속으로 보인다. 그런데 이번에는 어떤 목적을 가지고 있는 것으로 보인다. 이전에 하

던 행동이 아니라 구태여 몸을 굽혀 글을 쓰신 것이기 때문이다. 글을 쓰는 것에 목적이 있는 것으로 보인다.

어떤 글을 쓰셨을까? 십계명의 9번째 계명을 쓰셨을 수도 있다. '거짓 증언'에 대한 말씀이다. "재판장은 자세히 조사하여 그 증인이 거짓 증거하여 그 형제를 거짓으로 모함한 것이 판명되면 그가 그의 형제에게 행하려고 꾀한 그대로 그에게 행하여 너희 중에서 악을 제하라 그리하면 그 남은 자들이 듣고 두려워하여 다시는 그런 악을 너희 중에서 행하지 아니하리라 네 눈이 긍휼히 여기지 말라 생명에는 생명으로, 눈에는 눈으로, 이에는 이로, 손에는 손으로, 발에는 발로이니라"(신 19:18-21) 나는 이 구절과 관련된 것을 쓰지 않으셨을까라고 생각한다. '거짓 증언. 생명에는 생명으로'라고 쓰시지 않았을까라고 추측해 본다.

> **9** 그들이 이 말씀을 듣고 양심에 가책을 느껴 어른으로 시작하여 젊은이까지 하나씩 하나씩 나가고 오직 예수와 그 가운데 섰는 여자만 남았더라
> **9** When they heard this, they all left, one by one, the older ones first. Jesus was left alone, with the woman still standing there.

8:9 하나씩 나가고 오직 예수와 그 가운데 섰는 여자만 남았더라. 나는 이 부분이 제일 이해가 안 된다. 사람들이 왜 이 좋은 구경거리를 두고 다 줄행랑을 치게 되었을까?

사람들은 처음부터 '거짓 증언'의 요소를 많이 가지고 있었던 것 같다. 어쩌면 그곳에 실제 증인이 한 명도 없었을 수 있다. 그리고 그러한 거짓 증언이 들키면 율법대로 자신이 행하려고 했던 돌팔매질을 자신이 당해야 한다. 그래서 도망가는 것이 가장 급선무일 수 있다.

자신의 죄(거짓 증인)는 살펴보지 않고 남의 죄만 생각하고 그것을 이용하여 예수님까지 옭아매려고 했던 것은 더욱더 큰 죄다. 죄가 많은 세상에서 중요한 것은 처벌보다는 자신의 죄를 돌아보는 것이다.

> **10** 예수께서 일어나사 여자 외에 아무도 없는 것을 보시고 이르시되 여자여 너를 고발하던 그들이 어디 있느냐 너를 정죄한 자가 없느냐
> **11** 대답하되 주여 없나이다 예수께서 이르시되 나도 너를 정죄하지 아니하노니 가서 다시는 죄를 범하지 말라 하시니라]
> **10** He straightened himself up and said to her, "Where are they? Is there no one left to condemn you?"
> **11** "No one, sir," she answered. "Well, then," Jesus said, "I do not condemn you either. Go,

but do not sin again."

8:11 나도 너를 정죄하지 아니하노니 가서 다시는 죄를 범하지 말라 하시니라. 증인이 없으면 간음은 고소할 수 없다. 고소인이 취하하면 그 사건은 마무리된다. 예수님 또한 증인이 아니기 때문에 이 여인을 고소하거나 정죄할 수는 없다.

그러나 이 여인이 간음한 것은 맞는 것 같다. 이 여인이 도망가지 못하고 끌려 온 것을 보면 그렇게 판단할 수 있다. 그리고 예수님 또한 이 여인에게 '다시는 죄를 범하지 말라'고 하셨다.

정죄는 더 많은 죄를 범하지 않도록 하기 위한 것이 가장 큰 목적이다. 용서 또한 그렇다. 죄가 증인이 있어 처벌받든 그렇지 않든 죄는 여전히 동일하다. 처벌받은 죄나 처벌받지 않은 죄나 가장 중요한 것은 더 이상 죄를 범하지 않는 것이다. 여인은 이것을 명심해야 했다. 그리고 더 나아가 죄를 대속하시는 예수님의 은혜를 아는 것까지 나가는 것이 매우 중요하다.

12 예수께서 또 말씀하여 이르시되 나는 세상의 빛이니 나를 따르는 자는 어둠에 다니지 아니하고 생명의 빛을 얻으리라

12 Jesus spoke to the Pharisees again. "I am the light of the world," he said. "Whoever follows me will have the light of life and will never walk in darkness."

8:12 나는 세상의 빛이니. 빛은 기준이다. 세상은 다양한 의견들이 있다. 예수님의 주장은 그러한 의견 중에 하나가 아니다. 오직 독보적인 진리다. 다양한 의견을 내려놓고 주님의 빛 아래에서 다시 생각해야 한다.

나를 따르는 자는 어둠에 다니지 아니하고. 예수님은 세상의 창조주이시고 통치자이시다. 이 세상을 구원하기 위해 오셨다. 오직 예수님이 말씀하시는 것만 진리다. 예수님을 따를 때 세상의 어둠에서 벗어날 수 있다. 예수님이 아닌 다른 것을 따를 때는 어둠이 있을 뿐이다. 어둠은 죽음을 상징한다. 세상 사람들은 죽음의 길을 가고 있다. 세상이 죽어가고 있기 때문에 예수님께서 구원하시기 위해 오셨다.

생명의 빛을 얻으리라. 예수님은 영생이라는 생명의 빛을 주시기 위해 오셨다. 예수님이 말씀하시는 것을 기준으로 예수님의 말씀을 따라갈 때 생명이 있다. 영생이 있다.

13 바리새인들이 이르되 네가 너를 위하여 증언하니 네 증언은 참되지 아니하도다

8:13 네가 너를 위하여 증언하니 네 증언은 참되지 아니하도다. 율법은 두 명 이상의 증인이 있어야 한다. 그런데 예수님의 증언은 스스로 증언하는 것이어서 효력이 없다고 주장하고 있는 것이다. 그들의 말은 맞다. 그러나 이 시점에 세상에서 누가 그리스도를 알아 그 분을 전할 수 있을까? 예수님이 세상의 빛으로 오셨으나 사람들은 어둠 가운데 있어 빛을 알아보지 못하였다.

14 예수께서 대답하여 이르시되 내가 나를 위하여 증언하여도 내 증언이 참되니 나는 내가 어디서 오며 어디로 가는 것을 알거니와 너희는 내가 어디서 오며 어디로 가는 것을 알지 못하느니라

8:14 내 증언이 참되니 나는 내가 어디서 오며 어디로 가는 것을 알거니와. 예수님은 다른 사람의 증언이 없어도 참되시니 모든 것을 알고 있는 분이기 때문이다. 모르는 이들은 아무리 많아도 그것이 참이 될 수는 없다. 오직 한 사람만이 알고 있어도 알고 있는 사람의 말이 맞다.

15 너희는 육체를 따라 판단하나 나는 아무도 판단하지 아니하노라

8:15 너희는 육체를 따라 판단하나. 사람들은 사람의 기준으로 판단하고 있었다. 그러나 사람의 판단은 참으로 나약하고 불완전한 지식의 출처일 뿐이다.
나는 아무도 판단하지 아니하노라. 예수님은 그들의 '육체를 따라 판단'하는 것과 같이 판단하시는 것이 아님을 말씀하는 것이다. 예수님의 판단은 '육체'로가 아니다. 모르고 멋대로 판단하는 것이 아니다.

16 만일 내가 판단하여도 내 판단이 참되니 이는 내가 혼자 있는 것이 아니요 나를 보내신 이가 나와 함께 계심이라

Father who sent me is with me.

8:16 내가 혼자 있는 것이 아니요 나를 보내신 이가 나와 함께 계심이라. 하나님의 뜻을 따라 오셨으며 하나님의 뜻을 전하는 것이기 때문에 예수님의 말씀이 옳다고 말씀한다.

예수님이 그리스도가 되심에 대한 증인을 세움에 있어 앞 부분(5장)에서는 세례 요한, 모세, 율법, 하나님을 증인으로 내세웠었다. 그런데 이번에는 오직 하나님만을 증인으로 내세우셨다.

17 너희 율법에도 두 사람의 증언이 참되다 기록되었으니
18 내가 나를 위하여 증언하는 자가 되고 나를 보내신 아버지도 나를 위하여 증언하시느니라
17 It is written in your Law that when two witnesses agree, what they say is true.
18 I testify on my own behalf, and the Father who sent me also testifies on my behalf."

8:18 내가 나를 위하여 증언하는 자가 되고...아버지도 나를 위하여 증언하시느니라. 예수님이 영생을 주시기 위해 이 땅에 오셔서 하시는 모든 일의 속 내용을 온전히 아시는 분은 예수님과 하나님 아버지다. 두 증인이 되신다. 다른 이들은 놀라운 이 일을 다 알지 못한다. 너무 놀랍고 경외로운 계획이기 때문이다.

19 이에 그들이 묻되 네 아버지가 어디 있느냐 예수께서 대답하시되 너희는 나를 알지 못하고 내 아버지도 알지 못하는도다 나를 알았더라면 내 아버지도 알았으리라
19 "Where is your father?" they asked him. "You know neither me nor my Father," Jesus answered. "If you knew me, you would know my Father also."

8:19 네 아버지가 어디 있느냐. 이들은 예수님이 말씀하시는 아버지가 하나님 아버지임을 전혀 생각하지 못했다. 예수님의 육신의 아버지를 생각하고 묻고 있는 것으로 보인다.

너희는 나를 알지 못하고 내 아버지도 알지 못하는도다. 사람들은 지금 예수님을 보고 있으면서도 알지 못하였다. 그리고 그들이 믿고 있다고 생각하고 있는 하나님 아버지를 몰랐다. 하나님 아버지는 놀라운 은혜 가운데 예수님을 세상에 보내시고 그 일을 이루어 가고 계시는데 이들이 배척하고 있었다. 그러니 하나님 아버지를 모르고 있는 것이다. 어둠은 결코 빛을 알 수 없다. 빛 가운데로 나와야만 빛을 알 수 있다.

20 이 말씀은 성전에서 가르치실 때에 헌금함 앞에서 하셨으나 잡는 사람이 없으니 이는 그의 때가 아직 이르지 아니하였음이러라
20 Jesus said all this as he taught in the Temple, in the room where the offering boxes were placed. And no one arrested him, because his hour had not come.

8:20 그의 때가 아직 이르지 아니하였음이러라. 예수님이 방금 하신 말씀은 그들이 생각하기에 신성모독이다. 그러나 사람들은 예수님을 붙잡지 않았다. 그것은 그들이 너그러워서가 아니다. 예수님이 십자가에 못박히실 때가 아니었기 때문이다. 아직 하실 일이 있었기 때문이다.

산헤드린 사람들이 힘으로 예수님을 잡으려 하였으나 잡지 못하고 있었다. 이 모든 상황을 통제하시는 분은 예수님이기 때문이다. 힘을 가지고 있는 산헤드린 사람들이 아니라 지금 쫓기고 있는 것 같은 예수님이 실상은 모든 상황과 시간을 통제하고 계셨다. 예수님은 하나님 아버지와 한 편이시기 때문이다. 어둠은 결코 세상의 통치자가 아니다.

21 다시 이르시되 내가 가리니 너희가 나를 찾다가 너희 죄 가운데서 죽겠고 내가 가는 곳에는 너희가 오지 못하리라
21 Again Jesus said to them, "I will go away; you will look for me, but you will die in your sins. You cannot go where I am going."

8:21 내가 가리니. 초막절에 말씀하신 것에서 3번이나 나온다. 이 땅의 삶은 초막과 같다. 예수님이 하늘에서 오셔서 다시 하늘에 가실 것이다. 이 땅의 사람들도 지금은 이 땅에 속한 것처럼 보이지만 이 땅의 삶을 마치면 영이 하늘에 갈 것이다. 이 땅의 삶이 초막과 같은 것임을 알아야 한다. 곧 떠날 것이다. 시간이 많이 있는 것이 아니다. 예수님의 말씀을 들을 수 있을 때가 매우 귀한 기회다. 그 기회를 잘 잡아야 한다. **너희가 나를 찾다가 너희 죄 가운데서 죽겠고.** 사람들은 예수님을 믿지 않고 죽이려고 찾았었다. 생명의 빛이 왔는데도 불구하고 그것을 알지 못하고 단지 죽이기 위해 찾았다. 예수님의 말씀을 끝내 믿지 않고 있으면 결국 생명을 얻지 못하고 죄 가운데 죽을 것이다. 생명을 주시기 위해 오신 주님을 가까이에서 보았지만 끝내 생명을 얻지 못하고 영벌의 죽음으로 간다. 참으로 안타까운 일이다.

22 유대인들이 이르되 그가 말하기를 내가 가는 곳에는 너희가 오지 못하리라
하니 그가 자결하려는가

22 So the Jewish authorities said, "He says that we cannot go where he is going. Does this
mean that he will kill himself?"

8:22 그가 자결하려는가. 유대인들은 '예수님이 가시는 곳을 그들이 갈 수 없다'고 하
니 예수님이 자살하려는 것인가라고 생각하였다. 예수님은 생명을 주시기 위해 오셨
는데 그들은 예수님이 스스로 생명을 끊으실 것이라고 생각하였다. 그들은 예수님의
말씀과 너무 멀리 떨어져 있었다.

23 예수께서 이르시되 너희는 아래에서 났고 나는 위에서 났으며 너희는 이 세
상에 속하였고 나는 이 세상에 속하지 아니하였느니라

23 Jesus answered, "You belong to this world here below, but I come from above. You are
from this world, but I am not from this world.

8:23 너희는 아래에서 났고 나는 위에서 났으며. 예수님은 자신이 위에서 오셨기 때문
에 위로 가신다고 말씀하셨다. 위는 하늘이다. 하나님 나라다. 그들이 알아야 할 하나
님 나라다.

24 그러므로 내가 너희에게 말하기를 너희가 너희 죄 가운데서 죽으리라 하였
노라 너희가 만일 내가 그인 줄 믿지 아니하면 너희 죄 가운데서 죽으리라

24 That is why I told you that you will die in your sins. And you will die in your sins if you do
not believe that 'I Am Who I Am'."

8:24 내가 그인 줄 믿지 아니하면. '내가 그인 줄(헬. 에고 에이미)'은 예수님이 그리스도
인 것을 선언하는 것이며 또한 여호와 하나님의 자신의 계시(스스로 존재하는 자) 때
사용하는 문구로서 '예수님이 하나님이심'을 말하는 것까지 포함하고 있는 주장이다.
생명의 빛으로 오신 분을 믿지 아니하면 결국 생명을 놓친 것이다. 죽음 가운데 있는
그들에게 생명줄이 던져졌으나 그들이 그것을 잡지 않은 것이다. 죽음 가운데서 그냥
그렇게 살다가 죄 가운데서 죽을 것이다.

25 그들이 말하되 네가 누구냐 예수께서 이르시되 나는 처음부터 너희에게 말
하여 온 자니라

25 "Who are you?" they asked him. Jesus answered, "What I have told you from the very beginning.

8:25 '네가 누구냐'는 물음에 '나는 처음부터 너희에게 말하여 온 자니라'고 대답하신다. 예수님은 계속 자신이 누구신지 말씀하셨다. 방금 앞에서도 아주 위대한 선언을 하셨다. 그런데도 그들은 이해하지 못하고 또 물었다. 이해하지 못하는 그들에게 예수님은 자신이 누구신지 지금까지 계속 말하였다고 말씀한다. 그러면서 이 구절은 이중적인 의미가 담겨 있는데 '처음부터'라는 문구는 '태초부터 계심'을 담고 있는 것으로 보인다.

26 내가 너희에게 대하여 말하고 판단할 것이 많으나 나를 보내신 이가 참되시매 내가 그에게 들은 그것을 세상에 말하노라 하시되
26 I have much to say about you, much to condemn you for. The one who sent me, however, is truthful, and I tell the world only what I have heard from him."

8:26 내가 너희에게 대하여 말하고 판단할 것이 많으나. 예수님은 사람들에 대해 말씀하고자 하시는 것이 많았다. 그들이 죄로 말미암아 죽어가고 있음은 참으로 안타까운 일이다. 그러니 얼마나 하고 싶으신 말씀이 많으시겠는가?
나를 보내신 이가 참되시매. 예수님께서 계속 반복하여 하시는 말씀이다. 예수님은 하나님께서 보내셔서 이 땅에 오신 것이다. 하나님께서 보내셔서 하늘에서 이 땅에 오셨다. 그래서 또한 그 일을 다 마치시고 하늘에 다시 가실 것이다.
내가 그에게 들은 그것을 세상에 말하노라. 예수님께서 사람들에 대하여 하고 싶은 말이 많으신 데 그 말씀은 예수님 홀로 하고 싶으신 말이 아니라 성부 하나님께서 예수님께 주신 것이라고 말씀하신다.

27 그들은 아버지를 가리켜 말씀하신 줄을 깨닫지 못하더라
28 이에 예수께서 이르시되 너희가 인자를 든 후에 내가 그인 줄을 알고 또 내가 스스로 아무 것도 하지 아니하고 오직 아버지께서 가르치신 대로 이런 것을 말하는 줄도 알리라
29 나를 보내신 이가 나와 함께 하시도다 나는 항상 그가 기뻐하시는 일을 행하므로 나를 혼자 두지 아니하셨느니라
27 They did not understand that Jesus was talking to them about the Father.
28 So he said to them, "When you lift up the Son of Man, you will know that 'I Am Who I Am'; then you will know that I do nothing on my own authority, but I say only what the

Father has instructed me to say.
29 And he who sent me is with me; he has not left me alone, because I always do what pleases him."

8:29 나를 보내신 이가 나와 함께 하시도다. 예수님은 지금 홀로 일하시는 것이 아니다. 홀로 말씀하시는 것이 아니다. 예수님을 보내신 하나님과 함께 일하시는 것이다. 하나님의 뜻을 따라 말씀하시는 것이다.

나는 항상 그가 기뻐하시는 일을 행하므로. 예수님은 하나님께서 기뻐하시는 일을 하고 계신다. 백성들을 구원하는 것이 하나님의 기뻐하시는 뜻이다. 그것을 위해 예수님께서 이 땅에 오셨다. 그것이 극도로 고통스러운 일이었지만 백성을 구원하기를 원하시는 하나님의 뜻을 따라 이 땅에 오신 것이다.

오늘날 우리도 하나님께서 기뻐하시는 뜻을 따라 구원을 위해 일하고 말해야 한다. 우리 자신의 구원을 위해 일해야 하고 우리 주변 사람들의 구원을 위해 일해야 한다. 그러할 때 하나님께서 함께 하실 것이다. 그것이 하나님께서 기뻐하시는 일이기 때문이다.

30 이 말씀을 하시매 많은 사람이 믿더라
31 그러므로 예수께서 자기를 믿은 유대인들에게 이르시되 너희가 내 말에 거하면 참으로 내 제자가 되고
30 Many who heard Jesus say these things believed in him.
31 So Jesus said to those who believed in him, "If you obey my teaching, you are really my disciples;

8:31 자기를 믿은 유대인들에게. 30절에 '많은 사람이 믿더라'고 말하였다. 예수님을 믿음으로 죄에서 구원받아 영생을 얻는 것에 대한 예수님의 말씀을 믿었다. 그런데 그렇게 믿은 것으로 끝나서는 안 된다. 그래서 '믿은 유대인들에게' 더 말씀하여 주셨다.

너희가 내 말에 거하면 참으로 내 제자가 되고. '거하면'은 기본 의미가 '남다'이다. 예수님의 말씀을 듣고 그것을 받아들임으로 끝나는 것이 아니라 그것에 대해 순종, 신실하게 지킴, 어떤 일이 있어도 인내하며 지킴 등의 의미를 가지고 있는 '거하면'이 필요하다 말씀하신다.

32 진리를 알지니 진리가 너희를 자유롭게 하리라
32 you will know the truth, and the truth will set you free."

8:32 진리를 알지니. 이 번역은 마치 이것이 명령형처럼 보이게 만든다. 그러나 이것은 31절의 결과를 말하는 것이다. 예수님의 말씀에 거하면 '진리를 알게 된다'는 말씀이다.

'진리'는 직접적으로는 '예수님의 말씀'을 의미한다. 그 말씀에 거함으로 그 말씀의 본래 의미와 힘을 알게 되는 것이다. 이 구절을 대학 모토로 삼는 경우가 많다. 대학은 배움의 전당이기 때문이다. 그러나 여기에서 말하는 진리는 대학에서 배우는 배움과는 사실 상관이 없다. 이 진리는 철학적인 지식이나 일반적 지식을 의미하는 것이 아니다. 이 구절을 그렇게 오역하지 말아야 한다.

'진리가 너희를 자유롭게 하리라'는 무엇을 의미할까? 진리를 알 때 사상적 자유나 행동의 자유를 얻게 된다고 생각하는 경향이 많다. 그러나 그것은 매우 부분적인 해석이다. 그러한 진리는 매우 작은 진리다. 이 구절을 '진리가 너희를 해방하리라'고 번역해야 한다고 말하는 경우가 많다. 이 진리는 종으로부터의 해방을 의미한다. 그냥 종이 아니라 영원히 죄의 종으로 살아야 하는 것에서의 영원한 해방이다. 구원을 말한다.

> **33** 그들이 대답하되 우리가 아브라함의 자손이라 남의 종이 된 적이 없거늘 어찌하여 우리가 자유롭게 되리라 하느냐
>
> **33** "We are the descendants of Abraham," they answered, "and we have never been anybody's slaves. What do you mean, then, by saying, 'You will be free'?"

8:33 남의 종이 된 적이 없거늘 어찌하여 우리가 자유롭게 되리라 하느냐. 그들은 여전히 '자유'가 영원한 생명을 갖는 것을 말하는 것을 몰랐다. 그들은 자신들이 영원한 죽음 가운데 있다는 것을 몰랐다.

> **34** 예수께서 대답하시되 진실로 진실로 너희에게 이르노니 죄를 범하는 자마다 죄의 종이라
>
> **34** Jesus said to them, "I am telling you the truth: everyone who sins is a slave of sin.

8:34 죄를 범하는 자마다 죄의 종이라. 죄를 범하는 자마다 영원한 죽음에 이르게 된다. 죄에 의해 어쩔 수 없이 영원한 죽음에 매인 자의 모습이다. 그것이 죄의 종의 모습이다.

35 종은 영원히 집에 거하지 못하되 아들은 영원히 거하나니
36 그러므로 아들이 너희를 자유롭게 하면 너희가 참으로 자유로우리라
35 A slave does not belong to a family permanently, but a son belongs there for ever.
36 If the Son sets you free, then you will be really free.

8:36 아들이 너희를 자유롭게 하면. 아들이 죄를 대속하셔서 그들을 자유롭게 하여야만 그들이 죄의 종에서 벗어나게 된다. 죄의 형벌에서 벗어나게 된다. 영생을 얻게 된다.

37 나도 너희가 아브라함의 자손인 줄 아노라 그러나 내 말이 너희 안에 있을 곳이 없으므로 나를 죽이려 하는도다
37 I know you are Abraham's descendants. Yet you are trying to kill me, because you will not accept my teaching.

8:37 나도 너희가 아브라함의 자손인 줄 아노라. 예수님은 유대인들이 아브라함의 자손인 것을 아신다. 그런데 지금 혈통으로 아브라함의 자손인 것이 중요한 것이 아니다. 그것으로는 진리를 알게 되지 못한다.
내 말이 너희 안에 있을 곳이 없으므로 나를 죽이려 하는도다. 예수님이 전한 말을 그들이 받아들이지 않았다. 말씀이 그 안에 들어갈 자리가 없기 때문이다. 그들은 여전히 죄의 종의 모습으로 남아 있었다. 그들은 예수님의 피로 대속 받는 것이 아니라 예수님을 죽이려 하였다.

38 나는 내 아버지에게서 본 것을 말하고 너희는 너희 아비에게서 들은 것을 행하느니라
39 대답하여 이르되 우리 아버지는 아브라함이라 하니 예수께서 이르시되 너희가 아브라함의 자손이면 아브라함이 행한 일들을 할 것이거늘
38 I talk about what my Father has shown me, but you do what your father has told you."
39 They answered him, "Our father is Abraham." "If you really were Abraham's children," Jesus replied, "you would do the same things that he did.

8:39 아브라함의 자손이면 아브라함이 행한 일들을 할 것이거늘. 진짜 아브라함의 자손이면 아브라함이 행한 일을 해야 한다. 아브라함이 행한 일을 하지 않으면 아브라함의 자손이 아니다.

40 지금 하나님께 들은 진리를 너희에게 말한 사람인 나를 죽이려 하는도다 아브라함은 이렇게 하지 아니하였느니라

41 너희는 너희 아비가 행한 일들을 하는도다 대답하되 우리가 음란한 데서 나지 아니하였고 아버지는 한 분뿐이시니 곧 하나님이시로다

42 예수께서 이르시되 하나님이 너희 아버지였으면 너희가 나를 사랑하였으리니 이는 내가 하나님께로부터 나와서 왔음이라 나는 스스로 온 것이 아니요 아버지께서 나를 보내신 것이니라

43 어찌하여 내 말을 깨닫지 못하느냐 이는 내 말을 들을 줄 알지 못함이로다

44 너희는 너희 아비 마귀에게서 났으니 너희 아비의 욕심대로 너희도 행하고자 하느니라 그는 처음부터 살인한 자요 진리가 그 속에 없으므로 진리에 서지 못하고 거짓을 말할 때마다 제 것으로 말하나니 이는 그가 거짓말쟁이요 거짓의 아비가 되었음이라

40 All I have ever done is to tell you the truth I heard from God, yet you are trying to kill me. Abraham did nothing like this!

41 You are doing what your father did." "God himself is the only Father we have," they answered, "and we are his true children."

42 Jesus said to them, "If God really were your Father, you would love me, because I came from God and now I am here. I did not come on my own authority, but he sent me.

43 Why do you not understand what I say? It is because you cannot bear to listen to my message.

44 You are the children of your father, the Devil, and you want to follow your father's desires. From the very beginning he was a murderer and has never been on the side of truth, because there is no truth in him. When he tells a lie, he is only doing what is natural to him, because he is a liar and the father of all lies.

8:44 너희는 너희 아비 마귀에게서 났으니. 유대인들이 아브라함의 자손이라 말하나 실상은 마귀의 자손이라 말씀하셨다. 그들이 욕심과 살인과 거짓을 품고 행하기 때문이다. 그러한 것은 마귀가 좋아하는 것이고 시키는 것이기 때문이다.

아브라함(믿음의 조상)의 자손인가 마귀의 자손인가는 혈통이 아니라 성품으로 판가름 난다. 입술의 고백이 아니라 손과 발의 행동으로 드러난다.

45 내가 진리를 말하므로 너희가 나를 믿지 아니하는도다

46 너희 중에 누가 나를 죄로 책잡겠느냐 내가 진리를 말하는데도 어찌하여 나를 믿지 아니하느냐

47 하나님께 속한 자는 하나님의 말씀을 듣나니 너희가 듣지 아니함은 하나님께 속하지 아니하였음이로다

45 But I tell the truth, and that is why you do not believe me.

46 Which one of you can prove that I am guilty of sin? If I tell the truth, then why do you not believe me?

47 He who comes from God listens to God's words. You, however, are not from God, and that is why you will not listen."

8:47 하나님께 속한 자는 하나님의 말씀을 듣나니. '말씀을 듣는다'는 것은 순종을 포함한다. 하나님께서 기뻐하시는 말씀에 순종하는 사람은 하나님의 사람이고, 마귀가 좋아하는 것에 순종하는 사람은 마귀의 사람이다.

예수님의 말씀을 듣고 그 말씀에 거하는 사람은 자유인이며 하나님의 자녀다. 말씀을 듣지 않고 거부하는 사람은 마귀의 자녀다. 죄의 종이다.

48 유대인들이 대답하여 이르되 우리가 너를 사마리아 사람이라 또는 귀신이 들렸다 하는 말이 옳지 아니하냐
48 They asked Jesus, "Were we not right in saying that you are a Samaritan and have a demon in you?"

8:48 너를 사마리아 사람이라. 그들은 어쩌면 예수님이 사마리아에서 복음을 전하시고 환영받으신 것을 알고 있는 것 같다. 그래서 그것을 가지고 조롱하며 말한다. 자신들이 생각하는 것과 많이 달랐다. 그래서 조롱하였다.

귀신이 들렸다 하는 말이 옳지 아니하냐. 예수님은 많은 사람을 고치셨다. 그러한 것을 마법이나 악령에 걸려 치유하는 것으로 치부하였다. 그것이 매우 대단한 일이나 좋은 대단한 일이 아니라 악한 대단한 일로 여기는 것이다. 그러기 위해 악령에 사로잡혀 그러한 것을 행하는 것으로 모함하였다.

49 예수께서 대답하시되 나는 귀신 들린 것이 아니라 오직 내 아버지를 공경함이거늘 너희가 나를 무시하는도다
49 "I have no demon," Jesus answered. "I honour my Father, but you dishonour me.

8:49 나는 귀신 들린 것이 아니라 오직 내 아버지를 공경함이거늘. 초자연적인 그러한 일을 할 수 있는 것은 초자연적 존재이어야 한다. 악령이 가능하다. 그러나 하나님 아버지는 더욱더 하실 수 있다. 그렇다면 그것을 악령으로만 볼 것이 아니라 하나님 아버지로부터 온 것 또한 고려해 보아야 한다. 예수님은 자신이 하시는 일이 악령이 아니라 하나님 아버지로부터 오는 것이라고 말씀하셨다.

50 나는 내 영광을 구하지 아니하나 구하고 판단하시는 이가 계시니라

50 I am not seeking honour for myself. But there is one who is seeking it and who judges in my favour.

8:50 나는 내 영광을 구하지 아니하나. 악령에 의해 병을 고치는 사람들은 악령인줄 알면서도 왜 악령에 의존할까? 치유로 자신이 얻을 수 있는 것이 있기 때문이다. 비록 악령이라도 자신이 영광을 얻을 수 있으면 사람들은 그 악령을 의지하는 경향이 있다. 많은 돈이 된다면 감옥을 불사하는 것과 같다. 그러나 예수님은 사람들을 치유하시고 자신이 어떤 유익도 얻지 않으셨다. 예수님은 자신의 영광을 구하지 않고 오직 하나님의 영광을 구하셨다. 그렇다면 예수님이 하시는 일이 악령이 아니라 하나님 아버지로부터 온 것임을 알 수 있다.

51 진실로 진실로 너희에게 이르노니 사람이 내 말을 지키면 영원히 죽음을 보지 아니하리라

51 I am telling you the truth: whoever obeys my teaching will never die."

8:51 예수님의 치유의 기적을 보고 놀랐으면 그것의 진위를 잘 살펴야 한다. 그리고 그것이 하나님으로부터 온 것이라는 것을 알았으면 기적이 아니라 '말씀'을 잘 살펴야 했다.

내 말을 지키면 영원히 죽음을 보지 아니하리라. 이제 사람들에게 필요한 것은 예수님께서 말씀하신 것을 지키는 것이다. 지키기 위해 힘쓰는 것이다. 초막절에 사람들은 애굽에서 나와 광야에서 초막에 거한 것을 기념하였다. 이제 그들은 새 창조를 맞이하여 세상의 세계관에서 나와 예수님이 말씀하시는 세계관에 거해야 한다. 그들의 세계관 속에서 판단하기 때문에 계속 예수님을 오해하고 있었다.

52 유대인들이 이르되 지금 네가 귀신 들린 줄을 아노라 아브라함과 선지자들도 죽었거늘 네 말은 사람이 내 말을 지키면 영원히 죽음을 맛보지 아니하리라 하니

52 They said to him, "Now we are certain that you have a demon! Abraham died, and the prophets died, yet you say that whoever obeys your teaching will never die.

8:52 아브라함과 선지자들도 죽었거늘 네 말은 사람이 내 말을 지키면 영원히 죽음을 맛보지 아니하리라 하니. 예수님은 육체적인 죽음이 없다는 것이 아니라 죽음이 있어도

부활하여 영원히 사는 것을 말씀하셨다. 그러나 사람들은 부활하여 영원히 사는 것에 대해 알고는 있었지만 예수님이 말씀하시는 것이 그것이라는 것을 전혀 이해하지 못하였다.

53 너는 이미 죽은 우리 조상 아브라함보다 크냐 또 선지자들도 죽었거늘 너는 너를 누구라 하느냐
53 Our father Abraham died; you do not claim to be greater than Abraham, do you? And the prophets also died. Who do you think you are?"

8:53 너는 너를 누구라 하느냐. 예수님이 스스로 말하기를, 유대인들이 가장 존경하는 아브라함보다 더 크다고 말씀하는 것 같았다. 그래서 너무 괘씸하여 단도직입적으로 물었다.

54 예수께서 대답하시되 내가 내게 영광을 돌리면 내 영광이 아무 것도 아니거니와 내게 영광을 돌리시는 이는 내 아버지시니 곧 너희가 너희 하나님이라 칭하는 그이시라
55 너희는 그를 알지 못하되 나는 아노니 만일 내가 알지 못한다 하면 나도 너희 같이 거짓말쟁이가 되리라 나는 그를 알고 또 그의 말씀을 지키노라
56 너희 조상 아브라함은 나의 때 볼 것을 즐거워하다가 보고 기뻐하였느니라
54 Jesus answered, "If I were to honour myself, that honour would be worth nothing. The one who honours me is my Father—the very one you say is your God.
55 You have never known him, but I know him. If I were to say that I do not know him, I would be a liar like you. But I do know him, and I obey his word.
56 Your father Abraham rejoiced that he was to see the time of my coming; he saw it and was glad."

8:56 아브라함은 나의 때 볼 것을 즐거워하다가. 아브라함이 예수님과 예수님의 때를 아는 것처럼 말씀한다. 사실 이 당시 사람들은 아브라함이 메시야의 때 보는 것에 대해 많은 논쟁을 하고 있었다.
'여호와 이레'가 나오는 구절을 보면 이삭을 드림으로 믿음을 고백하는 아브라함을 하나님께서 보시고 하나님의 놀라운 계획을 보여주신다. 성전산의 어린 양을 통해 그곳에서 십자가에 못 박히실 예수님을 미리 보여주셨다. 아브라함은 진정 예수님의 놀라운 때에 대한 하나님의 계획을 미리 보았다.

57 유대인들이 이르되 네가 아직 오십 세도 못되었는데 아브라함을 보았느냐

57 They said to him, "You are not even fifty years old—and you have seen Abraham?"

8:57 네가 아직 오십 세도 못되었는데 아브라함을 보았느냐. 아브라함과 예수님은 2000년 이상 차이가 나기 때문에 예수님의 주장은 사람들을 자극하였을 것이다.

58 예수께서 이르시되 진실로 진실로 너희에게 이르노니 아브라함이 나기 전부터 내가 있느니라 하시니

58 "I am telling you the truth," Jesus replied. "Before Abraham was born, 'I Am'."

8:58 아브라함이 나기 전부터 내가 있느니라 하시니. '내가 있느니라(헬. 에고 에이미)'는 예수님의 신적 선언이다. 예수님이 아브라함이 나기 전부터 계심을 말씀하며 또한 하나님 아버지처럼 '스스로 존재하는 분'으로 선언하시는 것이다.

59 그들이 돌을 들어 치려 하거늘 예수께서 숨어 성전에서 나가시니라

59 Then they picked up stones to throw at him, but Jesus hid himself and left the Temple.

8:59 그들이 돌을 들어 치려 하거늘. 그들은 예수님의 말씀이 무엇을 의미하는 지를 이해하였다. 예수님이 주장하시는 것은 위대한 선지자를 넘어 여호와 하나님임을 말씀하는 것이었기 때문에 그들은 신성모독이라 생각하여 돌을 들어 예수님을 치고자 하였다. 이제야 제대로 깨달은 것인데 깨닫는 순간 돌로 치고자 하였다.
예수께서 숨어 성전에서 나가시니라. 아직 때가 아니었다. 그래서 예수님은 그 자리를 피하셨다. 그 방법이 기적적인 방법인지 자연적인 방법인지는 나오지 않기 때문에 확실하지 않다. 그러나 그들의 분노에도 불구하고 예수님이 상함을 당하지 않은 것을 보면 매우 경이로운 사실이다.

9장

1 예수께서 길을 가실 때에 날 때부터 맹인 된 사람을 보신지라

1 As Jesus was walking along, he saw a man who had been born blind.

9:1 길을 가실 때. 7장이 초막절에 일어난 일이기 때문에 9:1-10:21의 사건은 확실하지는 않지만 초막절 마지막 날로 생각할 수 있다. **날 때부터 맹인 된 사람을 보신지라.** 이 맹인은 조금 유명한 사람인 것 같다. 그래서 날 때부터 맹인이라는 것을 제자들이 알고 있었던 것 같다.

2 제자들이 물어 이르되 랍비여 이 사람이 맹인으로 난 것이 누구의 죄로 인함이니이까 자기니이까 그의 부모니이까
2 His disciples asked him, "Teacher, whose sin caused him to be born blind? Was it his own or his parents' sin?"

9:2 이 사람이 맹인으로 난 것이 누구의 죄로 인함이니이까. 세상에는 부당해 보이는 일이 많다. 그러한 것에 대해 죄와 연결시키면 쉽게 설명이 가능하다. 그래서 많은 사람이 그렇게 설명하였다. 그런데 이 맹인의 경우는 '날 때부터' 맹인이었기 때문에 설명하기가 조금 어려웠다. 그래서 부모의 죄 때문인지 이 사람이 모태에 있을 때 지은 죄 때문인지를 물었다.

3 예수께서 대답하시되 이 사람이나 그 부모의 죄로 인한 것이 아니라 그에게서 하나님이 하시는 일을 나타내고자 하심이라
3 Jesus answered, "His blindness has nothing to do with his sins or his parents' sins. He is blind so that God's power might be seen at work in him.

9:3 이 사람이나 그 부모의 죄로 인한 것이 아니라. 이것은 장애인들에 대한 사람들의 시각을 고쳐주는 말씀이다. 장애인이나 재앙을 만난 사람들은 그들의 죄 때문만이 아니다. 물론 모든 고통은 타락으로 인하여 생긴 죄 때문이다. 그래서 이 땅의 모든 고통은 죄와 관련성이 있다고 말할 수 있다. 또한 한 개인의 특정한 죄가 특정한 고통을 유발하기도 한다. 그러나 모두 그런 것은 결코 아니다. 훨씬 더 많은 경우 직접적인 관련이 없을 때가 많다.
그에게서 하나님이 하시는 일을 나타내고자 하심이라. 이 구절을 오해하지 말아야 한다. 예수님이 지금 이 사람을 고치는 것을 보여주시기 위해 날 때부터 맹인이 되게 하셨다가 지금 고치신 것이라는 뜻이 아니다. 여기에서는 지금 그를 고치심으로 하나님께서 하나님의 일을 드러내시는 기회를 제공한다고 말씀하는 것이다. 우리의 약함이 하나님께서 일 하시는 기회의 자리가 되었다는 말씀이다.

예수님은 이 사람의 맹인 된 것이 부모의 죄인지 아니면 이 사람이 모태에서 지은 자신의 죄인지에 대한 물음에 어떤 것도 답이 아니라고 말씀하셨다. 또한 그것에 대한 3의 답을 말씀하신 것도 아니다. 그것에 대한 질문에는 답을 주지 않으셨다. 사실 이 땅의 고난은 많은 경우 복합적이다.

우리가 모르는 수많은 일들이 있다. 그러기에 그것에 대해 너무 쉽게 답을 정하려 하지 않는 것이 필요하다. 예수님께서 답을 주지 않으시는 것처럼 답을 찾지 않는 것이 더 나은 경우가 많다. '왜'에 대한 답은 근본적인 이유인 죄 때문이라는 사실은 분명하기에 우리는 죄가 없는 주님의 재림 때를 기다리는 것이 제일 현명한 답일 것이다.

4 때가 아직 낮이매 나를 보내신 이의 일을 우리가 하여야 하리라 밤이 오리니 그 때는 아무도 일할 수 없느니라
4 As long as it is day, we must keep on doing the work of him who sent me; night is coming when no one can work.

9:4 나를 보내신 이의 일을 우리가 하여야 하리라. 사람들이 예수님을 죽이려 하였다. 그것을 피하여 성전 밖으로 나오신 것이다. 그러나 이 맹인을 만나셨을 때 하나님의 일을 하고자 하셨다. 위험하셨지만 그것을 피하지 않으셨다. '우리'라고 말씀하셨다. 예수님만이 아니라 모든 사람이 하나님의 일을 하면서 살아야 한다.

5 내가 세상에 있는 동안에는 세상의 빛이로라
5 While I am in the world, I am the light for the world."

9:5 세상의 빛이로라. 예수님이 세상에 계시는 동안 많은 일을 하셨다. 만나는 사람들을 치유하고 복음을 전하셨다. 가시는 곳마다 만나는 사람에게 빛이 되셨다. 우리 또한 그러해야 할 것이다. 우리가 가는 곳마다 우리는 세상의 빛이 되어야 한다. 우리가 조금만 움직이면 세상에 영생을 전하는 사람이 될 수 있다.

6 이 말씀을 하시고 땅에 침을 뱉어 진흙을 이겨 그의 눈에 바르시고
6 After he said this, Jesus spat on the ground and made some mud with the spittle; he rubbed the mud on the man's eyes

9:6 침을 뱉어 진흙을 이겨. 침 자체가 마술적 힘을 가진 어떤 것으로 사용하는 경우

가 있다. 그러나 이 경우는 물 대용으로 사용한 것에 불과한 것으로 보인다. 단순히 말씀으로만 하신 것이 아니라 아주 독특한 행동으로 맹인을 치유하여 주셨다. 이 맹인에게 맞추어진 행동으로 보인다.

> **7** 이르시되 실로암 못에 가서 씻으라 하시니 (실로암은 번역하면 보냄을 받았다는 뜻이라) 이에 가서 씻고 밝은 눈으로 왔더라
> **7** and said, "Go and wash your face in the Pool of Siloam." (This name means "Sent".) So the man went, washed his face, and came back seeing.

9:7 실로암. 직역하면 '보내다'는 히브리어의 헬라어 음역이다. 기혼 샘의 물을 히스기야 터널을 통해 이 못으로 보냈기 때문에 그런 이름이 붙여진 것으로 보인다. 실로암은 아마 히스기야 터널을 만든 히스기야가 만들었을 것이다. 그러한 이름을 가진 실로암의 이름을 사용하여 일종의 어휘 플레이를 하고 있는 것으로 보인다. 실로암 못의 자체 효과가 아니라 예수님이 보내셨기 때문에 치유된 것을 말하고 있는 것이다. 맹인이 고침을 받는 일은 예수님의 사역 외에 성경에 전혀 나오지 않는다. 구약에 많은 이적 이야기가 나오지만 맹인이 낫는 경우는 나오지 않는다. 단지 하나님께서는 맹인을 고치는 능력을 가지고 계시고 메시야가 오면 맹인을 고칠 것이라는 말씀만 나온다. 그러기에 예수님께서 맹인을 치유하신 것은 예수님이 메시야이신 것을 드러내는 사건이다.

> **8** 이웃 사람들과 전에 그가 걸인인 것을 보았던 사람들이 이르되 이는 앉아서 구걸하던 자가 아니냐
> **9** 어떤 사람은 그 사람이라 하며 어떤 사람은 아니라 그와 비슷하다 하거늘 자기 말은 내가 그라 하니
> **8** His neighbours, then, and the people who had seen him begging before this, asked, "Isn't this the man who used to sit and beg?"
> **9** Some said, "He is the one," but others said, "No he isn't; he just looks like him." So the man himself said, "I am the man."

9:9 어떤 사람은 아니라 그와 비슷하다 하거늘. 치유된 맹인을 본 사람들의 반응이 제각각이었다. 너무 익숙한 얼굴이기에 알아보는 사람이 많았을 것이다. 그러나 맹인이 눈을 뜬다는 것은 너무 놀라운 일이기에 맹인을 알아보지 못하고 다른 사람이라고 생각하였다.

자기 말은 내가 그라 하니. 맹인이었던 이 사람은 그것을 믿지 못하는 사람에게 '내가 맹인이었던 사람이라'고 말하였다. 다른 사람들은 도저히 믿지 못할 일이 일어났다. 그러나 그것은 분명한 사실이었다.

> **10** 그들이 묻되 그러면 네 눈이 어떻게 떠졌느냐
> **11** 대답하되 예수라 하는 그 사람이 진흙을 이겨 내 눈에 바르고 나더러 실로암에 가서 씻으라 하기에 가서 씻었더니 보게 되었노라
> 10 "How is it that you can now see?" they asked him.
> 11 He answered, "The man called Jesus made some mud, rubbed it on my eyes, and told me to go to Siloam and wash my face. So I went, and as soon as I washed, I could see."

9:11 예수라 하는 그 사람이...씻으라 하기에 가서 씻었더니 보게 되었노라. 맹인이었던 이 사람은 아직 예수님의 얼굴을 보지 못하였다. 단지 음성만 들었을 뿐이다. 그렇게 잘 모르나 그 분의 말씀을 따라 했더니 보게 되었다.

> **12** 그들이 이르되 그가 어디 있느냐 이르되 알지 못하노라 하니라
> **13** 그들이 전에 맹인이었던 사람을 데리고 바리새인들에게 갔더라
> 12 "Where is he?" they asked. "I don't know," he answered.
> 13 Then they took to the Pharisees the man who had been blind.

9:13 바리새인들에게 갔더라. 맹인이 눈을 뜨는 놀라운 사건이 일어났기에 그것이 어떤 의미를 갖고 있는지를 알아보기 위해 바리새인에게 간 것으로 보인다. 그 일은 그냥 한 사람이 건강하게 되었다는 것을 넘어선 것으로 보였다. 맹인이 보게 되는 일은 전무후무한 일이며 성경은 메시야가 와서 행할 일로 말한다.

> **14** 예수께서 진흙을 이겨 눈을 뜨게 하신 날은 안식일이라
> **15** 그러므로 바리새인들도 그가 어떻게 보게 되었는지를 물으니 이르되 그 사람이 진흙을 내 눈에 바르매 내가 씻고 보나이다 하니
> 14 The day that Jesus made the mud and cured him of his blindness was a Sabbath.
> 15 The Pharisees, then, asked the man again how he had received his sight. He told them, "He put some mud on my eyes; I washed my face, and now I can see."

9:15 그가 어떻게 보게 되었는지를 물으니. 바리새인들은 이것을 해석하기 위해 일어난 일의 자초지종을 물었다. **그 사람이 진흙을 내 눈에 바르매 내가 씻고 보나이다.** 진흙

이 맹인을 보게 하는 약이 될 수 없다. 그렇다면 그 사람이 '맹인을 보게 하였다'는 결론이 나온다. 그렇다면 '그 사람'은 메시야로 판단할 수 있다.

> **16** 바리새인 중에 어떤 사람은 말하되 이 사람이 안식일을 지키지 아니하니 하나님께로부터 온 자가 아니라 하며 어떤 사람은 말하되 죄인으로서 어떻게 이러한 표적을 행하겠느냐 하여 그들 중에 분쟁이 있었더니
> 16 Some of the Pharisees said, "The man who did this cannot be from God, for he does not obey the Sabbath law." Others, however, said, "How could a man who is a sinner perform such miracles as these?" And there was a division among them.

9:16 문제는 사람들이 '그 사람'이 누군 지를 알고 있었다는 사실이다. 최근에 메시야(그리스도)라 주장하고 있는 예수라는 사람이다. 산헤드린은 누구라도 그 사람을 메시야로 인정하기만 해도 유대인 공동체에서 출교하기로 이미 결정을 한 사람이다. 예수라는 사람은 그들의 기득권을 위협하고 있었다. 성전 청결 사건과 안식일 법 논쟁과 사람들에게 인기가 많은 것에 신경이 많이 쓰였다. 이 중에 조금 더 강하게 주장할 수 있는 안식일 법 논쟁을 이슈로 잡았다. **이 사람이 안식일을 지키지 아니하니 하나님께로부터 온 자가 아니라.** 하나님이 보내신 메시야이면 안식일 법을 지키지 않을 리가 없다고 생각하여 예수는 메시야가 아니라고 판단하였다.
어떤 사람은 말하되 죄인으로서 어떻게 이러한 표적을 행하겠느냐. 맹인을 고치는 능력은 오직 메시야만 가진 능력이다. 누구도 그렇게 치료한 적이 없다. 그러기에 예수는 하나님께서 보내신 메시야가 맞을 수 있다는 의견을 내놓은 것이다. 그래서 서로 분쟁하였다.

> **17** 이에 맹인되었던 자에게 다시 묻되 그 사람이 네 눈을 뜨게 하였으니 너는 그를 어떠한 사람이라 하느냐 대답하되 선지자니이다 하니
> **18** 유대인들이 그가 맹인으로 있다가 보게 된 것을 믿지 아니하고 그 부모를 불러 묻되
> 17 So the Pharisees asked the man once more, "You say he cured you of your blindness—well, what do you say about him?" "He is a prophet," the man answered.
> 18 The Jewish authorities, however, were not willing to believe that he had been blind and could now see, until they called his parents

9:18 유대인들이 그가 맹인으로 있다가 보게 된 것을 믿지 아니하고. '유대인'은 아마 산헤드린 사람들을 의미하는 것 같다. 문제의 사항이 커서 산헤드린 앞으로 간 것 같다.

그들은 맹인이 보게 되었다는 사실 자체를 믿을 수 없었다. **그 부모를 불러 묻되**. 이 사람이 영웅 의식 같은 것을 가지고 거짓으로 말하는 것일 수 있다는 가능성을 가지고 부모에게 확인을 하고자 하였다.

19 이는 너희 말에 맹인으로 났다 하는 너희 아들이냐 그러면 지금은 어떻게 해서 보느냐

19 and asked them, "Is this your son? You say that he was born blind; how is it, then, that he can now see?"

9:19 맹인으로 났다 하는 너희 아들이냐. 보게 되었다고 주장하는 사람이 그의 아들인 지와 그가 맹인으로 났는 지를 물었다. 그것은 그의 부모만이 아니라 온 동네 사람들이 다 아는 사실이다.

20 그 부모가 대답하여 이르되 이 사람이 우리 아들인 것과 맹인으로 난 것을 아나이다
21 그러나 지금 어떻게 해서 보는지 또는 누가 그 눈을 뜨게 하였는지 우리는 알지 못하나이다 그에게 물어 보소서 그가 장성하였으니 자기 일을 말하리이다
22 그 부모가 이렇게 말한 것은 이미 유대인들이 누구든지 예수를 그리스도로 시인하는 자는 출교하기로 결의하였으므로 그들을 무서워함이러라

20 His parents answered, "We know that he is our son, and we know that he was born blind.
21 But we do not know how it is that he is now able to see, nor do we know who cured him of his blindness. Ask him; he is old enough, and he can answer for himself!"
22 His parents said this because they were afraid of the Jewish authorities, who had already agreed that anyone who said he believed that Jesus was the Messiah would be expelled from the synagogue.

9:22 예수를 그리스도로 시인하는 자는 출교하기로 결의하였으므로 그들을 무서워함이러라. 부모는 산헤드린 사람을 무서워하였기 때문에 구체적인 언급을 피하면서 아들이 맹인이었던 것과 그가 보게 된 것만을 말하였다. 그렇게 말하기 어려운 상황에서 대답한 것이다. 그러니 그들의 말은 분명히 증언으로서 신빙성이 있다. 게다가 그렇게 말하고 있는 아들 또한 장성하였기 때문에 증인으로서 신빙성이 있다. 맹인이 예수라는 사람에 의해 보게 되었다는 사실은 변함없는 사실임이 확인되었다.

23 이러므로 그 부모가 말하기를 그가 장성하였으니 그에게 물어 보소서 하였더라

24 이에 그들이 맹인이었던 사람을 두 번째 불러 이르되 너는 하나님께 영광을 돌리라 우리는 이 사람이 죄인인 줄 아노라

23 That is why his parents said, "He is old enough; ask him!"

24 A second time they called back the man who had been born blind, and said to him, "Promise before God that you will tell the truth! We know that this man who cured you is a sinner."

9:24 너는 하나님께 영광을 돌리라 우리는 이 사람이 죄인인 줄 아노라. 이들은 맹인이었던 사람을 협박하였다. '너는 하나님께 영광을 돌리라'는 말은 여호수아가 아간의 죄를 물을 때 했던 말로 '자신의 죄를 고백하여 하나님께 영광을 돌리라'는 말이다. 예수라는 사람이 죄인인 줄 알고 있으니 빨리 숨겨진 죄를 밝히라는 말이다.

예수님이 맹인의 눈을 뜨게 하였다는 사실은 분명히 확인되었다. 그렇다면 예수님이 메시야라는 것을 증명한 것이다. 그러나 그들은 그것을 받아들이기보다 예수님이 안식일 법을 어겼다는 것에 집중하였다. 두 가지 중에 무엇이 더 중요한 지는 아주 분명하다. 예수님이 메시야라면 이스라엘 전체에 아주 중요하다. 안식일 법을 어긴 것은 사실 한 개인의 일이며 그것 또한 성경이 아니라 더 확장하여 적용하는 장로의 구전(미쉬나)을 어기는 것일 뿐이다. 무엇이 더 중요한지는 분명하다. 그런데 그들은 중요한 것을 버리고 사소한 것을 선택하였다.

25 대답하되 그가 죄인인지 내가 알지 못하나 한 가지 아는 것은 내가 맹인으로 있다가 지금 보는 그것이니이다

25 "I do not know if he is a sinner or not," the man replied. "One thing I do know: I was blind, and now I see."

9:25 그가 죄인인지 내가 알지 못하나 한 가지 아는 것은 내가 맹인으로 있다가 지금 보는 그것이니이다. 맹인이었던 사람은 중요한 것을 선택하였다. 맹인은 분명히 많이 배우지 못하였을 것이다. 그러나 그의 선택은 상식적으로 당연한 것이다.

26 그들이 이르되 그 사람이 네게 무엇을 하였느냐 어떻게 네 눈을 뜨게 하였느냐

26 "What did he do to you?" they asked. "How did he cure you of your blindness?"

9:26 어떻게 네 눈을 뜨게 하였느냐. 맹인이었던 사람의 진술을 통해 안식일을 어긴 꼬투리를 잡기 위해 다시 질문하였다. 그들은 지금 맹인이 눈을 뜨게 된 놀라운 사건과 그것이 가지는 의미인 메시야가 오셨다는 사실에 대한 진위여부가 중요한 것이 아니라 예수님을 공격할 꼬투리를 잡는 것이 중요하였다.

27 대답하되 내가 이미 일렀어도 듣지 아니하고 어찌하여 다시 듣고자 하나이까 당신들도 그의 제자가 되려 하나이까
28 그들이 욕하여 이르되 너는 그의 제자이나 우리는 모세의 제자라
29 하나님이 모세에게는 말씀하신 줄을 우리가 알거니와 이 사람은 어디서 왔는지 알지 못하노라
30 그 사람이 대답하여 이르되 이상하다 이 사람이 내 눈을 뜨게 하였으되 당신들은 그가 어디서 왔는지 알지 못하는도다
27 "I have already told you," he answered, "and you would not listen. Why do you want to hear it again? Maybe you, too, would like to be his disciples?"
28 They cursed him and said, "You are that fellow's disciple; but we are Moses' disciples.
29 We know that God spoke to Moses; as for that fellow, however, we do not even know where he comes from!"
30 The man answered, "What a strange thing that is! You do not know where he comes from, but he cured me of my blindness!

9:30 이상하다 이 사람이 내 눈을 뜨게 하였으되 당신들은 그가 어디서 왔는지 알지 못하는도다. 배우지 못한 맹인이었던 사람의 눈에 많이 배운 산헤드린 사람들의 말과 행동이 너무 이상하였다. 눈을 뜨게 하는 일이 일어났으면 분명히 메시야에 대해 생각을 해야 하는데 그렇지 않고 자꾸만 작은 문제에 집착하고 있는 것을 이상하게 생각하였다.

31 하나님이 죄인의 말을 듣지 아니하시고 경건하여 그의 뜻대로 행하는 자의 말은 들으시는 줄을 우리가 아나이다
32 창세 이후로 맹인으로 난 자의 눈을 뜨게 하였다 함을 듣지 못하였으니
31 We know that God does not listen to sinners; he does listen to people who respect him and do what he wants them to do.
32 Since the beginning of the world nobody has ever heard of anyone giving sight to a person born blind.

9:32 창세 이후로...듣지 못하였으니. 성경 어디에도 맹인이 눈을 뜨게 된 사건은 결코 없다.

33 이 사람이 하나님께로부터 오지 아니하였으면 아무 일도 할 수 없으리이다

33 Unless this man came from God, he would not be able to do a thing."

9:33 '하나님께로부터 오지 아니하였으면' 이런 일이 일어날 수 없다고 확신을 가지고 말하였다.

34 그들이 대답하여 이르되 네가 온전히 죄 가운데서 나서 우리를 가르치느냐 하고 이에 쫓아내어 보내니라

34 They answered, "You were born and brought up in sin—and you are trying to teach us?" And they expelled him from the synagogue.

9:34 **네가 온전히 죄 가운데서 나서 우리를 가르치느냐.** 맹인으로 태어난 것은 죄 때문이라고 전제하고 있다. 확정되지 않은 것을 마치 확정된 것처럼 비난하며 욕하였다. **쫓아내서 보내니라.** 성전에서 쫓아낸 것을 의미할 수도 있고 유대인 공동체에서 출교시킨 것을 의미할 수도 있다.

35 예수께서 그들이 그 사람을 쫓아냈다 하는 말을 들으셨더니 그를 만나사 이르시되 네가 인자를 믿느냐

35 When Jesus heard what had happened, he found the man and asked him, "Do you believe in the Son of Man?"

9:35 **그를 만나사.** '만나사(헬. 헤우리스코)'는 우연히 만난 것이 아니라 찾아서 만난 것을 의미한다. 맹인이었던 사람이 산헤드린 앞에서 너무 직설적으로 말하였다. 그래서 '쫓아냄'을 당하였다. 이 구절을 통해 볼 때 이것이 단순한 쫓아냄이 아니라 출교에 해당하는 것으로 보인다. 이미 산헤드린은 예수님을 그리스도로 고백하는 사람을 출교한다 공언했었으니 이 사람을 출교하는 것은 당연한 일이었을 것이다. 그래서 예수님은 그를 찾아 나선 것으로 보인다.

베데스다 연못에서 치유를 받은 사람은 예수님을 배신하였다. 자신이 먼저 찾아가 예수님을 고발하였다. 그런데 실로암으로 보내져 치료를 받은 맹인이었던 사람은 예수님에 대한 고백을 적극적으로 표현하였다.

네가 인자를 믿느냐. 예수님은 맹인을 찾아 만나셔서 그에게 인자로 표현된 메시야를 믿는지 물으셨다. 사실 맹인이었던 이 사람은 산헤드린 사람들 앞에서 예수님을 메시야로 이미 담대히 고백하고 있었다.

36 대답하여 이르되 주여 그가 누구시오니이까 내가 믿고자 하나이다
36 The man answered, "Tell me who he is, sir, so that I can believe in him!"

9:36 그가 누구시오니이까 내가 믿고자 하나이다. 예수님이 이 사람에게 실로암에 가라 하셨을 때 이 사람은 맹인이었다. 그래서 예수님의 얼굴을 본적이 없다. 맹인이었던 이 사람은 자신의 눈을 치유해 준 사람이 누구인지 만나고 싶어하였고 그를 메시야로 믿고자 하였다.

37 예수께서 이르시되 네가 그를 보았거니와 지금 너와 말하는 자가 그이니라
37 Jesus said to him, "You have already seen him, and he is the one who is talking with you now."

9:37 지금 너와 말하는 자가 그이니라. 예수님은 자신이 예수이며 그 사람을 치유하여 준 사람인 것을 드러내셨다. 자신이 메시야이심을 말씀하여 주셨다.

38 이르되 주여 내가 믿나이다 하고 절하는지라
38 "I believe, Lord!" the man said, and knelt down before Jesus.

9:38 내가 믿나이다. 맹인이었던 사람은 이제 예수님을 보았고 믿는다고 고백하였다. '절하는지라(헬. 프로스퀴네오)'는 '경배하다'라는 의미로 사용하는 단어다. 이것은 메시야 되신 예수님을 경배하는 행동이다. 그는 자신을 치유하신 예수님께, 더 나아가 이 땅에 메시야로 오신 예수님께 경배하였다.
그는 육적 맹인이었다. 그것 때문에 많은 고통을 겪으면서 살아왔을 것이다. 그러나 예수님에 의해 육신의 맹인에서 벗어날 수 있었다. 평상시 상상도 할 수 없는 위대한 일이 일어났다. 역사상 유례가 없는 일이 자신에게 일어났다. 그런데 그것보다 더 위대한 것은 그가 영적 시력을 회복하였다는 것이다. 예수님께 경배하는 그 순간은 그의 영적 시력이 회복되는 순간이다. 그래서 그는 매우 복된 사람이 되었다.

39 예수께서 이르시되 내가 심판하러 이 세상에 왔으니 보지 못하는 자들은 보게 하고 보는 자들은 맹인이 되게 하려 함이라 하시니
39 Jesus said, "I came to this world to judge, so that the blind should see and those who see should become blind."

9:39 내가 심판하러 이 세상에 왔으니. 여기에서 심판은 재림하실 때의 형벌을 주는 심판을 의미하는 것이 아니다. 이것은 구분하는 측면의 심판(정의)을 의미하는 것으로 보인다. 예수님이 오심으로 세상은 맹인과 눈을 뜬 사람으로 구분되어진다.

보지 못하는 자들은 보게 하고 보는 자들은 맹인이 되게 하려 함이라. 영적 시력에 대한 말씀이다. '보지 못하는 사람들'이 자신의 무지와 연약함을 고백하며 예수님을 의지할 때 예수님 안에서 영적 시력을 회복하게 될 것이다. 그런데 오히려 '보는 자들'은 '맹인이 되게 하려 함이라'고 말씀한다. 이것은 자칭 보는 사람이었다고 말하는 사람들을 의미하는 것 같다. 그들은 조금 더 아는 사람들일 것이다. 그런데 그래서 예수님을 의지하지 않고 기득권에 안주하려다가 예수님을 놓쳐 결국 맹인으로 남게 되는 사람을 말한다.

40 바리새인 중에 예수와 함께 있던 자들이 이 말씀을 듣고 이르되 우리도 맹인인가

40 Some Pharisees who were there with him heard him say this and asked him, "Surely you don't mean that we are blind, too?"

9:40 바리새인...우리도 맹인인가. 바리새인들은 자신들이 맹인이다는 사실을 결코 받아들일 수 없는 사람들이었다. 그들이 지금까지 어떻게 살아왔는데 결코 맹인일 수 없다고 생각하였다. 그러나 그들이야말로 맹인이었다.

41 예수께서 이르시되 너희가 맹인이 되었더라면 죄가 없으려니와 본다고 하니 너희 죄가 그대로 있느니라

41 Jesus answered, "If you were blind, then you would not be guilty; but since you claim that you can see, this means that you are still guilty."

9:41 너희가 맹인이 되었더라면 죄가 없으려니와. 성경을 모르는 영적 맹인이었으면 그래도 죄가 덜 있다 할 수 있었다. 그러나 그들은 나름대로 성경을 잘 아는 사람들이었다. 그래서 죄가 더 크다.

본다고 하니 너희 죄가 그대로 있느니라. 그들이 성경을 알면서도 오히려 잘 모르는 맹인이었던 사람보다 더 성경의 진리를 거절하였다. 맹인이 눈을 뜨는 명백한 메시야의 나타남의 표적이 있었고 증인이 확실히 있는데도 불구하고 그들은 거절하였다. 그래서 그들은 알면서도 지은 죄가 되어 더욱더 큰 죄가 되었다.

10장

1 내가 진실로 진실로 너희에게 이르노니 문을 통하여 양의 우리에 들어가지
아니하고 다른 데로 넘어가는 자는 절도며 강도요
1 Jesus said, "I am telling you the truth: the man who does not enter the sheepfold by the
gate, but climbs in some other way, is a thief and a robber.

10:1 문을 통하여. 예수님은 사람들에게 '문을 통하여' 들어가셨다. 예수님은 소리 없
이 몰래 침입하는 자가 아니라 문(말씀)을 통해 정식으로 들어가셨다. 성경에 기록된
대로 이 땅에 오셨다. **다른 데로 넘어가는 자는 절도며 강도요.** 음성(말씀)에 어긋난 것
은 문이 아닌 다른 데로 넘어가는 것이어서 도둑이고 강도다.

2 문으로 들어가는 이는 양의 목자라
3 문지기는 그를 위하여 문을 열고 양은 그의 음성을 듣나니 그가 자기 양의 이
름을 각각 불러 인도하여 내느니라
2 The man who goes in through the gate is the shepherd of the sheep.
3 The gatekeeper opens the gate for him; the sheep hear his voice as he calls his own
sheep by name, and he leads them out.

10:3 문지기는 그를 위하여 문을 열고. 세례 요한이 문지기 역할을 하였다. 문을 열어
주었다. **양은 그의 음성을 듣나니.** 이 당시 가정은 보통 3-10마리의 양을 소유하고 있
었다. 한 사람이 백 마리 이상을 돌볼 수 있었기 때문에 고용된 목자는 집을 돌아다
니면서 자기가 그 날 풀을 먹여야 할 양을 불러냈다.
양은 자신의 목자의 음성을 정확히 알아들었다. 목자가 양에게 꼴을 먹이고 돌아왔
을 때도 주인 목자가 양을 부르면 그 사람에게 속한 양은 그 음성을 듣고 정확히 움
직였다. 양은 자신의 주인의 음성과 목자의 음성을 알아서 음성을 따라 움직였다. 사
실 양은 목자가 없으면 스스로 풀을 찾아 먹을 수 없었다. 양은 목자의 음성을 알아
들었기 때문에 보호받고 먹고 살 수 있었다.

4 자기 양을 다 내놓은 후에 앞서 가면 양들이 그의 음성을 아는 고로 따라오되
5 타인의 음성은 알지 못하는 고로 타인을 따르지 아니하고 도리어 도망하느니
라
4 When he has brought them out, he goes ahead of them, and the sheep follow him,

because they know his voice.
5 They will not follow someone else; instead, they will run away from such a person, because they do not know his voice."

10:5 타인의 음성은 알지 못하는 고로. 목자가 아닌 타인이 우리에 들어와서 부르면 양은 도망갔다. 목자의 음성이 아니면 양은 따라가지 않는다. 이것이 중요하다. 양은 목자의 음성을 알고 있다. 오늘날도 우리는 하나님의 음성을 정확히 알고 있어야 한다. 하나님의 음성이 아니면 따라가지 말아야 한다.

이 비유는 앞의 맹인이었던 사람이 눈을 뜨게 되고 벌어진 일과 깊은 관련이 있다. 산헤드린 사람들과 바리새인들은 하나님의 음성을 듣지 않았다. 예수님이 메시야이심을 선포하고, 메시야 표적을 행하셨으나 여전히 그 음성을 듣지 않았다. 성경과 양심에 귀를 닫았다. 결국 그들을 구원하고자 하시는 하나님의 양이 될 수 없었다. 하나님의 음성을 알아듣지 못하면 하나님의 양이 될 수 없다.

6 예수께서 이 비유로 그들에게 말씀하셨으나 그들은 그가 하신 말씀이 무엇인지 알지 못하니라
7 그러므로 예수께서 다시 이르시되 내가 진실로 진실로 너희에게 말하노니 나는 양의 문이라
6 Jesus told them this parable, but they did not understand what he meant.
7 So Jesus said again, "I am telling you the truth: I am the gate for the sheep.

10:7 나는 양의 문이라. 이것은 집에서 떨어진 들판의 임시 방편의 우리 이미지다. 1절에서 넘을 담이 있는 것은 마을과 집에 있는 우리다. 그런데 목자가 양의 문 역할을 하는 곳은 들판에 허술하게 만들어 놓은 우리를 의미한다. 가시 나무 등으로 허술하게 우리를 만든다. 그리고 입구는 문이 없이 목자가 그곳에 앉거나 누워 자며 문 역할을 하였다. 양을 보호하기 위함이다.

8 나보다 먼저 온 자는 다 절도요 강도니 양들이 듣지 아니하였느니라
8 All others who came before me are thieves and robbers, but the sheep did not listen to them.

10:8 나보다 먼저 온 자는 다 절도요 강도니. '먼저 온 자'는 이전에 있었던 거짓 그리스도를 의미할 수 있고, 아니면 맹인 되었던 사람을 협박하고 출교시킨 산헤드린 사람들을 의미할 수도 있다. 맹인이었던 사람은 그들의 음성을 듣지 않았다. 그들이 맹인

이었던 사람을 생각하고 가르치기보다는 자신들의 안위와 기득권을 보호하는데 집중하였기 때문이다. 맹인을 보호하기보다는 오히려 자신들을 보호하기 위해 맹인이었던 사람을 위험하게 만들었다.

9 내가 문이니 누구든지 나로 말미암아 들어가면 구원을 받고 또는 들어가며 나오며 꼴을 얻으리라
9 I am the gate. Whoever comes in by me will be saved; they will come in and go out and find pasture.

10:9 나로 말미암아 들어가면 구원을 받고 또는 들어가며 나오며 꼴을 얻으리라. 예수님의 음성을 듣고 예수님의 보호 속으로 들어가는 것을 말씀한다. 예수님은 자신을 위해 이곳에 오신 것이 아니다. 양을 위해 오셨다. 양이 구원을 얻고 꼴을 얻도록 하기 위해 오셨다.

10 도둑이 오는 것은 도둑질하고 죽이고 멸망시키려는 것뿐이요 내가 온 것은 양으로 생명을 얻게 하고 더 풍성히 얻게 하려는 것이라
10 The thief comes only in order to steal, kill, and destroy. I have come in order that you might have life—life in all its fullness.

10:10 도둑이 오는 것은 도둑질하고 죽이고 멸망시키려는 것뿐이요. 산헤드린 사람들은 작은 목자인줄 알았는데 도둑이었다. 그들은 양을 통해 자신의 욕심을 채우기 원하였다. 양을 죽이고 멸망시켜 자신들의 욕심을 채우고자 하였다.
내가 온 것은 양으로 생명을 얻게 하고 더 풍성히 얻게 하려는 것이라. 예수님은 양에게 생명을 주고 더 풍성히 얻게 하려고 오신 것이다. '더 풍성히'는 아마 영생을 의미할 것이다. 또한 부활과 그 이후의 찬란하게 빛나는 것을 의미할 것이다. 예수님은 양을 위해 오셨다. 양이 빛나는 삶을 살도록 하기 위해 오셨다. 진정한 목자로 오신 것이다.

11 나는 선한 목자라 선한 목자는 양들을 위하여 목숨을 버리거니와
11 "I am the good shepherd, who is willing to die for the sheep.

10:11 나는 선한 목자. 예수님은 그 백성들에게 선한 목자로 오셨다. 예수님을 삯꾼 목자처럼 여기지 말아야 한다.

선한 목자는 양들을 위하여 목숨을 버리거니와. 이 당시의 대부분의 목자는 고용된 목자였다. 고용된 목자가 양들을 위하여 목숨을 버리는 경우는 거의 없을 것이다. 양이 많은 사람은 직접 양의 목자가 되기도 하였다. 그러나 그래도 양을 위하여 자신의 목숨을 버리는 경우는 매우 드물다.

양을 위하여 자신의 목숨을 버리는 목자가 있다면 왜 그럴까? 양이 많으면 100마리가 넘기도 하였지만 목자들은 대부분 양을 구분하고 이름을 불러주었다. 양과 깊은 유대 관계를 이루었다. 그렇게 양과 깊은 유대 관계를 이루면 양을 잃음으로 돈을 잃는 것보다 그 양에 대한 애정으로 목숨을 버리는 목자가 있을 수 있다. 그렇다면 양에게는 그 목자가 진짜 선한 목자다.

예수님께 사람은 그리 위대한 존재가 되지 못한다. 사람은 죄인이다. 하나님을 떠난 죄인이다. 그런데도 불구하고 예수님은 사람들을 위하여 목숨을 버리실 것이다. 사람을 한 사람 한 사람 깊이 사랑하시기 때문이다.

12 삯꾼은 목자가 아니요 양도 제 양이 아니라 이리가 오는 것을 보면 양을 버리고 달아나나니 이리가 양을 물어 가고 또 헤치느니라
12 When the hired man, who is not a shepherd and does not own the sheep, sees a wolf coming, he leaves the sheep and runs away; so the wolf snatches the sheep and scatters them.

10:12 삯꾼은 목자가 아니요 양도 제 양이 아니라 이리가 오는 것을 보면 양을 버리고 달아나나니. 삯꾼도 대부분 양들의 이름을 알았다. 그러나 그것은 양을 치는 기술을 위한 것이지 그렇게 애정을 가지지는 않을 것이다.

미쉬나를 보면 한 마리의 이리가 오면 목자는 이리와 싸울 의무가 있으나 여러 마리의 이리가 오면 도망가도 책임이 없다고 말한다. 예수님의 말씀에는 이리를 단수로 사용하셨다. 그러니 고용된 목자라 할지라도 양을 지키기 위해 싸우는 것이 맞다. 한 마리의 이리라면 목숨이 그렇게 위태로운 것은 아니다. 그럼에도 불구하고 고용된 목자는 도망가기 쉽다. 그래서 미쉬나는 한 마리의 이리가 오면 싸워야 한다고 기록하고 있는 것 같다.

여러 마리의 이리가 오면 목숨이 위험하니 도망가는 것이 정상이다. 그런데 예수님은 참으로 선한 목자다. 목숨의 위험에도 불구하고 오신 것이 아니라 아예 처음부터 양을 위해 죽기 위해 오셨다. 참으로 선한 목자다. 고용된 목자는 사실 처음부터 돈을 벌기 위해서다.

13 달아나는 것은 그가 삯꾼인 까닭에 양을 돌보지 아니함이나
14 나는 선한 목자라 나는 내 양을 알고 양도 나를 아는 것이
13 The hired man runs away because he is only a hired man and does not care about the sheep.
14 I am the good shepherd. As the Father knows me and I know the Father, in the same way I know my sheep and they know me. And I am willing to die for them.

10:14 나는 내 양을 알고. 예수님은 선한 목자여서 양을 깊이 아셨다. 친밀한 애정을 가지고 계셨다. 그래서 양들에게 다가오셨다. 그들을 위해 죽으셨다. 삯꾼은 양을 잘 모른다.

양도 나를 아는 것. 양도 목자를 알아야 한다. 양도 목자를 향하여 깊은 애정을 가져야 한다. 양이 목자를 들이박으면 목자는 양에게 애정을 잃을 것이다. 목자가 양을 알 듯이 양도 목자를 알아야 한다. 사랑스럽게 함께해야 한다.

15 아버지께서 나를 아시고 내가 아버지를 아는 것 같으니 나는 양을 위하여 목숨을 버리노라
16 또 이 우리에 들지 아니한 다른 양들이 내게 있어 내가 인도하여야 할 터이니 그들도 내 음성을 듣고 한 무리가 되어 한 목자에게 있으리라
16 There are other sheep which belong to me that are not in this sheepfold. I must bring them, too; they will listen to my voice, and they will become one flock with one shepherd.

10:16 이 우리에 들지 아니한 다른 양들이 내게 있어 내가 인도하여야 할 터이니. 예수님은 지금 앞에 있는 사람들만이 아니라 다른 지역의 사람과 이방인까지 생각하고 계신 것 같다. 예수님은 그들을 구원하기를 원하셨다.

그들도 내 음성을 듣고. 이방인이라 할지라도 그들이 하나님의 백성이 아닌 것이 아니다. 예수님의 음성을 듣고 순종하는 사람은 모두 예수님의 양이다. 백성이다. 아무리 가까이에 있어도 예수님의 음성을 듣지 않는다면 그는 양이 아니다. 목자의 음성을 듣지 않는 양은 목자의 양이 아니다.

17 내가 내 목숨을 버리는 것은 그것을 내가 다시 얻기 위함이니 이로 말미암아 아버지께서 나를 사랑하시느니라
17 "The Father loves me because I am willing to give up my life, in order that I may receive it back again.

10:17 내가 내 목숨을 버리는 것은 그것을 내가 다시 얻기 위함이니. 예수님은 죽으심에 대해 말씀한다. 양을 살리기 위함이다. 그것을 하나님 아버지께서도 기뻐하신다 말씀한다.

이 땅의 사람들을 살리기 위해 선한 목자인 예수님이 죽으심의 길을 가고 계신다. 하늘에서도 그것에 초점이 맞추어 있다. 양이 이것을 볼 수 있어야 한다. 영원한 생명에 초점을 맞추어야 한다. 예수님은 그것에 목숨을 거셨는데 양들이 그것에 관심을 가지지 않아 결국 생명을 알지 못하고 언저리에서 맴돌다 끝난다.

18 이를 내게서 빼앗는 자가 있는 것이 아니라 내가 스스로 버리노라 나는 버릴 권세도 있고 다시 얻을 권세도 있으니 이 계명은 내 아버지에게서 받았노라 하시니라
19 이 말씀으로 말미암아 유대인 중에 다시 분쟁이 일어나니
20 그 중에 많은 사람이 말하되 그가 귀신 들려 미쳤거늘 어찌하여 그 말을 듣느냐 하며

18 No one takes my life away from me. I give it up of my own free will. I have the right to give it up, and I have the right to take it back. This is what my Father has commanded me to do."
19 Again there was a division among the people because of these words.
20 Many of them were saying, "He has a demon! He is mad! Why do you listen to him?"

10:20 그가 귀신 들려 미쳤거늘 어찌하여 그 말을 듣느냐. 예수님이 사람들의 생명을 위해 자신의 생명을 주신다고 말씀하고 있다. 그것이 진정 악령들린 사람의 말일까? 악령은 악한 일을 하지 생명의 일을 하지 않는다. 악령은 이기주의를 부추기지 이타주의를 표방하지 않는다. 예수님은 생명을 말씀하고 있다. 그것을 따라가면 생명이 있다. 그들은 악령이라 주장한다. 그것을 따라가면 한 사람이 미쳤다는 것밖에 안 남는다. 무엇을 따라가야 할까?

21 어떤 사람은 말하되 이 말은 귀신 들린 자의 말이 아니라 귀신이 맹인의 눈을 뜨게 할 수 있느냐 하더라

21 But others were saying, "A man with a demon could not talk like this! How could a demon give sight to blind people?"

10:21 귀신이 맹인의 눈을 뜨게 할 수 있느냐. 예수님을 악령에 들렸다고 말하는 사람에게 하는 반격이다. 지금까지 어떤 경우에도 악령이 맹인의 눈을 뜨게 한 일이 없었

다. 성경은 메시야가 맹인의 눈을 뜨게 한다고 말씀하고 있다. 그렇다면 예수님은 성
경이 말한대로 메시야다. 선한 목자다.

4. 수전절

(10:22-42)

22 예루살렘에 수전절이 이르니 때는 겨울이라
22 It was winter, and the Festival of the Dedication of the Temple was being celebrated in Jerusalem.

10:22 수전절. 성경의 절기는 아니다. '수전(修殿)'은 '고칠 수'와 신전을 말할 때 사용하는 '대궐 전'을 사용하여 만든 한자어다. '성전을 고치다'라는 의미로 헬라어 의미는 '새롭게 하다'라는 뜻이다.

주전 167년 헬라 시리아의 안티오쿠스 4세 에피파네스가 이스라엘의 헬라화를 위해 제우스 신상을 성전에 세우고 성전의 번제단에 돼지를 태우자 민중 봉기가 일어났다. 마카비 가문이 중심이 되어 게릴라전으로 시리아를 몰아내고 주전 164년 성전이 더럽혀진 그 날 성전을 재 봉헌하여 그 날을 기념하여 키슬레브 25일(음력. 양력으로 하면 12월 정도)에 8일간 지키는 절기다.

수전절은 세상 나라의 영웅을 기다리는 메시야상과 하나님 나라의 영웅을 기다리는 메시야상을 분명하게 구분짓게 한다. 수전절 이야기는 요한복음만 전하고 있지만 이 것은 모든 복음서의 핵심 주제다.

23 예수께서 성전 안 솔로몬 행각에서 거니시니
23 Jesus was walking in Solomon's Porch in the Temple,

10:23 솔로몬 행각. 성전의 이방인 뜰 동쪽에 위치한 그늘막 같은 곳이다. 지붕만 있는 형태로 높이 11m 기둥으로 받쳐지고 너비 15m와 길이 280m가 될 정도로 매우 커서 많은 사람이 기도하고 대화하며 가르치기도 하는 그런 장소다.

24 유대인들이 에워싸고 이르되 당신이 언제까지나 우리 마음을 의혹하게 하려 하나이까 그리스도이면 밝히 말씀하소서 하니
24 when the people gathered round him and asked, "How long are you going to keep us in suspense? Tell us the plain truth: are you the Messiah?"

10:24 언제까지나 우리 마음을 의혹하게 하려 하나이까 그리스도이면 밝히 말씀하소서.
예수님이 지금까지 말씀하셨는데 무엇을 더 밝히 말씀하시라고 하는 것일까?

> **25 예수께서 대답하시되 내가 너희에게 말하였으되 믿지 아니하는도다 내가
> 내 아버지의 이름으로 행하는 일들이 나를 증거하는 것이거늘**
> 25 Jesus answered, "I have already told you, but you would not believe me. The things I do
> by my Father's authority speak on my behalf;

10:25 내가 너희에게 말하였으되 믿지 아니하는도다. 예수님은 이미 자신의 메시야 되심을 말씀하셨고 많은 표적으로 드러내셨다. 그러나 그들은 예수님이 말씀하시는 것을 믿지 않았다.

> **26 너희가 내 양이 아니므로 믿지 아니하는도다**
> **27 내 양은 내 음성을 들으며 나는 그들을 알며 그들은 나를 따르느니라**
> 26 but you will not believe, for you are not my sheep.
> 27 My sheep listen to my voice; I know them, and they follow me.

10:27 내 양은 내 음성을 들으며. 이것은 나라의 문제다. 하나님 나라의 백성은 하나님의 음성을 듣는다. 그들은 하나님 나라에 속하지 않고 세상 나라에 속하였기 때문에 세상 나라의 일만 요구하고 있다.

> **28 내가 그들에게 영생을 주노니 영원히 멸망하지 아니할 것이요 또 그들을 내
> 손에서 빼앗을 자가 없느니라**
> 28 I give them eternal life, and they shall never die. No one can snatch them away from me.

10:28 내가 그들에게 영생을 주노니 영원히 멸망하지 아니할 것이요. 예수님이 주시고자 하는 것은 짧은 생명이 아니다. 영생이다. 하나님 나라의 영생이다. 세상 나라는 나라의 주체가 바뀌어도 새로운 나라가 영생을 주는 것이 아니다. 오직 하나님 나라만 영생을 준다.

오늘날 기독교가 기복신앙 때문에 문제라고 말한다. 복을 구하는 것은 좋은 것이다. 하나님께서도 복을 주시기 원하신다. 물질적인 복이든 어떤 복이든 좋은 것이다. 그런데 기복주의가 왜 잘못일까? 그들이 구하는 것은 세상 나라의 복이기 때문이다. 하나

님이 왕이 되시는 것이 아니라 자신들이 왕이 될 세상의 복을 구한다.

29 그들을 주신 내 아버지는 만물보다 크시매 아무도 아버지 손에서 빼앗을 수
없느니라
29 What my Father has given me is greater than everything, and no one can snatch them
away from the Father's care.

10:29 아무도 아버지 손에서 빼앗을 수 없느니라. 세상 나라는 헬라 제국, 로마 제국 등
으로 계속 바뀐다. 그러나 하나님 나라는 바뀌지 않는다. 아무도 예수님으로부터 그
백성을 빼앗을 수 없다. 하나님 나라의 백성이 되면 하나님께서 지키시기 때문이다.

30 나와 아버지는 하나이니라 하신대
30 The Father and I are one."

10:30 하나이니라. '하나(헬. 헤이스)'는 남성 형용사(헤이스)가 아니라 중성 형용사
(헨)를 사용하였다. 사람을 나타내는 것인데 남성이나 여성이 아닌 중성을 사용한 것
은 사람의 정체성보다는 목적의 통일성을 말해주기 위함이다. 곧 예수님과 하나님 아
버지가 육체적 하나이거나 인격적 하나를 의미하는 것이 아니라 목적이 하나임을 의
미하는 것이다.

이것을 듣는 사람들도 만약 육체나 인격의 하나를 의미하는 것으로 들었으면 매우
난리 났을 것이다. 그러나 그들이 난리 난 이유는 예수님께서 '나와 아버지'라는 구절
을 통해 하나님의 아들이라 말하였기 때문이다. 예수님께서 '하나'라고 말씀하신 것
은 문법적으로 예수님은 하나님과 동일한 목적을 가지고 계시다는 것이다. 곧 예수님
이 메시야 되심은 하나님의 목적에 따른 메시야다. 세상 나라의 그리스도가 아니라
하나님 나라의 그리스도다.

31 유대인들이 다시 돌을 들어 치려 하거늘
32 예수께서 대답하시되 내가 아버지로 말미암아 여러 가지 선한 일로 너희에
게 보였거늘 그 중에 어떤 일로 나를 돌로 치려 하느냐
31 Then the people again picked up stones to throw at him.
32 Jesus said to them, "I have done many good deeds in your presence which the Father
gave me to do; for which one of these do you want to stone me?"

10:32 선한 일로 너희에게 보였거늘 그 중에 어떤 일로 나를 돌로 치려 하느냐. 예수님은 하나님의 일을 하셨다. 선한 일을 하셨다. 그 일 중에 대체 무슨 일 때문에 돌로 치려 하느냐고 물으셨다.

33 유대인들이 대답하되 선한 일로 말미암아 우리가 너를 돌로 치려는 것이 아니라 신성모독으로 인함이니 네가 사람이 되어 자칭 하나님이라 함이로라
33 They replied, "We do not want to stone you because of any good deeds, but because of your blasphemy! You are only a man, but you are trying to make yourself God!"

10:33 선한 일로...너를 돌로 치려는 것이 아니라 신성모독으로 인함이니. 그들은 예수님이 하신 일이 아니라 신성모독으로 죽이려 한다고 말하였다. 미쉬나에는 '여호와'라는 이름을 소리 내어 발음하여도 돌로 치라고 말하고 있다. 신성모독은 매우 중대한 문제다.

34 예수께서 이르시되 너희 율법에 기록된 바 내가 너희를 신이라 하였노라 하지 아니하였느냐
34 Jesus answered, "It is written in your own Law that God said, 'You are gods.'

10:34 율법에 기록된 바 내가 너희를 신이라 하였노라. 이것은 아마 시편을 인용한 말씀일 거다. "내가 말하기를 너희는 신들이며 다 지존자의 아들들이라 하였으나"(시 82:6) 말씀은 분명히 일반 사람을 신(히. 엘로힘)이라 말하고 있고, 여호와 이름 대신 사용하는 '지존자'의 아들들이라고 말하고 있다. '하나님의 아들'이라는 말은 결코 신성모독이 될 수 없다.

35 성경은 폐하지 못하나니 하나님의 말씀을 받은 사람들을 신이라 하셨거든
36 하물며 아버지께서 거룩하게 하사 세상에 보내신 자가 나는 하나님의 아들이라 하는 것으로 너희가 어찌 신성모독이라 하느냐
35 We know that what the scripture says is true for ever; and God called those people gods, the people to whom his message was given.
36 As for me, the Father chose me and sent me into the world. How, then, can you say that I blaspheme because I said that I am the Son of God?

10:36 아버지께서...세상에 보내신 자가 나는 하나님의 아들이라 하는 것. 일반 사람도

하나님의 아들이라 말하는데 예수님은 하나님께서 보내신 그리스도다. 그렇다면 그리스도를 하나님의 아들이라 말하는 것이 어찌 신성모독이라 할 수 있느냐고 말씀하신다.

그들은 예수님을 죽이기 위해 마치 예수님이 그리스도라고 주장하는 것보다 더 큰 죄(신성모독)를 지은 것처럼 말하고 죽이려 하였지만, 실상은 하나님의 아들이라는 것은 일반 사람에게도 사용하기도 하는 단어이며 그리스도에게 사용하는 것은 더욱더 신성모독이 아니다.

그들이 시대적 한계 속에서 아직은 예수님이 태초부터 계신 '말씀(로고스)'이라는 사실은 모른다 하더라도 이렇게 예수님을 억지로 죄인으로 몰아가서는 안 된다. 그러나 그들은 그렇게 인위적으로 예수님을 죄인으로 몰아갔다. 그들은 할 수 있는 모든 힘을 다하여 예수님을 적대하였다.

37 만일 내가 내 아버지의 일을 행하지 아니하거든 나를 믿지 말려니와
38 내가 행하거든 나를 믿지 아니할지라도 그 일은 믿으라 그러면 너희가 아버지께서 내 안에 계시고 내가 아버지 안에 있음을 깨달아 알리라 하시니

37 Do not believe me, then, if I am not doing the things my Father wants me to do.
38 But if I do them, even though you do not believe me, you should at least believe my deeds, in order that you may know once and for all that the Father is in me and that I am in the Father."

10:38 나를 믿지 아니할지라도 그 일은 믿으라. 예수님이 말씀하시는 것을 잘 이해하지 못하여 믿지 못한다면 예수님이 하시는 일을 보고 예수님이 메시야인 것을 믿을 수 있다.

예수님은 분명히 하나님의 일을 하고 계셨다. 맹인을 치유하는 것은 분명 말씀에서 메시야가 하는 일이라 말하고 있다. 그러나 그럼에도 불구하고 그들은 예수님을 적대하였다. 그들은 사실이 중요한 것이 아니라 예수님을 적대하는 것이 중요하였다.

39 그들이 다시 예수를 잡고자 하였으나 그 손에서 벗어나 나가시니라
40 다시 요단 강 저편 요한이 처음으로 세례 베풀던 곳에 가사 거기 거하시니

39 Once more they tried to seize Jesus, but he slipped out of their hands.
40 Jesus then went back again across the River Jordan to the place where John had been baptizing, and he stayed there.

10:40 요한이 처음으로 세례 베풀던 곳에 가사 거기 거하시니. 요한이 처음 세례 베풀던 곳은 보통 사람들이 생각하는 여리고 가까운 곳이 아니다. 베다니라고 말하는 이곳은 바산 지역으로 여기는 것이 적당한 것으로 보인다.

일반적으로는 여리고 근처의 요단강으로 생각하기 쉬우나 요한복음의 내용은 이러한 쉬운 판단을 거부하게 만든다. 분명히 갈릴리 호수 상부의 요단강을 의미하는 것으로 보인다. 그래야 요한복음 초반부에 뱃세다에서 제자들을 만나는 이야기가 자연스럽게 된다. 그렇다면 예수님은 조금 더 멀리 한적한 곳으로 가신 것으로 보인다.

41 많은 사람이 왔다가 말하되 요한은 아무 표적도 행하지 아니하였으나 요한이 이 사람을 가리켜 말한 것은 다 참이라 하더라
41 Many people came to him. "John performed no miracles," they said, "but everything he said about this man was true."

10:41 요한은 아무 표적도 행하지 아니하였으나 요한이 이 사람을 가리켜 말한 것은 다 참이라. 세례 요한은 아무 표적도 행하지 않았으나 사람들이 가장 신뢰한 사람 중 한 명이었다. 세례 요한이 예수님을 메시야로 증거하였다. 요한은 그 증거로 어떤 많은 표적을 행한 것보다 더 큰 일을 하였다.

42 그리하여 거기서 많은 사람이 예수를 믿으니라
42 And many people there believed in him.

10:42 예수를 믿으니라. 예수님이 그 지역에 가셨을 때 사람들은 세례 요한의 말을 생각했다. 그리고 그의 말이 더욱 확실한 증거가 되어 이제 예수님을 믿을 수 있었다. 그래서 많은 사람이 예수님을 믿었다.

세례 요한은 예수님을 '하나님의 어린 양'으로 고백하였다. 세례 받으러 나오셨을 때, 예수님이 금식과 시험을 마치고 오시는 것을 보았을 때도 이렇게 고백하였다. 다윗의 후손을 말할 때 사람들이 오해하는 것처럼 강한 군사력을 가진 사람이 아니다. 마카비 가문 사람들처럼 이스라엘을 구원할 사람이 아니다.

제사드릴 때 어린 양은 일어나서 사람들을 이기는 것이 아니다. 어린 양은 자신을 희생제물로 바침으로 하나님의 뜻을 이룬다. 예수님은 제사에 드린 모든 어린 양의 원형으로서 모든 이들의 죄를 대속하시는 분이다. 예수님은 죽으심으로 대속하셔야 하는 분이다. 죽으심으로 구원하실 분이다. 그들은 세례 요한의 증언에 따라 '어린 양'으

로 받아들였다. 그래서 믿을 수 있었다. 예수님이 힘 없이 이곳까지 피신해 오셨어도
예수님을 믿었다.

표적과 영광

(11:1-12:50)

요한복음을 크게 두 부분으로 나눈다면 1장-10장과 11장-21장으로 나눈다. 세 부분으로 나누면 1장-10장과 11장-12장 그리고 13장-21장으로 나눈다. 11장-12장은 전반부와 후반부의 중간 역할 또는 후반부를 여는 역할을 한다. 11장은 나사로의 죽음과 일어남에 대한 이야기다. 이것은 전반부의 표적을 결산하는 것이며 후반부의 마지막을 구성하는 예수님의 죽으심과 부활을 미리 보여주는 역할을 한다.

1. 나사로의 소생

(11:1-57)

11장

1 어떤 병자가 있으니 이는 마리아와 그 자매 마르다의 마을 베다니에 사는 나사로라
1 A man named Lazarus, who lived in Bethany, was ill. Bethany was the town where Mary and her sister Martha lived.

11:1 어떤 병자가 있으니. 세상은 병과 죽음이 있다. 그러한 병은 죄로 인하여 생긴 것이다. 죽음은 모든 죄의 결말이다. 그래서 근본적으로 슬프고 비참하다.

2 이 마리아는 향유를 주께 붓고 머리털로 주의 발을 닦던 자요 병든 나사로는 그의 오라버니더라
2 (This Mary was the one who poured the perfume on the Lord's feet and wiped them with her hair; it was her brother Lazarus who was ill.)

11:2 마리아...주의 발을 닦던 자요...나사로는 그의 오라버니더라. '마리아가 예수님의 발에 향유를 부은 것'은 시간적으로 이후의 일이다. 그런데 여기에서 말하는 이유는 소개를 위한 것으로 보인다. 요한복음을 읽는 독자는 마리아가 향유를 부은 여인이라는 것을 잘 모를 수 있기에 소개하는 것 같다. 다른 복음서에는 향유 붓는 여인이 마리아라고 이름이 나오지 않는다.
'오라버니(헬. 아델포스)'는 과한 번역이다. 헬라어는 단순히 남자 형제를 의미하는 말이기 때문에 오빠인지 동생인지는 모른다.

3 이에 그 누이들이 예수께 사람을 보내어 이르되 주여 보시옵소서 사랑하시는 자가 병들었나이다 하니
3 The sisters sent Jesus a message: "Lord, your dear friend is ill."

11:3 누이들이...사람을 보내어...사랑하시는 자가 병들었나이다. 누이들은 나사로의 병

이 고침받기를 원하는 마음으로 예수님께 사람을 보냈다. 이것은 마치 가나 혼인 잔치에서 예수님의 어머니인 마리아가 예수님께 포도주를 요청한 것과 비슷하다. 요한은 요한계시록에서 일곱이라는 숫자를 많이 사용한다. 요한복음에서도 일곱 개의 기적을 말하면서 첫 번째 말한 것이 가나 혼인 잔치다. 그때 예수님은 기쁨이 사그라질 뻔했던 잔치에서 물을 포도주로 만들어 주심으로 기쁨을 채워주셨다.

지금 이곳에서는 한 사람이 죽음에 이를 것이다. 마지막 일곱 번째 기적을 소개한다. 장례식으로 인하여 슬픔이 가득한 곳에서 슬픔을 기쁨으로 바꾸어 주실 것이다. 모두 하나님 나라의 모습이다.

> 4 예수께서 들으시고 이르시되 이 병은 죽을 병이 아니라 하나님의 영광을 위함이요 하나님의 아들이 이로 말미암아 영광을 받게 하려 함이라 하시더라
> 5 예수께서 본래 마르다와 그 동생과 나사로를 사랑하시더니
> 6 나사로가 병들었다 함을 들으시고 그 계시던 곳에 이틀을 더 유하시고
> 4 When Jesus heard it, he said, "The final result of this illness will not be the death of Lazarus; this has happened in order to bring glory to God, and it will be the means by which the Son of God will receive glory."
> 5 Jesus loved Martha and her sister and Lazarus.
> 6 Yet when he received the news that Lazarus was ill, he stayed where he was for two more days.

11:6 병들었다 함을 들으시고...이틀을 더 유하시고. 예수님은 왜 이틀을 지체하셨을까? 다른 사람들이 보기에는 마치 주저하는 것처럼 보였을 것이다. 그러나 예수님은 죽음을 이기는 권세에 대해 가르치려 하신 것 같다.

예수님이 만약 지금 바산 지역에 계셨다면 그곳에서 베다니까지는 이틀 걸리는 거리다. 사실 마리아가 사람을 보내 예수님께 말할 즈음에 나사로가 죽은 것으로 보인다. 그렇다면 바로 가셔도 나사로는 죽어 있었을 것이다. 그러나 죽은 지 나흘이 되는 나사로를 살리시는 것을 통해 확실한 죽음 극복을 가르치기 위해 조금 더 기다리신 것으로 보인다.

> 7 그 후에 제자들에게 이르시되 유대로 다시 가자 하시니
> 7 Then he said to the disciples, "Let us go back to Judea."

11:7 유대로 다시 가자. 예수님의 때가 되매 예수님이 말씀하셨다. 이틀이 지나 제자

들에게 베다니에 가자고 하셨다.

8 제자들이 말하되 랍비여 방금도 유대인들이 돌로 치려 하였는데 또 그리로
가시려 하나이까
8 "Teacher," the disciples answered, "just a short time ago the people there wanted to stone
you; and are you planning to go back?"

11:8 유대인들이 돌로 치려 하였는데 또 그리로 가시려 하나이까. 제자들은 베다니가 예
루살렘과 가깝고, 유대인들이 죽이고자 하는 감정이 강하기 때문에 너무 위험하다고
만류하였다.

9 예수께서 대답하시되 낮이 열두 시간이 아니냐 사람이 낮에 다니면 이 세상
의 빛을 보므로 실족하지 아니하고
9 Jesus said, "A day has twelve hours, hasn't it? So whoever walks in broad daylight does
not stumble, for they see the light of this world.

11:9 낮이 열두 시간이 아니냐. 이 당시 시간을 낮과 밤으로 나누어 12시간으로 계산
하였다. 이것은 빛이 있는 낮을 말하는 것이다.
사람이 낮에 다니면 이 세상의 빛을 보므로 실족하지 아니하고. 이중적인 말씀이다. 사
람들은 이동할 때 주로 빛이 있는 낮 시간에 움직였다. 그래야 넘어지지 않기 때문이
다. 예수님은 계속 빛에 대해 말씀하셨다. 영생을 말씀하시기 위함이다. 여기에서는
빛으로 진리와 하나님의 뜻을 상징하는 것 같다. 하나님의 뜻을 따라 움직이면 실족
하지 않는다는 것이다. 예수님이 지금 하나님의 뜻에 따라 베다니에 가는 것이기 때
문에 그것으로 잘못되는 일은 없다는 말씀이다.

10 밤에 다니면 빛이 그 사람 안에 없는 고로 실족하느니라
10 But if they walk during the night they stumble, because they have no light."

11:10 밤에 다니면...실족하느니라. 오히려 가지 않는 것이 더 위험하다. 하나님의 뜻을
어기는 것이기 때문이다. 인생은 오직 하나님의 뜻을 따라 사는 것이 빛이 있는 낮에
길을 가는 것과 같고, 하나님의 뜻을 어기면 한낮이라 하여도 빛이 없는 밤 길과 같다.

11 이 말씀을 하신 후에 또 이르시되 우리 친구 나사로가 잠들었도다 그러나 내가 깨우러 가노라

11 Jesus said this and then added, "Our friend Lazarus has fallen asleep, but I will go and wake him up."

11:11 내가 깨우러 가노라. 이 당시 잠과 죽음은 헬라 신화에서 쌍둥이 형제라고 말할 정도로 상징적으로 같이 사용할 때가 많았다. 예수님은 나사로를 살리려 가시고자 하셨다. 그것은 사람들에게 죽음을 이기는 것을 가르치시기 위함일 것이다.

사람들은 결국 죽음 때문에 거짓의 삶을 살 때가 많다. 먹고 사는 것도 결국 죽음을 피하는 것이다. 죽음 앞에 서면 사람들은 거짓을 행할 때가 많다. 죽음은 태생적으로 죄로 인하여 생긴 것이기 때문에 사람들은 죽음 때문에 두려워하고 거짓을 행할 때가 많다. 죽음은 사람들을 협박한다. 죄의 종으로 살게 한다. 그래서 예수님은 나사로의 죽음을 통해 나사로를 살리는 것이 아니라 죽음을 이기는 것을 말씀하시고자 하셨다. 그래서 4절에서 '이 병은 죽을 병이 아니라 하나님의 영광을 위함이요'라고 말씀하신 것이다.

12 제자들이 이르되 주여 잠들었으면 낫겠나이다 하더라
13 예수는 그의 죽음을 가리켜 말씀하신 것이나 그들은 잠들어 쉬는 것을 가리켜 말씀하심인 줄 생각하는지라
14 이에 예수께서 밝히 이르시되 나사로가 죽었느니라
15 내가 거기 있지 아니한 것을 너희를 위하여 기뻐하노니 이는 너희로 믿게 하려 함이라 그러나 그에게로 가자 하시니

12 The disciples answered, "If he is asleep, Lord, he will get well."
13 Jesus meant that Lazarus had died, but they thought he meant natural sleep.
14 So Jesus told them plainly, "Lazarus is dead,
15 but for your sake I am glad that I was not with him, so that you will believe. Let us go to him."

11:15 이는 너희로 믿게 하려 함이라. 죽음을 이기는 믿음을 알게 하시기 위함이다. 이 일은 결국 예수님의 죽음을 앞당기는 역할을 하지만 제자들에게는 죽음을 극복하는 것을 분명하게 생각나게 하는 사건이 될 것이다. 예수님의 부활만이 아니라 나사로의 소생을 통해 모든 사람이 죽음을 극복하는 것을 가르치시기 위함인 것이다.

16 디두모라고도 하는 도마가 다른 제자들에게 말하되 우리도 주와 함께 죽으

러 가자 하니라

17 예수께서 와서 보시니 나사로가 무덤에 있은 지 이미 나흘이라

16 Thomas (called the Twin) said to his fellow-disciples, "Let us all go with the Teacher, so that we may die with him!"
17 When Jesus arrived, he found that Lazarus had been buried four days before.

11:17 나사로가 무덤에 있은 지 이미 나흘이라. '나흘'은 장례가 절정에 이른 시점이다. 이 당시 사람이 죽으면 바로 무덤에 시신을 안치(보통 바위로 된 가족 무덤이며, 입구에 거실 같은 공간이 있어 1년 동안 임시로 시신을 눕혀 놓는 큰 돌이 있음)하고 집에 돌아와 6일을 더 보내며 문상객들을 맞이했다.

18 베다니는 예루살렘에서 가깝기가 한 오 리쯤 되매
19 많은 유대인이 마르다와 마리아에게 그 오라비의 일로 위문하러 왔더니

18 Bethany was less than three kilometres from Jerusalem,
19 and many Judeans had come to see Martha and Mary to comfort them over their brother's death.

11:19 많은 유대인이...위문하러 왔더니. 모든 문화에서 죽음은 사람에게 매우 큰 아픔이고 큰 일이다. 사랑하는 사람을 더 이상 보지 못하게 된다는 것은 서로 위로가 필요하다. 그래서 장례는 큰 행사다.

20 마르다는 예수께서 오신다는 말을 듣고 곧 나가 맞이하되 마리아는 집에 앉았더라

20 When Martha heard that Jesus was coming, she went out to meet him, but Mary stayed in the house.

11:20 마르다는...나가 맞이하되. 마르다는 예수님이 오신다는 말을 듣고 맞이하러 나갔다. '맞이하러 나가는 것'은 공경을 의미한다. 상중인데 맞이하러 나가는 것은 더욱더 그러하다. 한편 마리아는 예수님이 오신다는 소식을 아직 못 들은 것 같다.

21 마르다가 예수께 여짜오되 주께서 여기 계셨더라면 내 오라버니가 죽지 아니하였겠나이다

21 Martha said to Jesus, "If you had been here, Lord, my brother would not have died!

11:21 주께서 여기 계셨더라면 내 오라버니가 죽지 아니하였겠나이다. 마르다는 예수님이 계셨으면 고쳐 주심으로 죽지 않았을 것이라고 말한다. 이것은 원망보다는 아쉬움의 표현이다. 이것은 예수님에 대한 대단한 신뢰다. 죽을 병에 걸려도 예수님이라면 치료해 주실 것이라고 믿은 것이다.

예수님을 향한 마르다의 공경과 고백이 귀하다. 그러나 그녀는 그 이상을 알아야 한다.

22 그러나 나는 이제라도 주께서 무엇이든지 하나님께 구하시는 것을 하나님이 주실 줄을 아나이다
22 But I know that even now God will give you whatever you ask him for."

11:22 이 구절은 마치 마르다가 나사로의 소생을 구하는 것처럼 보인다. 그러나 문맥을 보면 그것이 아닌 것 같다. '무엇이든지'는 복수형이다. 그래서 이것은 예수님이 무엇이든지 하나님께 구하면 주신다는 것에 대한 일반적 진술인 것 같다.

23 예수께서 이르시되 네 오라비가 다시 살아나리라
23 "Your brother will rise to life," Jesus told her.

11:23 다시 살아나리라. 죽은 지 나흘이나 된 나사로가 다시 살아나게 된다는 말씀은 너무 파격적이다. 그래서 사람들이 예수님의 의도를 알아차리지 못하였다.

24 마르다가 이르되 마지막 날 부활 때에는 다시 살아날 줄을 내가 아나이다
24 "I know," she replied, "that he will rise to life on the last day."

11:24 부활 때에는 다시 살아날 줄을 내가 아나이다. 마르다는 예수님의 말씀을 소생으로 듣지 않고 이후의 '부활'을 의미하는 것으로 생각하였다. '죽은 자가 다시 살아나게 되리라'고는 전혀 생각도 하지 못하고 있었던 것이다.

25 예수께서 이르시되 나는 부활이요 생명이니 나를 믿는 자는 죽어도 살겠고
25 Jesus said to her, "I am the resurrection and the life. Those who believe in me will live, even though they die;

11:25 나는 부활이요 생명이니. 사람들이 죽음을 보고 있을 때 예수님은 생명을 보고

계셨다. 생명에 대해 말씀하셨다.

예수님이 사람을 부활하게 하신다는 것은 생명과 죽음에 대한 권세를 가지셨음을 의미한다. 부활만이 아니라 죽은 자를 살리실 수도 있으시다. 예수님은 부활에 대한 상징으로서 나사로를 살리실 것이다. 나사로를 살리시는 것이 부활은 아니다. 그러나 죽음을 이기고 생명을 주시는 주님의 권세와 부활에 대한 확실한 교육은 될 것이다.

26 무릇 살아서 나를 믿는 자는 영원히 죽지 아니하리니 이것을 네가 믿느냐
27 이르되 주여 그러하외다 주는 그리스도시요 세상에 오시는 하나님의 아들이신 줄 내가 믿나이다
26 and all those who live and believe in me will never die. Do you believe this?"
27 "Yes, Lord!" she answered. "I do believe that you are the Messiah, the Son of God, who was to come into the world."

11:27 주는 그리스도시요 세상에 오시는 하나님의 아들이신 줄 내가 믿나이다. 마르다는 예수님이 그리스도인 것을 확실히 믿었다. 그것에 대한 고백이다. 그러나 여전히 예수님이 나사로를 살리실 것이라는 것은 생각도 못하고 있는 것 같다. 나사로는 이미 죽었기 때문이다. 예수님은 생명을 말씀하시나 믿음이 있는 마르다조차도 여전히 죽음을 생각하고 있었다.

28 이 말을 하고 돌아가서 가만히 그 자매 마리아를 불러 말하되 선생님이 오셔서 너를 부르신다 하니
29 마리아가 이 말을 듣고 급히 일어나 예수께 나아가매
30 예수는 아직 마을로 들어오지 아니하시고 마르다가 맞이했던 곳에 그대로 계시더라
31 마리아와 함께 집에 있어 위로하던 유대인들은 그가 급히 일어나 나가는 것을 보고 곡하러 무덤에 가는 줄로 생각하고 따라가더니
32 마리아가 예수 계신 곳에 가서 뵈옵고 그 발 앞에 엎드리어 이르되 주께서 여기 계셨더라면 내 오라버니가 죽지 아니하였겠나이다 하더라
28 After Martha said this, she went back and called her sister Mary privately. "The Teacher is here," she told her, "and is asking for you."
29 When Mary heard this, she got up and hurried out to meet him.
30 (Jesus had not yet arrived in the village, but was still in the place where Martha had met him.)
31 The people who were in the house with Mary, comforting her, followed her when they saw her get up and hurry out. They thought that she was going to the grave to weep there.
32 Mary arrived where Jesus was, and as soon as she saw him, she fell at his feet. "Lord,"

she said, "if you had been here, my brother would not have died!"

11:32 그 발 앞에 엎드리어 이르되 주께서 여기 계셨더라면 내 오라버니가 죽지 아니하였겠나이다. 마리아 역시 마르다처럼 예수님을 신뢰하였다. 그래서 아쉬움을 토로하였다. 울면서 말하였을 것이다.

33 예수께서 그가 우는 것과 또 함께 온 유대인들이 우는 것을 보시고 심령에 비통히 여기시고 불쌍히 여기사
33 Jesus saw her weeping, and he saw how the people who were with her were weeping also; his heart was touched, and he was deeply moved.

11:33 그가 우는 것과 또 함께 온 유대인들이 우는 것을 보시고 심령에 비통히 여기시고. 마리아와 그와 함께 한 사람들이 우는 것을 보시고 비통해 하셨다.
'비통히 여기시고(헬. 엠브리마오마이)'는 엄하게 하는 '경고' '책망' 분노'의 의미를 담고 있다. 깊은 숨을 쉬며, 씩씩거리는 것을 표현한다. 그렇다면 예수님은 무엇에 이렇게 분노에 가까운 감정을 가지셨을까?
구체적으로는 2가지 가능성이 있다. 믿음 없이 울고 있는 모습(우는 모습이 아니라 믿음 없는 모습), 사람을 죽음에 이르게 하고 울게 만드는 죄에 대한 분노를 생각해 볼 수 있다. 근본적으로는 죄에 대한 것이다. 죄는 사람을 절망하게 만들고 소망 없이 울게 만들었다. 그렇게 비참한 모습은 사실 죄의 종노릇이다. 그러한 죄와 죄의 영향에 대한 분노로 보인다.

34 이르시되 그를 어디 두었느냐 이르되 주여 와서 보옵소서 하니
35 예수께서 눈물을 흘리시더라
34 "Where have you buried him?" he asked them. "Come and see, Lord," they answered.
35 Jesus wept.

11:35 '눈물을 흘리시더라(헬. 다크뤼오)'는 이 단어는 흔한 단어가 아니다. 보통 눈물이 소리가 동반되지 않고 흘러내리는 것을 묘사한다. 이 단어는 신약에서 여기 한 번 사용하고 있다. '우는 것'을 표현하는 일반적인 헬라어 단어는 '클라이오'다. 성경에 예수님의 눈물이 2번 나오는데 예루살렘을 보시며 이후에 멸망할 것을 말씀하시며 우시는 모습(눅 19:41)은 일반적으로 사용하는 클라이오다. 여기에서만 다크뤼오라는 단어를 사용하였다. 이것은 나사로의 죽음에 대한 예수님의 눈물이 다른 사람들의

눈물과 다르다는 것을 말하기 위함으로 보인다.

사람들이 슬퍼서 통곡하는 울음이라면 예수님은 그 사람들에 대한 동정심의 눈물이다. 사람들이 절망 가운데 통곡하는 것이라면 예수님은 곧 나사로를 살리실 것이기 때문에 절망이 담겨 있을 리가 없다. 예수님은 사람들이 죽음의 권세 아래에서 고통당하고 있는 모습을 긍휼히 여기신 것 같다. 그래서 그들의 아픈 모습에 함께 눈물 흘리시는 것이다.

하나님의 주권을 말할 때 사람들은 하나님께서 사람을 기계처럼 다루신다고 생각하는 경향이 있다. 아니면 하나님께서 짜고 치는 고스톱처럼 통치하시는 것으로 착각하는 경우도 많다. 그러나 그렇지 않다. 하나님은 믿음의 승리를 아시지만 죄의 영향 아래에서 고통 당하는 사람들을 긍휼히 여기시며 눈물을 흘리신다. 사랑하는 사람이 아파하니 함께 아파하시는 것이다.

나사로의 죽음에 우는 사람들의 눈물과 예수님의 눈물은 완전히 다르다. 그들은 죽음 아래에서 절망하며 우는 것이다. 예수님은 생명 안에서 죽음 아래의 사람들을 긍휼히 여기며 흘리시는 눈물이다.

신앙인도 이 세상을 살면서 많은 눈물을 흘린다. 그러나 신앙인은 더 이상 죽음 아래에서 흘리는 눈물이 아니다. 예수님처럼 생명 안에서 흘리는 눈물이다. 은혜에 감격하여 흘리는 눈물이고, 여전히 죽음 아래에 있는 사람들의 아픔을 보며 긍휼히 여기는 마음으로 흘리는 눈물이다.

> **36** 이에 유대인들이 말하되 보라 그를 얼마나 사랑하셨는가 하며
> **37** 그 중 어떤 이는 말하되 맹인의 눈을 뜨게 한 이 사람이 그 사람은 죽지 않게 할 수 없었더냐 하더라
>
> **36** "See how much he loved him!" the people said.
> **37** But some of them said, "He gave sight to the blind man, didn't he? Could he not have kept Lazarus from dying?"

11:37 맹인의 눈을 뜨게 한 이 사람이 그 사람은 죽지 않게 할 수 없었더냐. 맹인의 눈을 뜨게 하였다는 것은 매우 놀라운 일이다. 오직 메시야만이 할 수 있는 일이었다.

예수님이 맹인의 눈을 뜨게 하였다는 사실을 알고 있다면 예수님을 메시야로 인정하고 존경해야 한다. 그러나 그들은 그럴 마음이 없어 보인다. 그들은 약간의 조롱을 하고 있는 것으로 보인다. 그러면서 그들의 전제는 예수님이 '죽지 않을 수 있게 하는 것'은 가능성이 있는 것으로 생각하지만 '죽은 자가 소생하는 것'에 대해서는 전혀 생

각하지 않고 있었다. 그래서 조롱하였다.

> **38** 이에 예수께서 다시 속으로 비통히 여기시며 무덤에 가시니 무덤이 굴이라 돌로 막았거늘
>
> **38** Deeply moved once more, Jesus went to the tomb, which was a cave with a stone placed at the entrance.

11:38 다시 속으로 비통히 여기시며. 사람들의 믿음 없음에 대해 '분노'하고 계시다고 볼 수 있다. 사람들은 멋대로 말하였다. 생명을 살리시는 주님을 공경하기 보다는 조롱하고 있다. 그들의 말은 죄에서 나오는 말이다. 예수님은 그들의 그러한 죄에 대해 분노하셨다.

무덤이 굴이라 돌로 막았거늘. 요한복음의 후반부를 시작하며 나오는 나사로의 죽음과 소생은 후반부 마지막에 나오는 예수님의 죽으심과 부활과 비교된다. 요한은 그렇게 비교하며 쓰고 있다. 무덤을 돌로 막은 것이 같았다. 이 당시 가난한 사람은 가족 무덤이 없어 땅을 파 묻었다. 그런데 나사로는 부요하여 가족 무덤으로 천연 굴을 사용하였다. 그래서 그 무덤은 입구가 있었고 돌로 막았다. 땅에 묻었다면 소생할 수 있는 기회도 없었을 것이다. 동굴에 안치하였기 때문에 소생할 수 있는 기회가 있었다. 예수님도 이후에 부자의 무덤에 안치되어 입구를 돌로 막았다.

> **39** 예수께서 이르시되 돌을 옮겨 놓으라 하시니 그 죽은 자의 누이 마르다가 이르되 주여 죽은 지가 나흘이 되었으매 벌써 냄새가 나나이다
>
> **39** "Take the stone away!" Jesus ordered. Martha, the dead man's sister, answered, "There will be a bad smell, Lord. He has been buried four days!"

11:39 돌을 옮겨 놓으라. 나사로가 나올 수 있도록 무덤의 입구를 열라는 말씀이다. 예수님이 부활하실 때도 처음 그곳에 간 여인들은 돌을 옮겨야 하는 것을 걱정하게 된다. 그러나 예수님은 부활하실 때 지진으로 돌이 옮겨졌다. 그리고 사실 부활하신 것이기 때문에 돌이 옮겨질 필요가 없으나 이후에 사람들이 와서 확인할 수 있도록 친절히 돌을 옮겨 놓으신 것이다.

죽은 지가 나흘이 되었으매 벌써 냄새가 나나이다. 이스라엘은 향료를 사용하였지만 방부제를 사용하지 않았다. 오히려 잘 썩어야 1년 후에 다시 뼈를 추스려 작은 관에 다시 넣어 안쪽으로 이장할 수 있기 때문이다. 그래서 나흘이면 벌써 썩은 냄새가 날 것

이라고 염려하고 있는 것이다.

40 예수께서 이르시되 내 말이 네가 믿으면 하나님의 영광을 보리라 하지 아니
하였느냐 하시니
40 Jesus said to her, "Didn't I tell you that you would see God's glory if you believed?"

11:40 네가 믿으면 하나님의 영광을 보리라 하지 아니하였느냐. 기록되지는 않았지만 앞에서 이렇게 말씀하신 것으로 보인다. 그래서 다시 반복하여 말씀하고 있는 것이다. 믿음이 없으면 어떤 일도 일어나지 않는다. 그러나 믿음 즉 하나님의 뜻을 찾아 그것에 순종하면 하나님의 임재를 더 충만하게 알게 된다. 하나님의 놀라운 역사를 경험한다. 그러기에 신앙인은 하나님이 안 계신 것처럼 살 것이 아니라 하나님의 존재와 동행을 생각하면서 하나님의 뜻을 따라 살아야 한다. 그러면 하나님의 임재를 더욱 더 경험하게 될 것이다. 하나님의 영광을 보게 될 것이다.

41 돌을 옮겨 놓으니 예수께서 눈을 들어 우러러 보시고 이르시되 아버지여 내
말을 들으신 것을 감사하나이다
41 They took the stone away. Jesus looked up and said, "I thank you, Father, that you listen
to me.

11:41 아버지여 내 말을 들으신 것을 감사하나이다. 예수님은 기적을 행하실 때 보통 단순히 명령하시거나 선포하셨다. 그런데 이번에는 먼저 기도하셨다.

42 항상 내 말을 들으시는 줄을 내가 알았나이다 그러나 이 말씀 하옵는 것은
둘러선 무리를 위함이니 곧 아버지께서 나를 보내신 것을 그들로 믿게 하려 함
이니이다
42 I know that you always listen to me, but I say this for the sake of the people here, so that
they will believe that you sent me."

11:42 둘러선 무리를 위함이니. 예수님은 주변에 있는 사람들을 위해 특별히 기도하셨다. 지금 일어나는 일이 하나님 아버지의 뜻 안에서 일어나고 있다는 것을 그들이 알아야 했기 때문이다.

43 이 말씀을 하시고 큰 소리로 나사로야 나오라 부르시니

43 After he had said this, he called out in a loud voice, "Lazarus, come out!"

11:43 나사로야 나오라. 죽은 자에게 나오라 하셨다. 이것은 예수님이 죽음과 생명에 대해 권세를 가지셨기 때문에 가능하다.

44 죽은 자가 수족을 베로 동인 채로 나오는데 그 얼굴은 수건에 싸였더라 예수께서 이르시되 풀어 놓아 다니게 하라 하시니라

44 He came out, his hands and feet wrapped in grave clothes, and with a cloth round his face. "Untie him," Jesus told them, "and let him go."

11:44 죽은 자가 수족을 베로 동인 채로 나오는데 그 얼굴은 수건에 싸였더라. 이스라엘은 사람이 죽으면 바로 무덤에 안치하였다. 이때 우리나라의 염과 비슷한 것을 했다. 얼굴이 너무 빨리 일그러지는 것을 방지하기 위해 1m길이의 천으로 먼저 얼굴 부분을 감쌌다. 그리고 손과 발도 마찬가지다. 붕대 같은 것으로 감쌌다. 우리의 수의와 비슷하다. 우리의 수의는 옷을 입히고 움직이지 않게 끈으로 단단히 묶는다.

손과 발이 각각의 손과 발을 묶기보다는 함께 묶였을 것이다. 그래서 학자들은 이 부분에서 다양한 의견을 내 놓는다. 죽은 자가 살아나고 있는데 발이 함께 묶였다고 무덤에서 나오지 못하지는 않을 것이다. 그 방식이 강시처럼 통통 뛰어서 나오든지 아니면 묶은 것이 헐거워져 조금씩 움직이면서 나왔는지 아니면 신기한 방식으로 스르르 미끄러지듯이 움직였는지 성경이 말하지 않으니 추측만 할 뿐이다.

예수님은 수족이 동인채로 나오지 않으셨다. 예수님은 부활하신 것이기 때문에 안치해 놓은 그 돌 위에 수의(세마포)가 개켜 있었다고 말한다. 마치 그 속에 있는 물체가 연기처럼 사라지고 푹 꺼져 있는 모습이다. 그러나 나사로는 소생이기 때문에 수의에 의해 수족을 동인 채로 나왔던 것이다.

예수께서 이르시되 풀어 놓아 다니게 하라. 예수님은 나사로를 묶고 있는 세마포를 벗겨주라고 말씀하셨다. 나사로는 이제 완전히 자유하게 되었다.

45 마리아에게 와서 예수께서 하신 일을 본 많은 유대인이 그를 믿었으나

45 Many of the people who had come to visit Mary saw what Jesus did, and they believed in him.

11:45 많은 유대인이 그를 믿었으나. 죽은 자가 살아난 사건을 본 사람들은 매우 놀랐

을 것이다. 그래서 예수님이 그리스도라는 것을 믿었다. 이 믿음이 진짜인지 아직은 진짜에 이르지 못하였는지는 다양할 것이다. 그러나 최소한 그 사건을 경험하였으니 예수님을 믿는 것보다 믿지 않는 것이 더 어려웠을 것이다.

> **46** 그 중에 어떤 자는 바리새인들에게 가서 예수께서 하신 일을 알리니라
> **47** 이에 대제사장들과 바리새인들이 공회를 모으고 이르되 이 사람이 많은 표적을 행하니 우리가 어떻게 하겠느냐
> **46** But some of them returned to the Pharisees and told them what Jesus had done.
> **47** So the Pharisees and the chief priests met with the Council and said, "What shall we do? Look at all the miracles this man is performing!

11:47 공회를 모으고. 예수님이 죽은 나사로를 살린 이야기는 가까운 예루살렘에 전해졌고 매우 큰 이야기 거리가 되었을 것이다. 그래서 공식적으로 산헤드린이 모였다. **표적을 행하니 우리가 어떻게 하겠느냐.** '표적을 행하는 것이 왜 문제가 될까? 이전에 그들은 예수님을 만나면 표적을 요구하였다. 그러나 맹인이 눈을 뜨고 죽은 자가 살아나는 것보다 더 큰 표적은 없을 것이다. 표적은 예수님이 그리스도라는 것을 더욱 확실히 증거하였다. 그런데 지금은 그래서 더욱 문제가 되었다. 표적이 없으면 가짜라고 주장하면 되지만 표적을 행하고 많은 사람들이 그것을 보았으니 그들에게는 더욱 문제가 된 것이다.

> **48** 만일 그를 이대로 두면 모든 사람이 그를 믿을 것이요 그리고 로마인들이 와서 우리 땅과 민족을 빼앗아 가리라 하니
> **48** If we let him go on in this way, everyone will believe in him, and the Roman authorities will take action and destroy our Temple and our nation!"

11:48 만일 그를 이대로 두면 모든 사람이 그를 믿을 것이요. 산헤드린 사람들이 걱정해야 할 것은 무엇일까? 예수님이 그리스도인가 아닌가를 확실히 분별하고 그리스도시라면 그리스도께 복종하는 것이 가장 중요한 문제다. 그러나 그들은 그것을 생각하지 않고 있다. 오히려 사람들이 예수님을 그리스도로 믿게 되는 것을 걱정하였다. **로마인들이 와서 우리 땅과 민족을 빼앗아 가리라.** 사람들이 새로운 지도자 그리스도가 왔으니 그를 중심으로 봉기가 일어날 것이요, 로마군이 그것을 제압하여 이스라엘이 지금보다 더 많이 무너질 것이라고 생각하였다. 그러나 이러한 그들의 생각은 참으로 허점이 많다.

예수님이 그리스도 인지 아닌지가 중요하다. 만약 그리스도라면 어떤 위험이 있어도 그리스도께 복종하고 그 분의 뜻에 따라 일어나는 것이 성경 전체의 핵심이다. 그들이 지금까지 가르친 것이다. 그런데 지금 그것을 염려하는 것이 아니라 오히려 그렇게 그리스도로 인하여 문제가 생기는 것을 걱정하고 있다.

왜 이렇게 걱정할까? 나라가 무너지는 것이 아니다. 그리스도라면 결코 무너지지 않을 것이다. 그들은 그리스도의 능력에 대해 전혀 신뢰하지 않았다. 그들이 진정 걱정하는 것은 그들이 산헤드린 회원으로 가지고 있는 작은 권력과 명예를 잃는 것이었다.

49 그 중의 한 사람 그 해의 대제사장인 가야바가 그들에게 말하되 너희가 아무 것도 알지 못하는도다
49 One of them, named Caiaphas, who was High Priest that year, said, "What fools you are!

11:49 너희가 아무 것도 알지 못하는도다. 이것은 48절에 대한 부정적인 의견처럼 보인다. 그러나 48절에 대한 부정적인 의견이 아니라 공회(산헤드린)에서 나온 다른 의견들 때문에 하는 말일 것이다. 예수님이 죄인이 아닌데 표적 때문에 죽이는 것은 잘못이라는 의견들이 나왔을 것이다. 그것에 대한 반론이다.

50 한 사람이 백성을 위하여 죽어서 온 민족이 망하지 않게 되는 것이 너희에게 유익한 줄을 생각하지 아니하는도다 하였으니
50 Don't you realize that it is better for you to let one man die for the people, instead of having the whole nation destroyed?"

11:50 한 사람이 백성을 위하여 죽어서 온 민족이 망하지 않게 되는 것이 너희에게 유익. 예수라는 사람이 혹 죄가 없다 하여도 나라의 안녕을 위해 그를 죽이는 것이 필요하다면 죽여야 한다는 주장이다.

이것은 매우 이기주의적인 주장이다. 그것은 신앙(그리스도)을 버리고 나라를 위하는 것이라고 주장하는 것이다. 사실은 자신의 안위와 이익을 위하여 죄 없는 한 사람쯤 죽이는 것은 당연한 일이라고 주장하는 것이다.

51 이 말은 스스로 함이 아니요 그 해의 대제사장이므로 예수께서 그 민족을 위하시고
51 Actually, he did not say this of his own accord; rather, as he was High Priest that year, he

was prophesying that Jesus was going to die for the Jewish people,

11:51 이 말은 스스로 함이 아니요. 대제사장의 주장은 예수님에 대한 배척이고, 믿음에 대한 배척이다. 그러나 그의 말은 뒤돌아 보면 이중적이며 예언적인 말이 된다는 의미다. 결국 예수님은 진정 이스라엘과 모든 사람을 위하여 자신을 내어준 분이시기 때문이다. 예수님이 죽으심으로 세상을 살리시는 분이기 때문이다.

> **52** 또 그 민족만 위할 뿐 아니라 흩어진 하나님의 자녀를 모아 하나가 되게 하기 위하여 죽으실 것을 미리 말함이러라
> **53** 이 날부터는 그들이 예수를 죽이려고 모의하니라
> **52** and not only for them, but also to bring together into one body all the scattered people of God.
> **53** From that day on the Jewish authorities made plans to kill Jesus.

11:53 이 날부터는...죽이려고 모의하니라. 나사로를 살리신 일이 결국 산헤드린이 예수님을 죽이려고 적극적으로 나서는 계기가 되었다. 나사로가 죽은 사건은 세상이 죽음으로 가득한 것을 나타낸다. 나사로를 살리신 것 때문에 예수님을 죽이려고 하는 것을 보면 세상은 더욱더 죽이려고 하는 것이 가득한 것을 보여준다.

그러나 예수님이 나사로를 살리신 일은 예수님이 사람을 살리는 분임을 나타낸다. 그리고 산헤드린 사람들이 예수님을 죽이려 하여도 여전히 예수님은 사람들을 살리고자 하신다.

> **54** 그러므로 예수께서 다시 유대인 가운데 드러나게 다니지 아니하시고 거기를 떠나 빈 들 가까운 곳인 에브라임이라는 동네에 가서 제자들과 함께 거기 머무르시니라
> **54** So Jesus did not travel openly in Judea, but left and went to a place near the desert, to a town named Ephraim, where he stayed with the disciples.

11:54 거기를 떠나 빈 들 가까운 곳인 에브라임...머무르시니라. 유대 지역을 떠나 사마리아 지역으로 가 머무셨다. 유대인들에게 맞서려 하신다면 죽은 나사로를 살린 지금이 적기다. 예수님을 따를 사람도 많다. 그러나 예수님은 산헤드린 사람들을 피하셨다.

> **55** 유대인의 유월절이 가까우매 많은 사람이 자기를 성결하게 하기 위하여 유

월절 전에 시골에서 예루살렘으로 올라갔더니

56 그들이 예수를 찾으며 성전에 서서 서로 말하되 너희 생각에는 어떠하냐 그가 명절에 오지 아니하겠느냐 하니

57 이는 대제사장들과 바리새인들이 누구든지 예수 있는 곳을 알거든 신고하여 잡게 하라 명령하였음이러라

55 The time for the Passover Festival was near, and many people went up from the country to Jerusalem to perform the ritual of purification before the festival.
56 They were looking for Jesus, and as they gathered in the Temple, they asked one another, "What do you think? Surely he will not come to the festival, will he?"
57 The chief priests and the Pharisees had given orders that if anyone knew where Jesus was, he must report it, so that they could arrest him.

11:56 그들이 예수를 찾으며 성전에 서서 서로 말하되. 사람들은 예수님에 대한 소문을 많이 들었다. 그래서 유월절이라는 이 절기에 그동안 나타나지 않은 예수를 볼 수 있게 될 것을 기대하였다. 그러나 한 편으로는 산헤드린 사람들이 예수를 잡으려고 보는 즉시 이미 신고를 명령하였기 때문에 안 올 수 있다고 생각하였다. 의견이 분분하였을 것이다.

사람들은 예수님이 자신의 안위를 생각해서 안 오실 줄도 모른다고 생각하였다. 그러나 예수님은 자신의 안위를 위해 이 세상에 오신 분이 아니셨다. 세상에 생명을 주시기 위해 오신 분이다. 유월절 어린 양의 주인공으로 오셨다. 이 유월절은 예수님이 자신을 희생양으로 드리는 가장 위대한 유월절이 될 것이다. 모든 이들에게 마지막 유월절이 될 것이다.

2. 마리아의 향유

(12:1-50)

12장

1 유월절 엿새 전에 예수께서 베다니에 이르시니 이 곳은 예수께서 죽은 자 가운데서 살리신 나사로가 있는 곳이라
1 Six days before the Passover, Jesus went to Bethany, the home of Lazarus, the man he had raised from death.

12:1 유월절 엿새 전. 12장은 예수님의 십자가 6일 전의 이야기다. 사람들은 예수님이 유월절에 예루살렘에 오실 것인지 논란이 많았는데 예수님은 예루살렘 가까이 베다니에 오셨다.

2 거기서 예수를 위하여 잔치할새 마르다는 일을 하고 나사로는 예수와 함께 앉은 자 중에 있더라
2 They prepared a dinner for him there, which Martha helped to serve; Lazarus was one of those who were sitting at the table with Jesus.

12:2 거기서 예수를 위하여 잔치할새. '거기'는 요한복음만 보면 나사로의 집으로 볼 수 있는데 다른 복음서를 보면 나병 환자였던 시몬의 집이라는 것을 알 수 있다. 향유를 예수님께 부은 여인 이야기는 4복음서에 다 나오는데 누가복음의 이야기는 사역 초반부에 있었기에 다른 여인이 한 것으로 보인다.

마태,마가,요한이 전하는 향유를 부은 사건은 같은 사건을 말하고 있는 것이기 때문에 요한복음에 나오는 '거기'는 나병 환자였던 시몬의 집이 분명하다. 그런데 왜 여기에 나사로와 마르다 마리아가 자신의 집처럼 행동하고 있는가를 생각해 볼 수 있다. 가까운 인척이었을 수 있다. 아니면 나병 환자였던 시몬은 어쩌면 나사로와 마르다와 마리아의 죽은 아버지였을 수도 있다.

3 마리아는 지극히 비싼 향유 곧 순전한 나드 한 근을 가져다가 예수의 발에 붓

고 자기 머리털로 그의 발을 닦으니 향유 냄새가 집에 가득하더라

3 Then Mary took half a litre of a very expensive perfume made of pure nard, poured it on Jesus' feet, and wiped them with her hair. The sweet smell of the perfume filled the whole house.

12:3 지극히 비싼 향유 곧 순전한 나드 한 근을 가져다가. 얼마나 비싸길래 지극히 비싸다고 말할까? 1데나리온이 한 사람의 일당이기 때문에 이 향유는 한 사람의 연봉에 해당하는 금액이다. 그렇다면 오늘날 물가로 적게 잡아도 3천만원이다.

모든 향유가 그런 것이 아니라 '나드 향유'라서 비쌌다. '나드'는 네팔 고산지역의 나드나무 뿌리에서 나온 기름이다. 먼 지역에서 온 것이고 귀한 것이기에 그렇게 비쌌던 것 같다. '한 근(헬. 리트라)'은 325g을 말한다. 적은 양이다.

예수의 발에 붓고 자기 머리털로 그의 발을 닦으니. 발을 닦는 것은 손님에 대한 예다. 물이나 기름으로 닦았다. 그런데 이런 일은 종들 가운데 천한 종이 하는 일이다. 세례 요한이 자신을 예수님의 신발 끈도 멜 수 없는 존재로 여긴 것은 자신을 천한 종보다 못한 것으로 여긴 것이다. 발을 닦는 것도 그렇다. 발을 닦는 여자 종이 때때로 물이나 기름을 머리로 닦아냈다. 그런데 일반인 여자에게 머리는 '영광'을 의미한다. 자신의 가장 영광스러운 것으로 손님의 가장 지저분한 발을 닦는 것은 엄청난 헌신과 존경을 의미한다. 게다가 사용된 기름이 3천만원의 가치를 가진 것이다. 이것은 아주 놀라운 일이다.

이 본문에서 강조하고 있는 향유가 비싼 '나드 향유'라는 사실과 여인이 '머리털'로 발을 닦아냈다는 말 중에서 무엇이 더 충격적인 일이었을까? 이 여인의 일을 기억할 때 '향유를 주께 붓고 머리털로 주의 발을 닦던 자요'(11:2)라고 말하였다. 향유의 가격을 더 기억하였다면 나드 향유라고 말하였을 것이다. 그런데 비싼 향유보다 머리털로 닦은 것이 더 큰 충격이었던 것으로 보인다. 그만큼 일반 여인이 머리털로 남자의 발을 닦는 것은 엄청난 일이었다.

4 제자 중 하나로서 예수를 잡아 줄 가룟 유다가 말하되
5 이 향유를 어찌하여 삼백 데나리온에 팔아 가난한 자들에게 주지 아니하였느냐 하니

4 One of Jesus' disciples, Judas Iscariot—the one who was going to betray him—said,
5 "Why wasn't this perfume sold for three hundred silver coins and the money given to the poor?"

12:5 이 향유를...팔아 가난한 자들에게 주지 아니하였느냐. 가룟 유다는 마리아의 헌신에 불만이 있었다. 너무 비싼 헌신이기 때문이다.

그의 비난은 사실 자신의 탐욕 때문이었다. 혹 그의 탐욕 때문이 아니라 진짜 가난한 사람을 위한 긍휼이라 하여도 예수님을 위한 이 헌신은 결코 낭비라 할 수 없다. 사실 가장 거룩하고 위대한 소비요 헌신이다.

> **6** 이렇게 말함은 가난한 자들을 생각함이 아니요 그는 도둑이라 돈궤를 맡고 거기 넣는 것을 훔쳐 감이러라
> **7** 예수께서 이르시되 그를 가만 두어 나의 장례할 날을 위하여 그것을 간직하게 하라
> **6** He said this, not because he cared about the poor, but because he was a thief. He carried the money bag and would help himself from it.
> **7** But Jesus said, "Leave her alone! Let her keep what she has for the day of my burial.

12:7 그를 가만 두어. 마리아를 비난한 것에 대한 책망이다. 마리아는 생명의 일을 보면서 헌신하고 있다. 그런데 죽음의 일을 보고 있는 가룟 유다가 비난하였다. 세상은 세상이 보기에 좋은 일이 있다. 그것으로 영생을 위한 일을 비난할 수 있다. 신앙인은 그러한 시선과 비난에 함몰되지 말아야 한다. 신앙인은 영생의 일에 헌신할 수 있어야 한다. 그것이 더 큰 가치를 창출하는 길이다.

나의 장례할 날을 위하여 그것을 간직하게 하라. 이것은 다양한 해석이 가능하다. 1.나를 장사지내는 날 마리아의 이 일을 기억하라. 2.나의 장사 준비를 미리 한 것이다. 그 날까지 간직하라. 3.나드 향유는 나의 장례를 위해 구매한 것이고 그것을 미리 사용한 것이다. 4.나의 장사 지내는 것을 위해 사용한 것이다.

마리아는 예수님의 장사를 미리 예견하고 있었을까? 그럴 가능성은 있다. 예수님은 죽으심에 대해 많은 말씀을 하셨고 얼굴 빛도 비장하셨을 것이다. 마리아는 산헤드린이 예수님을 죽이려고 한다는 사실을 충분히 알고 있었을 것이다. 그래서 예수님의 죽음을 직감할 수 있다. 그러나 그래도 구체적으로는 알지 못하였을 것이다.

그러나 마리아의 마음은 분명히 엄청난 헌신을 담고 있었다. 나드 향유와 머리털로 닦은 것이 그러하다. 그리고 혹 몰랐어도 그것은 예수님의 마음에 죽음에 대한 위로가 되었음이 분명하다. 그리고 다른 사람들에게 이후에 예수님의 장례에 대한 상징으로 큰 효과가 되었을 것이다. 비싸고 강한 나드 향유의 냄새가 그들에게 오랫동안 남았을 것인데 그것은 마리아의 헌신과 예수님의 장례와 더불어 오랫동안 기억하게 하

였을 것이다. 중요한 예언이요 기념이 된 것이다.

8 가난한 자들은 항상 너희와 함께 있거니와 나는 항상 있지 아니하리라 하시
니라
9 유대인의 큰 무리가 예수께서 여기 계신 줄을 알고 오니 이는 예수만 보기 위
함이 아니요 죽은 자 가운데서 살리신 나사로도 보려 함이러라
10 대제사장들이 나사로까지 죽이려고 모의하니
8 You will always have poor people with you, but you will not always have me."
9 A large number of people heard that Jesus was in Bethany, so they went there, not only
because of Jesus but also to see Lazarus, whom Jesus had raised from death.
10 So the chief priests made plans to kill Lazarus too,

12:10 죽이려고 모의하니. 죽음의 일에 매인 사람들은 자신들의 안위를 위해 예수님
을 죽일 생각만 하고 있었다. 죄 없는 나사로까지 죽이려 하였다. 나사로를 죽이려는
계획을 보면 그들이 얼마나 악한지가 더욱 드러난다. 그런데 마리아는 생명을 바라보
았다. 그래서 예수님의 죽으심을 미리 기념하고 있다.

마리아는 예수님의 거룩한 죽음을 준비하였다. 반면에 대제사장들은 예수님을 죽이
려 하였다. 그것은 결국 죽음의 일에 매여 자신들의 죽음에 이르게 될 것이다. 죽음의
일에서 눈을 들어 생명의 일을 볼 수 있어야 한다.

11 나사로 때문에 많은 유대인이 가서 예수를 믿음이러라
12 그 이튿날에는 명절에 온 큰 무리가 예수께서 예루살렘으로 오신다는 것을
듣고
11 because on his account many Jews were rejecting them and believing in Jesus.
12 The next day the large crowd that had come to the Passover Festival heard that Jesus
was coming to Jerusalem.

12:12 그 이튿날. 마리아가 나드 향유를 깨뜨린 다음날이라는 뜻이다.

13 종려나무 가지를 가지고 맞으러 나가 외치되 호산나 찬송하리로다 주의 이
름으로 오시는 이 곧 이스라엘의 왕이시여 하더라
13 So they took branches of palm trees and went out to meet him, shouting, "Praise God!
God bless him who comes in the name of the Lord! God bless the King of Israel!"

12:13 종려나무 가지를 가지고 맞으러 나가. 일찍 예루살렘에 도착한 사람들이 예수님

을 맞이하러 나간 것으로 보인다. 대추야자나무(종려나무) 가지는 승리를 상징한다. 아마 여리고에서부터 가지고 왔을 것이다.

호산나 찬송하리로다. '호산나'는 '구원하소서. 기도합니다'라는 뜻을 가지고 있다. 그러나 이 당시는 거의 '안녕' 정도에 해당하는 인사말로 많이 사용하였다. '우리의 식사하셨습니까'와 비슷하다. 그런데 대추야자나무와 호산나라는 소리는 예수님의 메시야의 입성을 그대로 반영한다. 상징과 소리보다 더 깊이 반영한다. 사람들은 이제 너무 익숙하여 그 의미를 잃어버렸지만 드디어 그 상징과 소리의 주인공이 오신 것이다.

주의 이름으로 오시는 이. 당시 익숙한 표현이었을 것이다. 먼 거리에서 절기를 지키기 위해 예루살렘에 오는 믿음의 형제들을 향한 축복이다. 그런데 이것도 사실 메시야 칭호다. 하나님의 뜻에 따라 하나님이 주시는 사명을 위해 오시는 분이다.

이스라엘의 왕이시여. 가장 직접적인 메시야 칭호다. 앞의 다른 것들은 모두 예루살렘에 오는 일반 사람들을 환호하는 일반적인 소리였다. 유명한 랍비가 오면 더욱더 그렇게 큰 소리로 환호하며 환영하였다. 그런데 '이스라엘의 왕'은 민감한 소리다. 유대 지역을 통치하는 로마가 싫어할 소리다. 이것은 메시야 중에서도 이스라엘을 힘으로 구원하는 메시야를 의미한다.

이스라엘의 왕이라는 환호는 그들이 생각하기에는 가장 영웅적인 메시야 상이다. 그러나 실제로는 예수님이 좋아하지 않을 호칭이다. 그것은 메시야에 대한 그릇된 정보를 담고 있기 때문이다.

'이스라엘의 왕'은 이스라엘을 해방하고 왕으로 등극할 메시야를 생각하게 한다. 그러나 예수님은 그렇게 힘으로 이스라엘을 해방하지 않으실 것이다. 예수님은 죽으심으로 해방하실 것이다. 육적 이스라엘만이 아니라 영적 이스라엘 곧 모든 백성을 해방하실 것이다. 그러기에 이 호칭은 예수님을 향한 최고의 환호였으나 실상은 가장 적당하지 않은 생각을 기반으로 하고 있다.

14 예수는 한 어린 나귀를 보고 타시니

14 Jesus found a donkey and rode on it, just as the scripture says,

12:14 예수는...어린 나귀를 보고 타시니. 예수님은 환호하는 사람을 보시고 그들이 틀렸음을 말로 하지 않으시고 나귀를 타는 행동으로 하셨다. 사람들이 말하는 '이스라엘의 왕'이면 말을 타고 입성하는 것이 맞다.

15 이는 기록된 바 시온 딸아 두려워하지 말라 보라 너의 왕이 나귀 새끼를 타고 오신다 함과 같더라

15 "Do not be afraid, city of Zion! Here comes your king, riding on a young donkey."

12:15 스가랴 9:9의 말씀을 인용한 구절이다. 어쩌면 사람들은 이 구절을 잘 모르고 있었을 수 있다. 성경에 있어도 그들이 바라는 것이 아니었기 때문이다. 마치 이사야에서 그렇게 '종의 모습'으로 오시는 그리스도에 대해 말하였어도 귀를 닫은 것과 비슷하다. 그러나 예수님은 이 구절을 따라 나귀 새끼를 타고 예루살렘으로 들어가셨다.

16 제자들은 처음에 이 일을 깨닫지 못하였다가 예수께서 영광을 얻으신 후에야 이것이 예수께 대하여 기록된 것임과 사람들이 예수께 이같이 한 것임이 생각났더라

16 His disciples did not understand this at the time; but when Jesus had been raised to glory, they remembered that the scripture said this about him and that they had done this for him.

12:16 제자들은 처음에 이 일을 깨닫지 못하였다가. 제자들은 예수님이 나귀 새끼를 타신 이유를 잘 몰랐다. 이후에 예수님이 부활하시고 성령이 임재하신 이후에 깨닫게 되었다.

17 나사로를 무덤에서 불러내어 죽은 자 가운데서 살리실 때에 함께 있던 무리가 증언한지라

17 The people who had been with Jesus when he called Lazarus out of the grave and raised him from death had reported what had happened.

12:17 죽은 자 가운데서 살리실 때에 함께 있던 무리가 증언한지라. 죽은 자를 살리셨다는 예수님에 대한 이야기는 사람들을 충분히 환호하게 만들었을 것이다. 어떤 랍비를 향한 것보다 더 큰 소리로 환호하였을 것이다.

18 이에 무리가 예수를 맞음은 이 표적 행하심을 들었음이러라
19 바리새인들이 서로 말하되 볼지어다 너희 하는 일이 쓸 데 없다 보라 온 세상이 그를 따르는도다 하니라

18 That was why the crowd met him—because they heard that he had performed this miracle.

19 The Pharisees then said to one another, "You see, we are not succeeding at all! Look, the whole world is following him!"

12:19 너희 하는 일이 쓸 데 없다 보라 온 세상이 그를 따르는도다. 바리새인들이 예수님을 잡으려 하였는데 너무 많은 사람들이 예수님을 따르니 이제 잡을 수 없게 되었다고 체념적으로 말하였다.

20 명절에 예배하러 올라온 사람 중에 헬라인 몇이 있는데
21 그들이 갈릴리 벳새다 사람 빌립에게 가서 청하여 이르되 선생이여 우리가 예수를 뵈옵고자 하나이다 하니
20 Some Greeks were among those who had gone to Jerusalem to worship during the festival.
21 They went to Philip (he was from Bethsaida in Galilee) and said, "Sir, we want to see Jesus."

12:21 우리가 예수를 뵈옵고자 하나이다. 예배하러 온 헬라인이 예수님을 만나고자 하였다. 예수님의 명성 때문에 예수님을 만나고자 하였다.

22 빌립이 안드레에게 가서 말하고 안드레와 빌립이 예수께 가서 여쭈니
23 예수께서 대답하여 이르시되 인자가 영광을 얻을 때가 왔도다
22 Philip went and told Andrew, and the two of them went and told Jesus.
23 Jesus answered them, "The hour has now come for the Son of Man to receive great glory.

12:23 인자가 영광을 얻을 때가 왔도다. 예수님은 자신을 만나러 온 헬라인 이야기를 듣고 그것을 '영광을 얻을 때'에 대한 하나의 중요한 신호로 여기셨다. '영광'을 이야기하니 사람들은 어떤 권세를 생각하였을 것이다. 그러나 예수님이 말씀하시는 영광은 그런 영광이 아니었다.

24 내가 진실로 진실로 너희에게 이르노니 한 알의 밀이 땅에 떨어져 죽지 아니하면 한 알 그대로 있고 죽으면 많은 열매를 맺느니라
24 I am telling you the truth: a grain of wheat remains no more than a single grain unless it is dropped into the ground and dies. If it does die, then it produces many grains.

12:24 한 알의 밀이 땅에 떨어져 죽지 아니하면 한 알 그대로 있고 죽으면 많은 열매를 맺

느니라. 24절-26절은 예수님의 십자가를 의미하며 또한 이 땅의 신앙인이 가야 하는 영광의 길을 말한다. 예수님이 십자가에서 죽으심으로 믿는 모든 사람들이 생명을 얻게 하실 것이다. 이 땅의 신앙인이 자신을 죽일 때 다른 많은 사람의 생명을 얻을 수 있다.

25 자기의 생명을 사랑하는 자는 잃어버릴 것이요 이 세상에서 자기의 생명을 미워하는 자는 영생하도록 보전하리라
25 Those who love their own life will lose it; those who hate their own life in this world will keep it for life eternal.

12:25 세상에서 자기의 생명을 미워하는 자는 영생하도록 보전하리라. 영생을 소원하는 사람은 이 세상에서 자신의 생명을 줄 수 있어야 한다. 이 세상에서 자기의 생명은 가장 소중하다. 그러나 자기의 생명보다 영생이 더 소중하다는 것을 알기 때문에 자기의 생명까지 줄 수 있는 것이다. 영생의 가치를 실제적으로 아는 사람이다.

26 사람이 나를 섬기려면 나를 따르라 나 있는 곳에 나를 섬기는 자도 거기 있으리니 사람이 나를 섬기면 내 아버지께서 그를 귀히 여기시리라
26 Whoever wants to serve me must follow me, so that my servant will be with me where I am. And my Father will honour anyone who serves me.

12:26 사람이 나를 섬기려면 나를 따르라 나 있는 곳에 나를 섬기는 자도 거기 있으리니. 예수님은 십자가를 지실 것이다. 그것처럼 예수님을 따르고자 하는 사람은 십자가를 져야 한다. 십자가를 지는 것은 지극히 힘든 일이다. 그러나 십자가를 짐으로 예수님이 계신 곳에 함께 할 수 있게 될 것이다. 십자가가 하나님 나라를 입장하는 티켓이다.
나를 섬기면 내 아버지께서 그를 귀히 여기시리라. 예수님의 뜻에 따라 십자가를 지는 삶을 사는 것은 힘들다. 십자가는 분명 세상에서 무시당할 것이다. 예수님의 십자가를 사람들이 무시한 것처럼 말이다. 그러나 하나님께서 예수님을 귀히 여기신다. 십자가의 길을 가는 사람을 귀히 여기실 것이다.

27 지금 내 마음이 괴로우니 무슨 말을 하리요 아버지여 나를 구원하여 이 때를 면하게 하여 주옵소서 그러나 내가 이를 위하여 이 때에 왔나이다

27 "Now my heart is troubled—and what shall I say? Shall I say, 'Father, do not let this hour come upon me'? But that is why I came—so that I might go through this hour of suffering.

12:27 지금 내 마음이 괴로우니. 예수님의 십자가는 상상을 초월한다. 모든 죄를 짊어지고 가시는 것이기 때문이다. 그 아픔을 누가 다 짐작할 수 있겠는가?
내가 이를 위하여 이 때에 왔나이다. 예수님은 십자가를 지기 위해 오셨다. 사람들의 죄를 대속하시기 위해 오셨다. 사람들의 죄를 대속하셔야 사람들이 구원받을 수 있기 때문이다. 그것을 위해 오셨지만 여전히 십자가를 지는 것이 큰 고통이라는 것은 변함없는 일이다.

28 아버지여, 아버지의 이름을 영광스럽게 하옵소서 하시니 이에 하늘에서 소리가 나서 이르되 내가 이미 영광스럽게 하였고 또다시 영광스럽게 하리라 하시니
28 Father, bring glory to your name!" Then a voice spoke from heaven, "I have brought glory to it, and I will do so again."

12:28 아버지의 이름을 영광스럽게 하옵소서. 십자가를 받아들이신다는 뜻이다. '아버지의 영광'은 하나님의 뜻대로 되고 하나님의 성품이 드러나는 것을 말한다.

29 곁에 서서 들은 무리는 천둥이 울었다고도 하며 또 어떤 이들은 천사가 그에게 말하였다고도 하니
30 예수께서 대답하여 이르시되 이 소리가 난 것은 나를 위한 것이 아니요 너희를 위한 것이니라
31 이제 이 세상에 대한 심판이 이르렀으니 이 세상의 임금이 쫓겨나리라
29 The crowd standing there heard the voice, and some of them said it was thunder, while others said, "An angel spoke to him!"
30 But Jesus said to them, "It was not for my sake that this voice spoke, but for yours.
31 Now is the time for this world to be judged; now the ruler of this world will be overthrown.

12:31 이 세상에 대한 심판이 이르렀으니. 예수님의 십자가는 한편으로는 죄로 물든 세상에 대한 심판이다. 죄로 가득한 세상을 끝내고 의로 채우시는 것이기 때문이다.
세상의 임금이 쫓겨나리라. 십자가 전에는 세상의 죄로 인하여 세상의 임금인 사탄이 공중권세 잡은 자로 있었다. 그러나 십자가는 사람들의 죄값을 치르게 되어 사람들이 더 이상 죄의 종으로 있지 않게 한다. 사람들의 마음과 삶에서 사탄이 쫓겨나게 된다.

32 내가 땅에서 들리면 모든 사람을 내게로 이끌겠노라 하시니
32 When I am lifted up from the earth, I will draw everyone to me."

12:32 모든 사람을 내게로 이끌겠노라. '모든 사람'은 예수님께 나오는 모든 사람이며 모든 인종을 의미할 것이다. 앞에서 헬라인이 온 것이 중요한 신호가 된 것이 여기에 있다. 십자가는 모든 이들의 죄를 씻음으로 누구든지 예수님께 더 나올 수 있게 한다. 전 지역과 인종으로 복음이 확장되게 한다.

33 이렇게 말씀하심은 자기가 어떠한 죽음으로 죽을 것을 보이심이러라
34 이에 무리가 대답하되 우리는 율법에서 그리스도가 영원히 계신다 함을 들었거늘 너는 어찌하여 인자가 들려야 하리라 하느냐 이 인자는 누구냐
33 (In saying this he indicated the kind of death he was going to suffer.)
34 The crowd answered, "Our Law tells us that the Messiah will live for ever. How, then, can you say that the Son of Man must be lifted up? Who is this Son of Man?"

12:34 너는 어찌하여 인자가 들려야 하리라 하느냐. 예수님이 메시야라고 말씀하시면서 들려야 한다고 말씀하시니 혼란이 왔다. 그들에게 메시야는 승리자다. 영원한 승리자다. 그런데 예수님이 자꾸 죽음에 대해 말씀하시니 혼동스러웠다.

이 인자는 누구냐. '인자라는 사람이 누구냐'라는 뜻이 아니다. 그들은 예수님이 스스로를 인자라고 말씀하고 있음을 알고 있는 것 같다. 그들이 혼란스럽게 생각하는 것은 인자의 특징이다. 인자는 메시야를 말하는 것 같은데 왜 죽어야 하는지 만약 그렇게 죽는다면 인자가 메시야가 맞는지를 묻는 것이다. 그들에게 영원한 메시야는 익숙한 개념이지만 십자가에서 죽는 메시야 개념은 너무 생소하기 때문이다.

35 예수께서 이르시되 아직 잠시 동안 빛이 너희 중에 있으니 빛이 있을 동안에 다녀 어둠에 붙잡히지 않게 하라 어둠에 다니는 자는 그 가는 곳을 알지 못하느니라

36 너희에게 아직 빛이 있을 동안에 빛을 믿으라 그리하면 빛의 아들이 되리라 예수께서 이 말씀을 하시고 그들을 떠나가서 숨으시니라
35 Jesus answered, "The light will be among you a little longer. Continue on your way while you have the light, so that the darkness will not come upon you; for the one who walks in the dark does not know where he is going.
36 Believe in the light, then, while you have it, so that you will be the people of the light." After Jesus said this, he went off and hid himself from them.

12:36 빛을 믿으라 그리하면 빛의 아들이 되리라. 사람들의 고정관념을 바꾸는 것이 결코 쉽지 않다. 사람들은 어둠 속에 있으면서도 빛을 판단한다. 어둠의 입장에서 보면 빛이 생소하다. 이상하다. 그래서 믿음이 필요하다.

한 알의 밀알이 되어 자신을 죽이고 다른 생명을 낳는 것이 필요하다. 자기의 생명보다 영생을 더 소중히 여기는 마음이 필요하다. 그런데 그것이 어찌 쉽게 되겠는가? 믿음이 필요하다. 성령을 의지하며 말씀과 기도로 몸부림을 해야 한다.

37 이렇게 많은 표적을 그들 앞에서 행하셨으나 그를 믿지 아니하니
37 Even though he had performed all these miracles in their presence, they did not believe in him,

12:37 이렇게 많은 표적을 그들 앞에서 행하셨으나. 예수님은 하나님의 구원을 주시기 위해 오셨다. 그리고 그것을 증명하기 위해 사람들에게 많은 표적을 행하셨다. 메시야만 할 수 있는 이적을 행하셨다. 죽은 자를 살리시기까지 하셨다. 그러나 그럼에도 불구하고 믿지 않는 사람들이 많았다. 사람들은 왜 믿지 않았을까?

38 이는 선지자 이사야의 말씀을 이루려 하심이라 이르되 주여 우리에게서 들은 바를 누가 믿었으며 주의 팔이 누구에게 나타났나이까 하였더라
38 so that what the prophet Isaiah had said might come true: "Lord, who believed the message we told? To whom did the Lord reveal his power?"

12:38 이는 선지자 이사야의 말씀을 이루려 하심이라. 사람들이 믿지 않을 것을 이사야 선지자가 미리 예언하였음을 말한다.

39 그들이 능히 믿지 못한 것은 이 때문이니 곧 이사야가 다시 일렀으되
40 그들의 눈을 멀게 하시고 그들의 마음을 완고하게 하셨으니 이는 그들로 하여금 눈으로 보고 마음으로 깨닫고 돌이켜 내게 고침을 받지 못하게 하려 함이라 하였음이더라
39 And so they were not able to believe, because Isaiah also said:
40 "God has blinded their eyes and closed their minds, so that their eyes would not see, and their minds would not understand, and they would not turn to me, says God, for me to heal them."

12:40 그들의 눈을 멀게 하시고 그들의 마음을 완고하게 하셨으니. 하나님께서 그들의

눈을 멀게 하고 마음을 완고하게 하셨기 때문에 믿지 않았고 믿을 수 없었음을 말한다. 이 구절은 하나님의 주권을 말하는 구절이다. 그러나 오해의 소지가 있다.

이 부분에 대해 D.A 카슨은 잘 설명한다. "이 구절의 표면적인 설명 때문에 거슬리고, 속임수인 것 같고, 로봇처럼 느낀다면 다음의 네 가지를 꼭 기억해야 한다. 1.이 문제에 있어 하나님의 주권은 결코 사람의 자유의지를 반하여 일하지 않으신다. 2.하나님께서 사람의 마음을 완악하게 하신다는 것은 변덕스러운 군주가 제 멋대로 중립적이거나 순수한 사람의 마음을 멋대로 바꾸시는 것이 아니다. 3.이 문제에 있어 하나님의 주권적인 요소가 있다는 것은 오히려 우리에게 희망적 요소가 있다. 이 문제에 있어 하나님의 주권이 없다면 하나님께 도움을 구하는 기도를 하는 것은 무의미하다. 4.사람의 마음을 강퍅하게 하는 하나님의 주권사역은 궁극적인 구원사역을 위한 하나의 단계이다."

이 구절은 하나님의 주권의 부분과 믿음의 필요를 동시에 강조하는 것이라고 볼 수 있다. 하나님은 그들이 예수님을 받아들일 수 있도록 더 놀라운 표적을 행하실 수도 있다. 그러나 그렇게 하지 않으셨다는 것을 담고 있다. 그렇게 행하셨으면 그들은 예수님을 메시야로 받아들일 수밖에 없을 것이다. 그러나 그것은 믿음이 아니다. 강요다. 믿음이라는 인격적 작용이 아니라 비인격적인 강요에 의한 것이다. 그렇게 하시려고 했으면 선악과 때부터 막으셨을 것이다. 그러나 그렇게 하지 않으신 것은 사랑이 기반이 되는 믿음에 역행하기 때문이다.

41 이사야가 이렇게 말한 것은 주의 영광을 보고 주를 가리켜 말한 것이라
41 Isaiah said this because he saw Jesus' glory and spoke about him.

12:41 주의 영광을 보고 주를 가리켜 말한 것이라. 이사야는 주의 영광을 보았다. 그러나 사람들이 불신앙으로 주의 영광을 보지 못하고 있었다. 중요한 것은 믿음으로 주의 영광을 보는 것이다. 강요로 주의 영광을 보는 것이 아니다.

42 그러나 관리 중에도 그를 믿는 자가 많되 바리새인들 때문에 드러나게 말하지 못하니 이는 출교를 당할까 두려워함이라
42 Even then, many of the Jewish authorities believed in Jesus; but because of the Pharisees they did not talk about it openly, so as not to be expelled from the synagogue.

12:42 믿는 자가 많되...출교를 당할까 두려워함이라. 어떤 이들은 예수님을 믿었다. 그

러나 출교라는 엄청난 피해를 입을 것을 두려워하여 진정한 믿음에 이르지 못하였다. 진정한 믿음이 되기 위해서는 그러한 두려움을 이길 수 있어야 한다.

43 그들은 사람의 영광을 하나님의 영광보다 더 사랑하였더라
43 They loved human approval rather than the approval of God.

12:43 영광. 하나님의 뜻과 성품 등을 포함할 수 있다. 그래서 이것은 그들이 하나님의 뜻보다는 사람의 뜻(인정)을 더 중요하게 여기고 따라갔다는 것을 의미한다. 하나님의 뜻을 따라가지 않으면 믿음에 이를 수 없다. 하나님의 뜻을 최고의 가치로 두고 따라갈 때 진정한 믿음에 이를 수 있다. 그렇지 않으면 불신앙에 머무를 수밖에 없다.

44 예수께서 외쳐 이르시되 나를 믿는 자는 나를 믿는 것이 아니요 나를 보내신 이를 믿는 것이며
44 Jesus said in a loud voice, "Whoever believes in me believes not only in me but also in him who sent me.

12:44 나를 믿는 자는...나를 보내신 이를 믿는 것이며. 예수님의 사역은 세상을 구원하는 하나님의 일이기에 예수님을 믿는 것과 하나님을 믿는 것은 동일하다.

45 나를 보는 자는 나를 보내신 이를 보는 것이니라
46 나는 빛으로 세상에 왔나니 무릇 나를 믿는 자로 어둠에 거하지 않게 하려 함이로라
45 Whoever sees me sees also him who sent me.
46 I have come into the world as light, so that everyone who believes in me should not remain in the darkness.

12:46 나는 빛으로 세상에 왔나니. 예수님은 세상의 유일한 빛이다. 세상이 저마다의 방식으로 살고 있다. 그러나 그곳은 어둠이다. 인생의 종착지인 죽음이 기다릴 뿐이다. 더욱더 참혹한 것은 영원한 죽음이 기다린다는 사실이다. 그래서 예수님이 오셨다. 십자가를 지는 고통을 감당하시면서 오셨다. 신앙은 어둠에서 빛으로 나가는 것이다. 인생에서 가장 중요한 일이다.
나를 믿는 자로 어둠에 거하지 않게 하려 함이로라. 오직 믿음이다. 그래야 어둠에서 빛으로 나갈 수 있다. 오직 예수님과 예수님의 말씀을 믿어야 한다. 예수님의 말씀을 신

뢰함으로 예수님의 십자가를 따라가야 한다. 그것이 빛의 길을 걷는 것이다. 생명의
길이다.

> **47** 사람이 내 말을 듣고 지키지 아니할지라도 내가 그를 심판하지 아니하노라
> 내가 온 것은 세상을 심판하려 함이 아니요 세상을 구원하려 함이로라
> **47** If anyone hears my message and does not obey it, I will not judge him. I came, not to
> judge the world, but to save it.

12:47 내가 온 것은 세상을 심판하려 함이 아니요 세상을 구원하려 함이로라. 예수님을
거부해도 사람들에게 아무 이상이 없다. 엄청난 죄악인데도 아무 이상이 없다. 그것
은 예수님께서 심판하시기 위해 오신 것이 아니기 때문이다. 그러나 지금 당장은 예수
님을 그렇게 거부해도 아무 이상이 없지만 이후에 심판하러 오시는 재림 때 그들의
죄가 얼마나 컸는지가 드러날 것이다. 지금 예수님을 믿고 구원에 이르는 것이 얼마나
중요한지를 알아야 한다.

지금 당장 심판은 없다. 그러나 당장 구원이 있다. 당장 구원의 길을 가야 한다. 구원
하러 오신 예수님을 받아들이고 믿음의 길을 가야 한다. 그것이 당장 가장 시급한 일
이다.

> **48** 나를 저버리고 내 말을 받지 아니하는 자를 심판할 이가 있으니 곧 내가 한
> 그 말이 마지막 날에 그를 심판하리라
> **49** 내가 내 자의로 말한 것이 아니요 나를 보내신 아버지께서 내가 말할 것과
> 이를 것을 친히 명령하여 주셨으니
> **50** 나는 그의 명령이 영생인 줄 아노라 그러므로 내가 이르는 것은 내 아버지
> 께서 내게 말씀하신 그대로니라 하시니라
> **48** Those who reject me and do not accept my message have one who will judge them. The
> words I have spoken will be their judge on the last day!
> **49** This is true, because I have not spoken on my own authority, but the Father who sent me
> has commanded me what I must say and speak.
> **50** And I know that his command brings eternal life. What I say, then, is what the Father has
> told me to say."

12:50 나는 그의 명령이 영생인 줄 아노라. 하나님의 말씀을 알고 말씀을 따라가는 것
이 영생의 길이다. 하나님께서 사람들에게 영생을 주시기 위해 독생자 아들을 보내시
기까지 하셨다. 그런데도 불구하고 하나님의 말씀을 뒤로한 채 자신이 가고 싶은 길

을 가고 있다면 그것은 영생 반대편에 서는 것이다. 말씀을 버리는 것은 신앙을 버리
는 것이며 영생을 버리는 것이다.

그리스도의 영광

(13:1-20:31)

후반부는 예수님이 하나님께 돌아가시기 전 마지막 말씀과 십자가 지심을 다루고 있다. 13장-17장은 제자들을 가르치는 말씀, 18장-19장은 십자가를 지시는 이야기인데 이 모든 내용이 이스라엘의 날짜 계산으로는 사실상 하루다. 예수님의 마지막 하루는 유월절이었다. 7장에 걸쳐 기록된 매우 긴 하루 이야기다. 다른 복음서들은 주로 예수님의 마지막 일주일을 다루지만 요한복음만 예수님의 마지막 하루를 아주 길게 이야기하고 있다.

1. 마지막 가르침

(13:1-17:26)

13장

1 유월절 전에 예수께서 자기가 세상을 떠나 아버지께로 돌아가실 때가 이른 줄 아시고 세상에 있는 자기 사람들을 사랑하시되 끝까지 사랑하시니라
1 It was now the day before the Passover Festival. Jesus knew that the hour had come for him to leave this world and go to the Father. He had always loved those in the world who were his own, and he loved them to the very end.

13:1 유월절 전에. 예수님은 유월절 어린 양의 본체로서 오셨다. 그래서 요한은 지금까지 이야기하면서 중요한 전환점마다 계속 절기를 명시하면서(2:13, 7:2, 10:22) 절기 중심의 이야기를 전개하였다. 예수님의 마지막 이야기인 유월절 어린 양에 대한 이야기를 하기 위해 지금까지 의도적으로 그렇게 한 것으로 보인다. 유월절 양의 본체로 오셔서 이제 십자가에서 제물로 드려지는 것만 남았다. 이것을 위해 모든 지난 과정이 있었다.

세상을 떠나 아버지께로 돌아가실 때가 이른 줄 아시고. 어떤 학자들은 요한복음의 2장-12장을 전반부로 나누면서 '표적의 책'이라 이름을 붙이고, 13장-20장을 후반부로 여기면서 '영광의 책'이라 이름을 붙이기도 한다. 영광의 책이라 부르는 이유는 예수님이 하늘의 하나님께 돌아가는 것을 말하기 때문이다.

세상에 있는 자기 사람들을 사랑하시되 끝까지 사랑하시니라. 예수님의 마지막 하루인 이 시간에 하시는 말씀은 마치 유언과도 같다. 유언과도 같은 말씀을 시작하시는 주님의 모습에 대해 '끝까지 사랑하시니라'고 말한다.

'끝까지'는 '많이'로 해석할 수 있고, 아니면 시간적으로 해석하여 '죽으시기까지'라고 해석할 수도 있다. 아마 둘 다 포함하고 있는 것으로 보인다. 예수님은 남은 몇 시간을 사용하셔서 끝까지 가르치셨다. 사랑하시기 때문이다. 많이 사랑하시기 때문이다.

2 마귀가 벌써 시몬의 아들 가룟 유다의 마음에 예수를 팔려는 생각을 넣었더라
3 저녁 먹는 중 예수는 아버지께서 모든 것을 자기 손에 맡기신 것과 또 자기가

하나님께로부터 오셨다가 하나님께로 돌아가실 것을 아시고
2 Jesus and his disciples were at supper. The Devil had already put into the heart of Judas, the son of Simon Iscariot, the thought of betraying Jesus.
3 Jesus knew that the Father had given him complete power; he knew that he had come from God and was going to God.

13:3 하나님께로부터 오셨다가. 예수님은 태초부터 하나님과 함께 계셨던 로고스(말씀)이셨다. 그 자리를 비우고 이 땅에 오신 것은 세상을 구원하길 원하셨기 때문이다. 세상이 죄로 인하여 멸망의 길을 가기 때문에 자신을 제물로 드려 그들의 죄를 대속하기 위해 오셨다. 그래서 '말씀이 육신이 되어'라고 말씀한다.

하나님께로 돌아가실 것을 아시고. 예수님은 이제 본래 자리인 하나님께로 돌아가실 때가 되었다. 마지막 십자가를 지시는 일만 남으셨다. 그 일만 마치면 하늘의 자리로 돌아가실 것이다. 그래서 가시기 전 제자들에게 더 말씀하시는 것이다. 마지막으로 가르치시는 것이다.

마지막으로 몇 시간동안 가르치시는 내용이 많다. 요한이 이것을 기록하지 않았다면 우리는 마태,마가,누가복음을 읽었어도 모르고 넘어갈 뻔하였다. 이것은 그만큼 예수님께서 이 세상에 계실 때도 수많은 말씀으로 가르치셨다는 것을 담고 있다. 예수님은 제자들에게 끊임없이 많은 것을 가르치신 것 같다.

유월절 양으로 오셔서 유월절 저녁(목요일 저녁)에 제자들에게 말씀하고 계신다. 유월절 오후(금요일 오후)에 제물로 드려지기 전 마지막의 모습이다. 이 순간 예수님은 제자들을 끝까지 사랑하셨다. 우리도 우리 생애 예수님처럼 끝까지 사랑해야 한다.

4 저녁 잡수시던 자리에서 일어나 겉옷을 벗고 수건을 가져다가 허리에 두르시고
5 이에 대야에 물을 떠서 제자들의 발을 씻으시고 그 두르신 수건으로 닦기를 시작하여
4 So he rose from the table, took off his outer garment, and tied a towel round his waist.
5 Then he poured some water into a basin and began to wash the disciples' feet and dry them with the towel round his waist.

13:5 제자들의 발을 씻으시고. 이 당시 문화는 제자가 스승의 발을 씻는 경우가 아주 가끔 있었다. 그러나 발을 씻는 것은 매우 미천한 일이라서 종이라 할지라도 유대인 종에게는 시키지 않았다. 그런데 예수님은 제자들의 발을 씻으셨다. 천지개벽이 일어난 것이나 마찬가지다.

6 시몬 베드로에게 이르시니 베드로가 이르되 주여 주께서 내 발을 씻으시나이까

6 He came to Simon Peter, who said to him, "Are you going to wash my feet, Lord?"

13:6 시몬 베드로에게 이르시니. 베드로 차례가 왔다. 예수님이 발을 씻으실 때 제자들은 머리를 왼팔에 괸 채 침대 같은 의자에 비스듬히 엎드려 있었을 것이다. 앞쪽으로는 식탁이 있고 발은 뒤쪽을 향해 있었다. 예수님은 뒤쪽으로 도시면서 제자들의 발을 씻으셨다.

예수님이 제자들의 발을 씻으시는 동안 엄청난 정적이 흘렀을 것이다. 대체 무슨 일이 일어나고 있는 것일까? 제자들은 숨을 죽이고 예수님이 하시는 일을 지켜보았을 것이다. 그런데 베드로는 도저히 더 침묵하고 있을 수가 없었다.

주여 주께서 내 발을 씻으시나이까. '주께서(당신)'가 강조되어 있는 문장이다. 일반 사람도 발을 씻어주지 않는데 왜 예수님께서 자신의 발을 씻으시는지 도저히 이해할 수가 없었다.

7 예수께서 대답하여 이르시되 내가 하는 것을 네가 지금은 알지 못하나 이 후에는 알리라

7 Jesus answered him, "You do not understand now what I am doing, but you will understand later."

13:7 네가 지금은 알지 못하나 이 후에는 알리라. 예수님이 제자들을 발을 씻으시는 이유를 베드로가 지금은 알지 못하나 이후에 알 것이라는 말씀이다.

8 베드로가 이르되 내 발을 절대로 씻지 못하시리이다 예수께서 대답하시되 내가 너를 씻어 주지 아니하면 네가 나와 상관이 없느니라

8 Peter declared, "Never at any time will you wash my feet!" "If I do not wash your feet," Jesus answered, "you will no longer be my disciple."

13:8 내 발을 절대로 씻지 못하시리이다. 베드로는 예수님이 자신을 발을 씻으시는 것을 이해하지 못하고 결코 받아들일 수 없다고 말하였다.

내가 너를 씻어 주지 아니하면 네가 나와 상관이 없느니라. 베드로의 항변에 예수님이 강하게 대답하셨다. 베드로의 발을 씻어 주는 것이 대체 무엇이길래 '네가 나와 상관이 없느니라'는 말씀까지 하실까?

9 시몬 베드로가 이르되 주여 내 발뿐 아니라 손과 머리도 씻어 주옵소서
9 Simon Peter answered, "Lord, do not wash only my feet, then! Wash my hands and head, too!"

13:9 **손과 머리도 씻어 주옵소서.** 베드로는 깜짝 놀라서 다시 말하였다. 발을 씻어주시는 것이 예수님과 베드로의 관계에 깊은 관련이 있다면 발만이 아니라 손과 머리도 씻어 달라고 요청하였다. 베드로는 예수님과 더 깊은 교제를 하기 원하였다.

10 예수께서 이르시되 이미 목욕한 자는 발밖에 씻을 필요가 없느니라 온 몸이 깨끗하니라 너희가 깨끗하나 다는 아니니라 하시니
10 Jesus said, "Those who have had a bath are completely clean and do not have to wash themselves, except for their feet. All of you are clean—all except one."

13:10 **이미 목욕한 자는 발밖에 씻을 필요가 없느니라.** 베드로를 이미 목욕한 사람이라고 말씀하셨다. 이것이 상징하는 것이 무엇일까? 예수님의 말씀을 믿고 따르는 것이다. 발을 씻는 것은 상징이다. 그러기에 더 많은 부분을 씻는다고 더 효과적인 것이 아니다. 그렇다면 발을 씻는 것은 무엇을 의미할까?

발을 씻는 것은 예수님의 십자가를 상징한다. 발을 씻는 이미지를 십자가에서 죄를 씻는 이미지로 상징적으로 사용하신 것으로 보인다. 발을 씻으신 것이 이후에 다른 사람을 섬기는 것을 상징하기도 한다. 그래서 섬김을 많이 생각한다. 그러나 일차적인 상징은 십자가다.

예수님이 제자들의 발을 씻으시는 순간은 마치 십자가에서 피를 흘리셔서 그들의 죄를 하나하나 다 씻으시는 것과 같은 모습이다. 그래서 한 명 한 명의 발을 씻어 주셨다. 십자가의 피로 닦아 주시듯 말이다. 그래서 모두의 발을 씻어 주셨다.

선생이 제자의 발을 씻는 것은 말도 안 되었다. 그런데 성자 하나님이신 분이 사람의 죄를 씻으시는 십자가는 더욱더 말이 안 된다. 왜 그래야 했을까? '끝까지 사랑'하신 예수님의 그 사랑이 진짜 이해가 되지 않는다. 우리도 베드로처럼 막아야 하지 않을까? 그러나 막아 설 수도 없어 그 사랑 앞에 눈물만 흘릴 뿐이다.

11 이는 자기를 팔 자가 누구인지 아심이라 그러므로 다는 깨끗하지 아니하다 하시니라
12 그들의 발을 씻으신 후에 옷을 입으시고 다시 앉아 그들에게 이르시되 내가

너희에게 행한 것을 너희가 아느냐

11 (Jesus already knew who was going to betray him; that is why he said, "All of you, except one, are clean.")
12 After Jesus had washed their feet, he put his outer garment back on and returned to his place at the table. "Do you understand what I have just done to you?" he asked.

13:12 내가 너희에게 행한 것을 너희가 아느냐. 예수님이 제자들의 발을 씻으신 것이 예수님의 십자가에서 죽으심을 상징하는 것을 제자들은 아직 전혀 이해하지 못하고 있었을 것이다. 아직도 그들은 예수님이 죽으신다는 것을 잘 몰랐다. 그러나 그들이 지금 이 시간에도 최소한 알아야 할 것이 있다.

13 너희가 나를 선생이라 또는 주라 하니 너희 말이 옳도다 내가 그러하다
14 내가 주와 또는 선생이 되어 너희 발을 씻었으니 너희도 서로 발을 씻어 주는 것이 옳으니라

13 "You call me Teacher and Lord, and it is right that you do so, because that is what I am.
14 I, your Lord and Teacher, have just washed your feet. You, then, should wash one another's feet.

13:14 너희도 서로 발을 씻어 주는 것이 옳으니라. 사람들은 선생이 제자들의 발을 씻어주는 것을 결코 받아들이지 않을 것이다. 그러나 이제 제자들은 그것을 받아들여야 한다. 그들의 선생이신 예수님이 그들의 발을 씻었기 때문이다. 그들이 예수님의 제자라면 선생이 하신 일을 따라가야 한다.

예수님이 제자들의 발을 씻으신 것이 십자가의 죽으심인 것을 제자들은 이후에 알게 된다. 그때 그들은 또한 자신들이 가르치는 제자들을 위해 자신들도 기꺼이 죽음의 자리에 떨어지는 것을 두려워하지 않았다.

15 내가 너희에게 행한 것 같이 너희도 행하게 하려 하여 본을 보였노라

15 I have set an example for you, so that you will do just what I have done for you.

13:15 너희도 행하게 하려 하여 본을 보였노라. 제자는 선생을 따라가며 배우는 사람이다. 우리가 예수님의 제자라면 우리도 따라가야 한다.

예수님이 왜 이런 고난의 길을 가실까? 사람들을 구원하기 위해서다. 우리도 생명을 위하는 일이라면 아무리 낮아지는 일도 감당해야 한다.

16 내가 진실로 진실로 너희에게 이르노니 종이 주인보다 크지 못하고 보냄을
받은 자가 보낸 자보다 크지 못하나니
17 너희가 이것을 알고 행하면 복이 있으리라

16 I am telling you the truth: slaves are never greater than their master, and messengers are
never greater than the one who sent them.
17 Now that you know this truth, how happy you will be if you put it into practice!

13:17 이것을 알고 행하면 복이 있으리라. 예수님이 말씀하신 것을 행하지 않으면 '모
래 위에 지은 집'이다. 행하면 '바위 위에 지은 집'이다. 스승이 제자를 섬기는 일은 결
코 쉽지 않다. 세상의 뛰어난 사람과 훌륭한 사람을 위해 무엇인가를 행하는 것은 어
렵지 않다. 그러나 나쁘고 보잘것없는 사람을 위해 나의 것을 희생하고 섬기는 것은
어렵다. 그러나 예수님이 그렇게 하셨으니 우리도 그렇게 해야 한다. 믿는다고 말하면
서 행하지 않으면 그것은 믿음이 아니다. 오직 생명을 위해 보잘것없는 사람도 섬기는
사람이 복된 사람이다.

18 내가 너희 모두를 가리켜 말하는 것이 아니니라 나는 내가 택한 자들이 누
구인지 앎이라 그러나 내 떡을 먹는 자가 내게 발꿈치를 들었다 한 성경을 응하
게 하려는 것이니라

18 "I am not talking about all of you; I know those I have chosen. But the scripture must
come true that says, 'The man who shared my food turned against me.'

13:18 내가 너희 모두를 가리켜 말하는 것이 아니니라. 예수님은 가룟 유다의 배신을
알고 계셨다. 그것을 모르고 말씀하시는 것이 아님을 말씀한다.
내 떡을 먹는 자가 내게 발꿈치를 들었다 한 성경을 응하게 하려는 것이니라. '발꿈치를
들었다'는 것은 1.말이 발차기를 준비하며 발을 차는 것에 대한 비유다 2.거절에 책임
없음을 표하는 의미로 신발의 먼지를 터는 것에서 나온 말이다. 3.아랍은 발 바닥을
보여주는 것은 불명예나 적의를 보여주는 것이다. 등으로 해석한다. 이것은 배신을 의
미할 것이다.

19 지금부터 일이 일어나기 전에 미리 너희에게 일러 둠은 일이 일어날 때에 내
가 그인 줄 너희가 믿게 하려 함이로라

19 I tell you this now before it happens, so that when it does happen, you will believe that 'I
Am Who I Am.'

13:19 미리 너희에게 일러 둠은 일이 일어날 때에 내가 그인 줄 너희가 믿게 하려 함이로다. 예수님이 죽으시면 제자들은 크게 실망할 것이다. 엠마오로 가는 제자들이 한 이야기를 보면 알 수 있다. 예수님은 제자들의 그러한 연약함을 잘 알고 계셨다. 그래서 이러한 말씀을 통해 나중에 다시 생각해 볼 수 있는 기회를 주시는 것이다.

> **20** 내가 진실로 진실로 너희에게 이르노니 내가 보낸 자를 영접하는 자는 나를 영접하는 것이요 나를 영접하는 자는 나를 보내신 이를 영접하는 것이니라
> **20** I am telling you the truth: whoever receives anyone I send receives me also; and whoever receives me receives him who sent me."

13:20 내가 보낸 자를 영접하는 자는 나를 영접하는 것이요. 세족 이야기의 결말이다. 제자들이 매우 연약하다. 지금 세족의 의미를 잘 모른다. 그리고 배신자도 생긴다. 배신자는 아니어도 여전히 많은 것을 모르고 혼란함 가운데 빠질 것이다. 그러나 그들이 다시 믿음을 갖게 될 때 그들은 예수님의 대언자가 될 것이다.

그들은 예수님의 뜻을 충실히 따르고 전하게 됨으로 말미암아 '예수님이 보낸 자'가 될 것이다. 그러면 그들을 영접하면 예수님을 영접한 것과 같은 일이 일어날 것이다. 얼마나 놀라운 일인가? 제자들은 그 놀라운 일의 주인공이 될 것이다. 넘어졌으나 다시 일어날 때 놀라운 일을 하게 될 것을 알고 제자들에게 미리 말씀하셨다. 제자들은 예수님의 말씀을 따라 이후에 넘어졌으나 다시 일어나 훌륭한 예수님의 제자가 된다.

> **21** 예수께서 이 말씀을 하시고 심령이 괴로워 증언하여 이르시되 내가 진실로 진실로 너희에게 이르노니 너희 중 하나가 나를 팔리라 하시니
> **21** After Jesus had said this, he was deeply troubled and declared openly, "I am telling you the truth: one of you is going to betray me."

13:21 심령이 괴로워 증언하여...너희 중 하나가 나를 팔리라. '괴로워(헬. 타라쏘)'는 '요동치다'를 의미한다. 베데스다 물이 요동할 때, 나사로의 죽음에 사람들이 울 때 그것을 보신 주님의 마음, 십자가의 고난을 생각하실 때 이 단어를 사용한다. 예수님은 많이 아파하시며 한 제자(가룟 유다)의 배신을 말씀하셨다.

> **22** 제자들이 서로 보며 누구에게 대하여 말씀하시는지 의심하더라
> **23** 예수의 제자 중 하나 곧 그가 사랑하시는 자가 예수의 품에 의지하여 누웠

는지라
22 The disciples looked at one another, completely puzzled about whom he meant.
23 One of the disciples, the one whom Jesus loved, was sitting next to Jesus.

13:23 예수의 품에 의지하여 누웠는지라. 이 구절은 오해의 소지가 있는 번역이다. 이 것의 의미를 알기 위해서는 당시의 식탁 문화에 대해 조금 더 이해가 필요하다. 이것은 '영예의 자리에 앉다'는 것에 대한 관용구다. 아니면 '더 가까이 기울이다' 의미로 사용할 수도 있다.

이 당시 식탁은 ㄷ자로 배치되어 있었을 것이다. 보통 식탁은 3개가 배치되고 각 식탁에 3사람이 함께 앉았다. 중앙에는 주인공이 앉고 우측은 영예의 자리로 가장 귀한 손님이 앉았다. 좌측 또한 영예의 자리에 속한다. 그리고 나머지 제자들은 다른 2개의 탁자에 각각 5명씩 조금 좁게 앉았을 수 있다. 앉았다고 표현했지만 사실 거의 엎드린 자세다.

그가 사랑하시는 자. 그가 특별히 사랑받았다는 의미이기 보다는 그가 사랑을 받았다고 생각할 수 있다. 그는 아마 요한일 것이다. 그가 젊고 사촌 동생이기도 해서 더 친밀하였을 수도 있지만 제자들 중 가장 으뜸의 자리로 여김을 받아서 그랬을 가능성도 있다. 그는 예수님의 오른쪽에 앉은 것으로 보인다.

24 시몬 베드로가 머릿짓을 하여 말하되 말씀하신 자가 누구인지 말하라 하니
25 그가 예수의 가슴에 그대로 의지하여 말하되 주여 누구니이까
24 Simon Peter motioned to him and said, "Ask him whom he is talking about."
25 So that disciple moved closer to Jesus' side and asked, "Who is it, Lord?"

13:25 가슴에 그대로 의지하여. 이것 또한 앞의 설명과 같다. 오른쪽에 있는 사람은 사실 조금만 왼쪽으로 더 기울이면 예수님과 매우 가까운 거리에 있게 된다. 왼쪽으로 고개를 받치고 오른 손으로 음식을 먹고 있었기 때문이다. 그래서 요한은 은밀히 예수님께 질문할 수 있었다.

26 예수께서 대답하시되 내가 떡 한 조각을 적셔다 주는 자가 그니라 하시고 곧 한 조각을 적셔서 가룟 시몬의 아들 유다에게 주시니
26 Jesus answered, "I will dip some bread in the sauce and give it to him; he is the man." So he took a piece of bread, dipped it, and gave it to Judas, the son of Simon Iscariot.

13:26 떡 한 조각을 적셔다 주는 자가 그니라. 헬라어로는 단지 '조각(헬. 프소미온)'이다. 빵 조각이나 야채 조각일 수도 있다. 이렇게 찍어서 건네는 것은 애정이 담긴 행동이다. 예수님의 마음은 분명히 사랑을 담아서 주셨을 것이다.

이 말씀은 아마 같은 테이블에 있는 사람만 들을 수 있었을 것이다. 예수님의 오른쪽에는 요한이 앉고 왼쪽에는 가룟 유다가 앉은 것으로 보는 것이 맞을 것 같다. 가룟 유다는 회계 담당자로 꽤 인정을 받고 있었던 것 같다. 이렇게 같은 테이블에 앉은 사람만 들을 수 있도록 말씀하신 것은 가룟 유다를 향한 마지막 기회와 희망 같은 것이 담겨 있기 때문일 수 있다.

> **27** 조각을 받은 후 곧 사탄이 그 속에 들어간지라 이에 예수께서 유다에게 이르시되 네가 하는 일을 속히 하라 하시니
>
> 27 As soon as Judas took the bread, Satan entered him. Jesus said to him, "Be quick about what you are doing!"

13:27 조각을 받은 후 곧 사탄이 그 속에 들어간지라. 예수님이 요한에게 대답하시면서 가룟 유다에게 조각을 주셨을 때 그것을 받은 가룟 유다는 매우 두려웠던 것 같다. 예수님이 자신의 음모를 알아차린 것 같다는 생각을 하였을 것이다. 그 순간 그는 회개와 완전한 배신의 갈림길에 섰을 것이다. 그런데 '사탄이 들어간지라'는 구절을 볼 때 그는 그 순간 완전한 배신을 선택한 것으로 보인다. 예수님의 마지막 손을 뿌리친 것이다.

네가 하는 일을 속히 하라. 예수님은 또 다시 유다만 알아들을 수 있는 미묘한 말씀을 하셨다. 이것 또한 예수님이 한 번 더 유다에게 돌아설 기회를 주신 것일 수 있다.

> **28** 이 말씀을 무슨 뜻으로 하셨는지 그 앉은 자 중에 아는 자가 없고
>
> 28 None of the others at the table understood why Jesus said this to him.

13:28 앉은 자 중에 아는 자가 없고. 요한은 예수님이 가룟 유다를 지목하는 것을 알았을 가능성이 높다. 그러나 이 말씀이 무엇을 뜻하는 지는 이해하지 못하였을 것이다.

> **29** 어떤 이들은 유다가 돈궤를 맡았으므로 명절에 우리가 쓸 물건을 사라 하시는지 혹은 가난한 자들에게 무엇을 주라 하시는 줄로 생각하더라

29 Since Judas was in charge of the money bag, some of the disciples thought that Jesus had told him to go and buy what they needed for the festival, or to give something to the poor.

13:29 가난한 자들에게 무엇을 주라 하시는 줄로 생각하더라. 유월절에는 가난한 사람들과 함께 나누는 것이 전통이었다. 그래서 회계 담당자인 유다에게 '나누어 줄 것을 사라'하시는 것으로 생각하였다는 것이다. 사람들은 여전히 가룟 유다가 예수님을 배신할 것이라고는 상상도 하지 못하고 있었다.

30 유다가 그 조각을 받고 곧 나가니 밤이러라

30 Judas accepted the bread and went out at once. It was night.

13:30 곧 나가니 밤이러라. 유다는 조각을 받았을 때 사랑을 받은 것이 아니라 자신의 계획이 들킬까 봐 더 빠르게 배신하기로 마음 먹었다. 그가 나간 시간이 밤이라는 것은 당연하다. 유월절 식사는 밤에 하기 때문이다. 그런데 그것을 구태여 밝히는 것을 보면 상징적으로 사용하고 있는 것 같다. 어둠 속으로 들어가는 것에 대한 형상화다.

31 그가 나간 후에 예수께서 이르시되 지금 인자가 영광을 받았고 하나님도 인자로 말미암아 영광을 받으셨도다

31 After Judas had left, Jesus said, "Now the Son of Man's glory is revealed; now God's glory is revealed through him.

13:31 그가 나간 후에 예수께서 이르시되 지금 인자가 영광을 받았고. 갑자기 '인자가 영광을 받았다'고 말씀하신다. 그것이 가룟 유다가 배신하기 위해 나간 것과 관련이 있는 것 같다. '영광을 받았다'가 헬라어로 과거형(부정과거)이기 때문에 과거형으로 번역을 많이 한다. 그런데 이것은 단순한 사실을 말할 때도 사용한다. 그래서 이것은 곧 예수님께서 십자가를 지시는 것을 말하는 것으로 보인다. 가룟 유다가 예수님을 팔기 위해 나갔기 때문에 이제 십자가에 못 박히시는 것을 기정사실로 말씀하시는 것이다.

예수님께서 십자가에 못 박히시는 것은 예수님이 영광을 받으시는 일이다. 그것은 예수님의 사랑과 순종이 잘 드러난다(영광하는)는 말씀이다.

하나님도 인자로 말미암아 영광을 받으셨도다. 이것 또한 부정과거형으로 되어 있다. 이어지는 단순한 사실 설명이다. 예수님의 십자가만큼 하나님의 뜻과 사랑을 잘 드러내

는 것이 없다. 그러기에 십자가는 하나님을 영광하는 일이다. 그 사실을 말하고 있다.

32 만일 하나님이 그로 말미암아 영광을 받으셨으면 하나님도 자기로 말미암아 그에게 영광을 주시리니 곧 주시리라
32 And if God's glory is revealed through him, then God will reveal the glory of the Son of Man in himself, and he will do so at once.

13:32 하나님이 그로 말미암아 영광을 받으셨으면. 하나님께서 예수님의 십자가를 통해 영광을 받으시는 것을 말씀한다. **하나님도 자기로 말미암아 그에게 영광을 주시리니.** 이것은 조금 이후의 일이기 때문에 동사가 미래형으로 되어 있다. 예수님이 부활하시고 승천하시는 일을 말하는 것이다.

이 모든 일련의 사건은 하나님 아버지와 예수님의 사랑을 극명하게 드러내는 사건이다. 말로 표현할 수 없는 큰 사랑을 드러내고 있다.

33 작은 자들아 내가 아직 잠시 너희와 함께 있겠노라 너희가 나를 찾을 것이나 일찍이 내가 유대인들에게 너희는 내가 가는 곳에 올 수 없다고 말한 것과 같이 지금 너희에게도 이르노라
34 새 계명을 너희에게 주노니 서로 사랑하라 내가 너희를 사랑한 것 같이 너희도 서로 사랑하라
33 My children, I shall not be with you very much longer. You will look for me; but I tell you now what I told the Jewish authorities, 'You cannot go where I am going.'
34 And now I give you a new commandment: love one another. As I have loved you, so you must love one another.

13:34 새 계명을 너희에게 주노니. 어떤 계명을 주시려고 새 계명이라고 말씀하실까? 여기에서 사용한 '새(헬. 카이노스)'는 '질적 새로움'을 의미한다. 헬라어 '네오스'와 구분해야 한다. 네오스는 '시간적 새로움'이다. '새 포도주는 새 부대에'라고 할 때 같은 '새'를 사용하지만 포도주 앞에 붙은 '새'는 네오스이고 부대 앞의 '새'는 카이노스이다. 새로 만든 포도주를 이전에 만들었든 새로 만들었든 사용한적이 없는 부대에 넣으라는 말이다. 그래야 포도주 부대가 터지지 않는다. 요한계시록에 나오는 '새 하늘과 새 땅'은 어떤 헬라어를 쓸까? '카이노스'를 사용한다. 그래서 하늘을 다시 창조(네오스)하시는 것이 아니라 리모델링하여 질적으로 다른 하늘이 되게 하신다는 의미이다. **내가 너희를 사랑한 것 같이 너희도 서로 사랑하라.** 이전에는 '네 몸같이 사랑하라'였다.

요나단은 다윗을 자신처럼 사랑했다. 대단한 사랑이다. 그러나 예수님은 질적으로 차원이 다른 더욱 대단한 사랑을 하라고 말씀하신다. 질적으로 새로운 것이기 때문에 '새 계명'이라고 말씀한다. 그것은 '예수님처럼 사랑하는 것'이다. 예수님이 제자들을 위해 십자가에서 죽으신 것처럼 사랑하라는 말씀이다. 죽음보다 더 강한 사랑을 하라는 말씀이다.

요나단은 다윗이 사랑스럽기 때문에 사랑했다. 그러나 예수님은 사람들이 사랑스럽지 않았지만 목숨을 주시면서 사랑하셨다. 심지어는 예수님을 팔려고 하는 가룟 유다까지 사랑하셨다. 그렇게 미운 모습의 사람을 생명을 다하여 사랑하라 말씀하신다.

35 너희가 서로 사랑하면 이로써 모든 사람이 너희가 내 제자인 줄 알리라
35 If you have love for one another, then everyone will know that you are my disciples."

13:35 서로 사랑하면...내 제자인 줄 알리라. 이 사랑은 '죽음보다 강한 사랑'이다. 이러한 사랑을 해야 제자다운 모습이 된다. 제자가 되는 믿음의 길은 죽음보다 더 강하다는 것을 알아야 한다.

36 시몬 베드로가 이르되 주여 어디로 가시나이까 예수께서 대답하시되 내가 가는 곳에 네가 지금은 따라올 수 없으나 후에는 따라오리라
36 "Where are you going, Lord?" Simon Peter asked him. "You cannot follow me now where I am going," answered Jesus; "but later you will follow me."

13:36 주여 어디로 가시나이까. '예수님이 가시는 곳에 제자들이 갈 수 없다'는 말씀에 베드로가 의아하여 던진 질문이다.

지금은 따라올 수 없으나 후에는 따라오리라. 예수님이 가시는 곳을 지금은 제자들이 갈 수 없다. 그러나 이후에는 따라갈 것이다. 이것은 이중적 의미를 가지고 있는 것 같다. 죽음과 더불어 십자가까지 포함한다. 지금은 예수님이 가신 죽음의 길을 따라갈 수 없지만 이후에는 모두 순교자의 길을 가게 될 것이다.

37 베드로가 이르되 주여 내가 지금은 어찌하여 따라갈 수 없나이까 주를 위하여 내 목숨을 버리겠나이다
37 "Lord, why can't I follow you now?" asked Peter. "I am ready to die for you!"

13:37 주를 위하여 내 목숨을 버리겠나이다. 목숨을 걸고 따라가는데 어디인들 따라가지 못하겠는가? 베드로는 모든 곳을 함께 따라가겠다는 강한 의지를 표방하였다.

그러나 결국 베드로는 따라가지 못한다. 물론 베드로의 이 마음이 가짜는 아니다. 대제사장이 보낸 병사가 왔을 때 베드로는 칼을 들고 싸웠다. 그는 목숨을 버릴 각오가 되어 있었던 같다. 그러나 예수님이 말씀하시는 십자가의 길은 목숨을 위하여 싸우는 것이 아니다.

예수님은 칼로 싸우며 따라오는 것이 아니라 침묵하며 따라오는 것을 원하셨다. 베드로가 칼로 싸우는 것은 이길 가능성은 없어도 그래도 조금이라도 가능성이 있다. 그러나 침묵하며 따라가는 것은 완전히 가능성이 없어 보였다. 베드로는 칼을 들고 싸울 마음은 있었으나 순교할 마음은 없었다.

칼을 들고 싸우는 것보다 침묵하며 순종하는 것이 때로는 훨씬 더 어렵다. 칼을 들고 싸우는 것은 죽음에 맞서는 것이다. 예수님을 위하는 마음이 죽음과 비등비등하다. 그런데 순교하는 것은 죽음보다 더 강하다. 죽음보다 더 귀하니 순교하는 것이다. 그것은 죽음보다 훨씬 더 강하다. 베드로에게 요구되는 것은 죽음보다 더 강한 순종이었다.

38 예수께서 대답하시되 네가 나를 위하여 네 목숨을 버리겠느냐 내가 진실로 진실로 네게 이르노니 닭 울기 전에 네가 세 번 나를 부인하리라
38 Jesus answered, "Are you really ready to die for me? I am telling you the truth: before the cock crows you will say three times that you do not know me.

13:38 닭 울기 전에 네가 세 번 나를 부인하리라. '닭 울기 전'은 아마 새벽을 말하는 것 같다. 예수님과 함께 말하는 그 밤이 다 지나기 전에 세 번 부인하리라는 말씀이다. 매우 짧은 시간 세 번이나 부인한다는 말씀이다.

죽음에 맞서 싸우는 것은 어려운 일이다. 그러나 베드로는 그것까지 갈 수 있었다. 그러나 죽음보다 더 강한 순종은 매우 어려웠다. 베드로도 아직 그 위치까지는 가지 못하였다. 순종이 죽음보다 더 강해야 한다.

1 너희는 마음에 근심하지 말라 하나님을 믿으니 또 나를 믿으라
2 내 아버지 집에 거할 곳이 많도다 그렇지 않으면 너희에게 일렀으리라 내가 너희를 위하여 거처를 예비하러 가노니
1 "Do not be worried and upset," Jesus told them. "Believe in God and believe also in me.
2 There are many rooms in my Father's house, and I am going to prepare a place for you. I would not tell you this if it were not so.

14:2 내 아버지 집에 거할 곳이 많도다. 예수님의 떠나심과, 제자들의 믿음의 빈곤으로 예수님과 더 거리가 멀어지는 것 같은 상황에서 걱정하고 있는 제자들에게 역설적인 말씀을 하셨다. 이것은 천국에 집이 많다는 것을 의미하는 것이 아니다. 하나님의 충만한 임재에 대한 말씀이다.

'아버지 집'은 하나님 나라나 성전을 상징한다. 무엇이든 모두 하나님께서 충만히 임재하시는 곳이다. 제자들이 하나님의 임재 가운데 살게 되는 것은 하나님께서 싫어하시는 일이 아님을 말씀하신 것이다. 오히려 하나님께서 매우 원하시는 일이다. 하나님의 임재를 위해 이제부터 더욱더 위대한 일들이 일어날 것이다. 바로 그 일에 대한 말씀이다.

너희를 위하여 거처를 예비하러 가노니. 혹자는 이것을 천국에 집(아파트)을 건축하러 가시는 것으로 말한다. 그러나 이것은 그러한 물질적 집을 말하는 것이 아니다. 우리가 하나님 나라에 거하기 위해서 가장 필요한 것은 예수님의 대속이다. 하나님이 우리 가운데 임재하시기 위해서는 우리의 죄가 없어야 하기 때문이다. '거처를 예비하러 가시는 것'은 예수님의 대속과 부활과 승천을 말하는 것이다. 그러한 일을 위해 제자를 떠나심을 말씀하는 것이다.

3 가서 너희를 위하여 거처를 예비하면 내가 다시 와서 너희를 내게로 영접하여 나 있는 곳에 너희도 있게 하리라
3 And after I go and prepare a place for you, I will come back and take you to myself, so that you will be where I am.

14:3 내가 다시 와서 너희를 내게로 영접하여. 예수님이 다시 오신다는 것은 두 가지 해석 가능성이 있다. 예수님이 부활하신 이후 성령을 통해 오시는 것을 말씀하시거나, 이후 재림 때 오시는 것을 말씀할 수 있다. 재림 때 다시 오시는 것은 하나님 나라의 완성(미래 종말론)이고, 성령으로 다시 오시는 것은 이미 시작된 하나님 나라(실현된 종말론)를 의미한다. 두 가지 다 가능성이 있으나 나는 성령을 통해 오시는 것을

말씀하시는 것이 더 맞다고 생각한다. 예수님은 재림 때 다시 오시지만 이전에 부활
하신 이후 성령을 통해 이 세상에 다시 오셔서 그 백성들 가운데 함께 하신다.

4 내가 어디로 가는지 그 길을 너희가 아느니라
5 도마가 이르되 주여 주께서 어디로 가시는지 우리가 알지 못하거늘 그 길을
어찌 알겠사옵나이까
4 You know the way that leads to the place where I am going."
5 Thomas said to him, "Lord, we do not know where you are going; so how can we know
the way to get there?"

14:5 주께서 어디로 가시는지 우리가 알지 못하거늘. 예수님이 계속 '떠나신다' 말씀하
시니 도마가 다시 말하였다. 도마는 아직 예수님이 하시는 일을 잘 이해하지 못하고
있었다. 그래서 예수님이 가신다고 하는 그곳이 구체적으로 어디인지 물었다.

6 예수께서 이르시되 내가 곧 길이요 진리요 생명이니 나로 말미암지 않고는 아
버지께로 올 자가 없느니라
6 Jesus answered him, "I am the way, the truth, and the life; no one goes to the Father
except by me.

14:6 내가 곧 길이요 진리요 생명이니. 예수님은 제자들이 지금은 잘 이해하지 못하여
도 나중에 이해할 것을 생각하시면서 말씀하여 주셨다. 하나님 나라는 배를 타고 가
거나 지도를 가지고 있어야 하는 것이 아니다. 오직 예수님을 통해 갈 수 있다. 예수님
께서 말씀하신 것을 순종할 때 그 길을 가는 것이다.

7 너희가 나를 알았더라면 내 아버지도 알았으리로다 이제부터는 너희가 그를
알았고 또 보았느니라
7 Now that you have known me," he said to them, "you will know my Father also, and from
now on you do know him and you have seen him."

14:7 너희가 나를 알았더라면 내 아버지도 알았으리로다. 지금 하나님 아버지는 눈에
보이지 않는다. 그러나 예수님을 통해 하나님을 알고 볼 수 있다.

8 빌립이 이르되 주여 아버지를 우리에게 보여 주옵소서 그리하면 족하겠나이다

14:8 주여 아버지를 우리에게 보여 주옵소서. 예수님을 본 사람은 아버지를 본 것과 같다는 말씀을 여전히 잘 이해하지 못한 빌립은 '아버지를 보기를 원한다'고 말하였다. 제자들은 그렇게 몰랐다. 지금 되어지는 일에 대해 잘 이해하지 못하였다.

9 예수께서 이르시되 빌립아 내가 이렇게 오래 너희와 함께 있으되 네가 나를 알지 못하느냐 나를 본 자는 아버지를 보았거늘 어찌하여 아버지를 보이라 하느냐

9 Jesus answered, "For a long time I have been with you all; yet you do not know me, Philip? Whoever has seen me has seen the Father. Why, then, do you say, 'Show us the Father'?

14:9 나를 본 자는 아버지를 보았거늘 어찌하여 아버지를 보이라 하느냐. 예수님은 빌립에게 다시 설명하여 주셨다. 제자들의 무지에 예수님은 반복하여 설명하여 주셨다.

10 내가 아버지 안에 거하고 아버지는 내 안에 계신 것을 네가 믿지 아니하느냐 내가 너희에게 이르는 말은 스스로 하는 것이 아니라 아버지께서 내 안에 계셔서 그의 일을 하시는 것이라

10 Do you not believe, Philip, that I am in the Father and the Father is in me? The words that I have spoken to you," Jesus said to his disciples, "do not come from me. The Father, who remains in me, does his own work.

14:10 내가 아버지 안에 거하고 아버지는 내 안에 계신 것을 네가 믿지 아니하느냐. 제자들은 지금 예수님만 보고 있지만 실상은 하나님 아버지께서 예수님과 함께 거하고 계신다. 하나님의 임재를 믿음으로 볼 수 있어야 한다.

11 내가 아버지 안에 거하고 아버지께서 내 안에 계심을 믿으라 그렇지 못하겠거든 행하는 그 일로 말미암아 나를 믿으라
12 내가 진실로 진실로 너희에게 이르노니 나를 믿는 자는 내가 하는 일을 그도 할 것이요 또한 그보다 큰 일도 하리니 이는 내가 아버지께로 감이라

11 Believe me when I say that I am in the Father and the Father is in me. If not, believe because of the things I do.
12 I am telling you the truth: those who believe in me will do what I do—yes, they will do even greater things, because I am going to the Father.

14:12 나를 믿는 자는 내가 하는 일을 그도 할 것이요. 이제 예수님은 아버지께로 가신다. 그러면 남은 제자들이 예수님이 하시던 일을 하게 될 것이다. 복음을 전하는 일을 하게 될 것이다.

예수님을 믿는 사람들은, 예수님이 계시지 않으나(보이지 않으나) 예수님의 일을 함으로 예수님이 그들 안에 거하고 계시다는 것을 알게 될 것이다. 다른 사람들은 그것을 잘 이해하지 못할 것이다. 그러나 그들도 믿음으로 예수님의 일을 하게 될 때 그들 안에 예수님이 거하시는 것을 알게 된다. 예수님의 임재를 알게 된다.

> **13** 너희가 내 이름으로 무엇을 구하든지 내가 행하리니 이는 아버지로 하여금 아들로 말미암아 영광을 받으시게 하려 함이라
> **13** And I will do whatever you ask for in my name, so that the Father's glory will be shown through the Son.

14:13 너희가 내 이름으로 무엇을 구하든지 내가 행하리니. 이것은 기도에 대한 것이기보다는 임재에 대한 말씀이다. 예수님이 땅에 계실 때 하나님 아버지가 눈에 보이지 않았지만 하나님 아버지께 구하시고 많은 일을 행하셨다. 오늘날 신앙인이 예수님이 눈에 보이지 않지만 예수님께 구하면 또한 많은 일을 하게 될 것이다. 예수님이 눈에 보이게 함께하시지는 않지만 분명히 함께 하신다. 임재하신다. 그래서 그 이름으로 무엇을 구하면 예수님이 행하신다. 그것을 경험하며 더욱더 임재를 알게 될 것이다.

> **14** 내 이름으로 무엇이든지 내게 구하면 내가 행하리라
> **15** 너희가 나를 사랑하면 나의 계명을 지키리라
> **16** 내가 아버지께 구하겠으니 그가 또 다른 보혜사를 너희에게 주사 영원토록 너희와 함께 있게 하리니
> **14** If you ask me for anything in my name, I will do it.
> **15** "If you love me, you will obey my commandments.
> **16** I will ask the Father, and he will give you another Helper, who will stay with you for ever.

14:16 또 다른 보혜사를 너희에게 주사. '보혜사(헬. 파라클레토스)'는 위로자, 교사, 변호자, 보혜사, 돕는 자, 인도자 등으로 다양하게 번역할 수 있다. 매우 다양한 의미를 가지고 있다. 예수님은 때로 보혜사다. 그리고 예수님은 '다른 보혜사'를 보내시겠다 말씀하신다. '다른 보혜사'는 성령을 의미한다.

17 그는 진리의 영이라 세상은 능히 그를 받지 못하나니 이는 그를 보지도 못하고 알지도 못함이라 그러나 너희는 그를 아나니 그는 너희와 함께 거하심이요 또 너희 속에 계시겠음이라

17 He is the Spirit who reveals the truth about God. The world cannot receive him, because it cannot see him or know him. But you know him, because he remains with you and is in you.

14:17 그는 진리의 영이라. 성령은 여러 면에 있어 예수님과 비슷하다. 예수님이 보혜사이신데 성령님도 보혜사다. 그리고 예수님은 '진리'가 되시는데 성령님도 '진리'가 되신다.

세상은 능히 그를 받지 못하나니. 세상은 성령을 알지 못한다. **너희는 그를 아나니 그는 너희와 함께 거하심이요.** 제자들은 예수님과 함께하였듯이 성령님과 함께 하게 될 것이다. 예수님이 인격을 가지고 계시듯이 성령님도 인격을 가지고 계신 분이다. 성령 하나님은 삼위일체의 삼위에 해당하는 분이다.

18 내가 너희를 고아와 같이 버려두지 아니하고 너희에게로 오리라

18 "When I go, you will not be left all alone; I will come back to you.

14:18 내가...너희에게로 오리라. 예수님은 성령님을 통해 제자들과 함께 하신다. 그것을 예수님의 영적 임재라 말한다. 예수님이 제자들을 떠나실 것이지만 성령님을 보내실 것이다. 성령님이 제자들과 함께 하신다는 것은 곧 예수님이 함께 하시는 것이 된다. 예수님이 성령의 임재를 통해 임재하실 것이기 때문이다.

19 조금 있으면 세상은 다시 나를 보지 못할 것이로되 너희는 나를 보리니 이는 내가 살아 있고 너희도 살아 있겠음이라

19 In a little while the world will see me no more, but you will see me; and because I live, you also will live.

14:19 조금 있으면 세상은 다시 나를 보지 못할 것이로되 너희는 나를 보리니. 예수님은 이제 육신으로 세상에 계시지 않을 것이다. 그러나 제자들은 예수님을 보는 것처럼 생생하게 함께 하게 될 것이다. 성령이 임하시기 때문이다.

20 그 날에는 내가 아버지 안에, 너희가 내 안에, 내가 너희 안에 있는 것을 너

희가 알리라

20 When that day comes, you will know that I am in my Father and that you are in me, just as I am in you.

14:20 너희가 내 안에. 성령이 오심으로 제자들은 성령을 통해 그리스도 안에 더욱 충만히 함께 하게 될 것이다. 이 구절은 삼위의 하나님을 모두 언급하고 있다. 신앙인이 삼위일체 하나님과 충만한 교통을 하는 것을 말한다.

21 나의 계명을 지키는 자라야 나를 사랑하는 자니 나를 사랑하는 자는 내 아버지께 사랑을 받을 것이요 나도 그를 사랑하여 그에게 나를 나타내리라

21 "Those who accept my commandments and obey them are the ones who love me. My Father will love those who love me; I too will love them and reveal myself to them."

14:21 나의 계명을 지키는 자라야 나를 사랑하는 자니. 예수님은 목숨보다 더 강한 사랑을 말씀하셨다. 예수님을 사랑한다 하면서 예수님의 새 계명과 말씀을 지키지 않는다면 그것은 사랑하는 것이 아니다.

그에게 나를 나타내리라. 예수님을 사랑하여 계명을 지키는 사람에게 성령의 임재를 통해 예수님의 임재를 드러내신다는 말씀이다.

22 가룟인 아닌 유다가 이르되 주여 어찌하여 자기를 우리에게는 나타내시고 세상에는 아니하려 하시나이까

22 Judas (not Judas Iscariot) said, "Lord, how can it be that you will reveal yourself to us and not to the world?"

14:22 어찌하여...우리에게는 나타내시고 세상에는 아니하려 하시나이까. 유다는 지금 예수님이 하시는 말씀을 잘 이해하지 못하였다. 성령님을 통한 임재를 잘 이해하지 못하였다. 그러나 이 질문 그대로를 사람들에게 적용할 수 있다. 사람들은 왜 성령의 임재와 그리스도의 임재를 모를까?

23 예수께서 대답하여 이르시되 사람이 나를 사랑하면 내 말을 지키리니 내 아버지께서 그를 사랑하실 것이요 우리가 그에게 가서 거처를 그와 함께 하리라

23 Jesus answered him, "Whoever loves me will obey my teaching. My Father will love him, and my Father and I will come to him and live with him.

14:23 나를 사랑하면 내 말을 지키리니...우리가 그에게 가서 거처를 그와 함께 하리라.
말씀을 지키는 것이 거룩의 길이다. 하나님은 거룩하신 분이다. 그래서 그 백성이 거룩할 때 함께 하신다. 함께 하시면 그때 백성들은 하나님의 임재를 알게 될 것이다. 거짓에 있으면 하나님께서 함께하시지 않는다. 진리에 있을 때 하나님께서 함께 하시며 그래서 하나님을 알게 될 것이다.

24 나를 사랑하지 아니하는 자는 내 말을 지키지 아니하나니 너희가 듣는 말은 내 말이 아니요 나를 보내신 아버지의 말씀이니라
24 Whoever does not love me does not obey my teaching. And the teaching you have heard is not mine, but comes from the Father, who sent me.

14:24 나를 사랑하지 아니하는 자는 내 말을 지키지 아니하나니. 말씀을 지키지 않으면 예수님을 사랑하지 않는 것이기 때문에 성령님이 임재하지 않으실 것이다. 그래서 유다의 질문을 다시 생각해 볼 수 있다. 세상에 예수님이 나타내지 않으시는 것은 그들이 예수님을 사랑하지 않기 때문이다. 계명을 지키지 않기 때문이다. 그들은 끝내 예수님을 알지 못할 것이다. 임재를 모른다.
예수님을 보고 싶은가, 임재를 소원하는가? 그렇다면 예수님을 사랑해야 한다. 예수님의 계명을 지켜야 한다. 예수님의 새 계명에 따라 죽음보다 강한 사랑으로 교회를 사랑해야 한다. 그러면 성령의 임재를 느끼며 예수님을 보는 것 같이 알게 될 것이다.

25 내가 아직 너희와 함께 있어서 이 말을 너희에게 하였거니와
25 "I have told you this while I am still with you.

14:25 내가 아직 너희와 함께 있어서. 이제 곧 함께 있지 못하신다는 뜻이 담겨 있다. 함께하시는 마지막 시간을 예수님은 열심히 가르치셨다.
모든 신앙인이 이 마음을 닮아야 할 것이다. 이 땅에서 우리는 주변에 사람들이 있다. 가족이 있고 지인들이 있다. 우리는 언제까지 함께 할 수 있을까? 아직 그 사람들과 함께 있을 때 예수님처럼 열심히 가르쳐야 한다. 우리 안에 있는 복음을 전하고 가르쳐야 한다. 그것이 그 사람들에게 생명이 되고 보배가 될 것이기 때문이다.

26 보혜사 곧 아버지께서 내 이름으로 보내실 성령 그가 너희에게 모든 것을

가르치고 내가 너희에게 말한 모든 것을 생각나게 하리라
26 The Helper, the Holy Spirit, whom the Father will send in my name, will teach you everything and make you remember all that I have told you.

14:26 아버지께서 내 이름으로 보내실 성령. '내 이름으로'는 다양한 해석이 가능한데 여기에서는 '예수님 대신에'의 의미가 강하다. 예수님이 떠나신 후 오셔서 예수님의 사역을 하시는 분이다. 예수님이 떠나시니 예수님 이후에 오셔서 예수님 대신 가르치실 분을 말씀해 주시는 것이 매우 필요하다.

그가 너희에게 모든 것을 가르치고. 성령이 오셔서 제자들에게 가르치실 것이라고 말씀한다. 무엇을 가르치실까? **내가 너희에게 말한 모든 것을 생각나게 하리라.** 성령이 오셔서 다른 것을 가르치시는 것이 아니다. 예수님이 말씀하신 것을 가르치신다. 그것이 기준이다. 그것을 기준으로 더 생각나게 하시고 그것을 어떻게 적용해야 하는지를 가르치실 것이다.

성령의 사역에서 가장 중요한 것은 '가르치시는 사역'이다. 모든 성경이 성령의 감동으로 된 것이다. 성경을 기록하게 하시고, 그것을 가르치고, 그것을 따라 살게 하는 일을 하시는 분이 성령이다. 우리는 오늘날 말씀을 제대로 깨닫고, 따라 살 수 있도록 성령의 인도를 구해야 한다. 성령의 인도를 구해야 하는 가장 중요한 부분이다.

제자들은 지금 예수님이 말씀하시는 것을 제대로 깨닫지 못하고 있었다. 그러나 성령님이 오셔서 가르치시면 깨닫게 될 것이다. 오늘날에도 사람들은 예수님이 말씀하신 것을 직접 읽어도 깨닫지 못할 때가 많다. 그래서 성령님의 인도가 필요하다.

27 평안을 너희에게 끼치노니 곧 나의 평안을 너희에게 주노라 내가 너희에게 주는 것은 세상이 주는 것과 같지 아니하니라 너희는 마음에 근심하지도 말고 두려워하지도 말라
27 "Peace is what I leave with you; it is my own peace that I give you. I do not give it as the world does. Do not be worried and upset; do not be afraid.

14:27 나의 평안을 너희에게 주노라. '평안(헬. 에이레네)'에 대해 말씀하신다. 가장 평안이 없을 것 같은 상황인데 평안을 말씀하셨다. 이 평안은 매우 놀라운 평안이다. 평안을 말할 때 사람들은 가장 먼저 '전쟁이 없는 평안'을 생각한다. 또는 부요한 것을 생각한다. 사람들과 다툼이 없는 것을 생각한다. 다 맞다. 예수님이 주시고자 하시는 것도 그러한 평안이다. 그러나 차원이 다르다.

세상이 주는 것과 같지 아니하니라. 세상이 주는 평안과 예수님이 주시는 평안이 다르

다는 것이다. 차원이 다르다. 예수님이 이제 잡혀 가신다. 죽으신다. 그러면 세상은 결코 평안을 말하지 못한다. 그러나 예수님은 그곳에서 '평안하라'고 말씀한다. 세상이 주는 평안은 여건이 되어야 한다. 그러나 예수님이 주시는 평안은 여건이 아니라 하나님을 바라봄으로 생긴다. 하나님의 통치와 궁극적 종착지를 알기 때문에 갖는 평안이다. 예수님은 이 평안을 주기 위해 오셨고 모든 일을 하고 계신다.

예수님은 평안의 나라를 주시기 위해 오셨다. 평안의 왕으로 오셨다. 이 평안은 구약에서도 계속 말하고 있는 '샬롬'이다. 하나님과의 관계 회복이 가장 중요하다. 그러면 세상 모든 것과의 관계가 회복될 것이다. 그래서 평안의 나라가 된다. 영원한 나라다. 풍성한 평안의 나라다.

세상이 주는 평안은 하나님과의 관계의 회복이 전제되지 않은 것이다. 그것은 일시적이고 빈약한 평안이다. 그러나 예수님이 주시는 평안은 하나님과의 회복에서 오는 것이다. 영원하고 풍성한 평안이다. 그러기에 제자들은 세상이 주는 평안이 아니라 하나님이 주시는 평안을 바라보아야 한다. 아주 어려운 상황에서도 이미 평안할 수 있는 평안이다.

28 내가 갔다가 너희에게로 온다 하는 말을 너희가 들었나니 나를 사랑하였더라면 내가 아버지께로 감을 기뻐하였으리라 아버지는 나보다 크심이라
28 You heard me say to you, 'I am leaving, but I will come back to you.' If you loved me, you would be glad that I am going to the Father; for he is greater than I.

14:28 내가 아버지께로 감을 기뻐하였으리라. 예수님이 죽으시고 부활하시면 하늘의 하나님께로 가신다. 이것이 당장은 제자들에게 불안의 요인이 될 것이다. 그러나 예수님을 알고, 그 말씀을 이해하고, 예수님을 사랑한다면 이것이 얼마나 기쁜 일인지를 알게 될 것이다.

예수님의 자리는 하늘 보좌다. 이 땅에 계신 것은 그 백성을 위하여 로고스가 육신이 되신 것이다. 본래의 자리인 하늘 보좌에 가시는 것은 참으로 영광스러운 일이고 기쁜 일이다. 제자들이 이제야 진정 영광을 돌릴 수 있는 때다.

29 이제 일이 일어나기 전에 너희에게 말한 것은 일이 일어날 때에 너희로 믿게 하려 함이라
29 I have told you this now before it all happens, so that when it does happen, you will believe.

14:29 일이 일어나기 전에 너희에게 말한 것은...믿게 하려 함이라. 예수님은 계속 이후에 일어날 일을 말씀하셨다. 이렇게 말씀하시는 것은 지금은 제자들이 잘 이해하지 못하여도 이후에 그런 일이 일어날 때 믿을 수 있도록 하기 위해 말씀하시는 것이다. 예수님이 십자가에서 죽으실 때, 제자들이 배신할 때 이런 모든 일들은 참으로 힘들고 고통스러운 경험이 될 것이다. 그러나 예수님은 그들의 그러한 정서적 어려움을 알고 계셨다. 그래서 미리 말씀하여 주신 것이다.

오늘날 우리들은 이제 더욱더 미래의 일에 대해 안다. 우리에게 어떤 일이 일어나더라도 우리는 그것이 우리를 깨뜨리지 못하고 우리를 영원한 나라로 이끌 것을 안다. 그렇다면 오늘날 우리는 제자들보다 조금 더 좋은 위치에 있다. 우리는 이미 우리에게 어떤 일이 일어나더라도 받아들일 준비가 된 사람이어야 한다.

> **30** 이 후에는 내가 너희와 말을 많이 하지 아니하리니 이 세상의 임금이 오겠음이라 그러나 그는 내게 관계할 것이 없으니
>
> **30** I cannot talk with you much longer, because the ruler of this world is coming. He has no power over me,

14:30 말을 많이 하지 아니하리니 이 세상의 임금이 오겠음이라. 세상 임금인 사탄이 사람을 이용하여 자신을 잡고 죽이는 것에 대한 말씀이다. 그때 예수님은 지금처럼 많은 말을 하지 않으신다. 묵묵히 걸어가신다.

그는 내게 관계할 것이 없으니. 사람들은 세상 임금의 종 노릇을 하기에 예수님을 죽인다. 그러나 예수님은 죽음 앞에서도 사탄의 종 노릇이 아니라 하나님의 뜻을 따라가신다. 그래서 죽으시면서도 사탄과는 전혀 관계가 없으시다는 것을 말씀하신다. 죽으시는 그 순간에도 사탄이 유혹하는 죄에 전혀 관계가 없으시다는 말씀이다. 사탄이 들어갈 공간이 없을 것이다.

우리는 어려움을 겪으면 그 순간 사탄이 우리에게 관계할 것이 많게 만드는 경우가 많다. 마음이 약해지고, 두려움으로 그러한 공간을 허용하고 사탄에게 넘어갈 때가 많다. 그러나 예수님은 사탄이 들어올 공간을 전혀 주지 않으셨다는 것을 명심해야 한다.

> **31** 오직 내가 아버지를 사랑하는 것과 아버지께서 명하신 대로 행하는 것을 세상이 알게 하려 함이로라 일어나라 여기를 떠나자 하시니라

31 but the world must know that I love the Father; that is why I do everything as he commands me. "Come, let us go from this place.

14:31 아버지께서 명하신 대로 행하는 것을 세상이 알게 하려 함이로라. 예수님이 십자가의 길을 가는 것은 오직 하나님의 뜻에 따라 가는 것일 뿐이다. 그래서 당당하셨다. 우리가 이 땅에서 겪는 어려움도 그렇다. 그 순간순간에 하나님의 뜻을 따라 순종하고 있다면 우리도 어느 고난에도 당당할 수 있다.

15장

예수님이 마가의 다락방에서 겟세마네 동산까지 가시는 길에서 가르치신 것이다. 예수님은 유월절 식사를 하시면서 제자들에게 긴 말씀을 하셨다. 그리고 2막으로 겟세마네에 가시면서 긴 말씀을 시작하신다.

1 나는 참포도나무요 내 아버지는 농부라

1 "I am the real vine, and my Father is the gardener.

15:1 이 말씀이 유월절 식사를 하시면서 제2탄으로 하신 것인지 아니면 다락방에서 겟세마네에 가시는 길 가운데 하셨는지는 정확하지 않다.

'일어나라 여기를 떠나자'(14:31)라고 말씀하셨었다. 이 말씀을 하시고 여전히 앉아서 계속 말씀하셨는지 아니면 일어나 마가 다락방을 떠나셔서 길을 가면서 하셨는지는 정확하지 않다. 길을 가면서 하신 것으로 보는 것이 자연스러워 보인다.

나는 참포도나무요. 보통 이스라엘을 포도나무로 상징적으로 사용하였다. 그런데 이제 예수님이 참포도나무라고 말씀한다. 예수님은 성경의 약속대로 메시야로 오셨고 새로운 시대가 열렸다. 예수님을 믿어야만 진정한 포도나무 열매를 맺을 수 있기 때문에 이 상징을 자신에게 적용하고 계신다. .

2 무릇 내게 붙어 있어 열매를 맺지 아니하는 가지는 아버지께서 그것을 제거해 버리시고 무릇 열매를 맺는 가지는 더 열매를 맺게 하려 하여 그것을 깨끗하게 하시느니라

2 He breaks off every branch in me that does not bear fruit, and he prunes every branch that does bear fruit, so that it will be clean and bear more fruit.

15:2 내게 붙어 있어 열매를 맺지 아니하는 가지는 아버지께서 그것을 제거해 버리시고. 나무에 붙어 있으나 열매를 맺지 못하면 그것은 포도나무의 양분을 낭비한다. 그러면 그것을 제거해야 한다.

열매를 맺는 가지는 더 열매를 맺게 하려 하여 그것을 깨끗하게 하시느니라. 열매를 맺는 가지도 더 열매를 맺도록 전지한다고 말씀한다. 포도나무는 열매 맺는 것이 가장 중요하다. 이 비유의 '전지'는 가을 마무리 전지를 의미한다. 열매를 맺지 못하는 가지는 완전히 제거하고 열매를 맺는 가지는 열매를 더 잘 맺도록 전지하는 것을 말한다.

가지가 나무에 붙어 있으나 열매를 맺지 않는 가지와 열매를 맺는 가지로 구분하고 있다. 열매를 맺지 못하면 제거하신다고 말씀한다. 포도나무 가지가 열매를 맺지 못하면 더 이상 의미가 없기 때문이다.

여기에서 중요한 것은 열매에 대한 정의다. 사람들은 열매를 크고 화려한 것으로 생각하는 경향이 많다. 그러나 여기에서 열매는 크고 화려한 것을 말하는 것이 아니다. 예수님 안에 있을 때 자연스럽게 맺는 열매다.

3 너희는 내가 일러준 말로 이미 깨끗하여졌으니

3 You have been made clean already by the teaching I have given you.

15:3 너희는...깨끗하여졌으니. 제자들은 예수님의 말씀으로 이미 '전지되었다'고 말씀하신다. 예수님의 말씀으로 필요 없는 부분은 없애고 열매 맺는 삶에 집중할 수 있게 된 상태를 말한다. 예수님의 말씀으로 많은 열매를 맺을 수 있도록 준비되었다는 것이다.

말씀은 우리가 무엇을 해야 하고 무엇을 하지 말아야 하는 지를 알려준다. 그 말씀에 따라 행할 때 열매를 맺고, 말씀을 따라 행하지 않으면 열매가 없다. 열매를 맺지 않는 가지는 말씀을 따라가지 않은 가지다. 열매를 맺는 가지는 말씀으로 계속 자기 자신을 돌아보고 필요 없는 부분은 가지치기를 하였다.

이 말씀은 단순한 삶을 생각나게 한다. 사람들이 필요 없는 일에 많은 에너지를 쏟는다. 매우 바쁘게 사는데 실상은 열매가 없는 삶이다. 바쁘게 살았다고 잘 산 것이 아니다. 말씀에 따라 살아야 열매를 맺는다. 열매를 맺어야 잘 사는 것이다.

열매 없는 가지를 잘라내는 것이 너무 매몰찬 것처럼 보일 수 있다. 그것은 열매에 대한 오해 때문에 그렇다. 세상에서 열매는 상위권을 의미한다. 소수만 맺을 수 있다. 무엇을 하느냐가 아니라 무엇을 얼마나 잘 하느냐가 중요하다. 크고 화려해야 한다. 그러나 성경에서 말하는 열매는 말씀을 따라가는 삶이다. 그러니 모든 사람이 열매를 맺을 수 있다.

4 내 안에 거하라 나도 너희 안에 거하리라 가지가 포도나무에 붙어 있지 아니하면 스스로 열매를 맺을 수 없음 같이 너희도 내 안에 있지 아니하면 그러하리라
4 Remain united to me, and I will remain united to you. A branch cannot bear fruit by itself; it can do so only if it remains in the vine. In the same way you cannot bear fruit unless you remain in me.

15:4 내 안에 거하라. '거한다'는 것은 인내와 끈기가 필요하다. 충성과 교통을 포함한다. 포도나무에 붙어 있지 않은 가지가 어찌 열매를 맺을 수 있겠는가? 붙어 있어도 나무와 교통하지 않으면 열매를 맺을 수 없다. 교통을 하더라도 간헐적으로만 한다면 열매를 맺을 수 없다. 나무에 붙어 있어 꾸준히 신실하게 나무로부터 아침 저녁으로 공급받을 때 열매를 맺을 수 있다.

세상은 우리를 하나님과 단절시키려고 한다. 바쁘게 해서 단절시킨다. 어려운 일을 많이 만들어서 단절시킨다. 그러나 우리는 어떤 일이 있어도 예수님 안에 거해야 한다. 습관적으로 거해야 한다. 나도 모르게 예수님 안에 거하도록 삶의 좋은 패턴을 만들라. 습관적으로 기도하고, 규칙적으로 성경을 보면서 예수님 안에 거해야 한다. 의지적으로 거해야 한다. 힘든 일이 있어 예배에 참석하기 어렵고, 몸이 아파 참석하기 어려울 때 의지를 동원하여 참석하며 예수님 안에 거하도록 해야 한다.

5 나는 포도나무요 너희는 가지라 그가 내 안에, 내가 그 안에 거하면 사람이 열매를 많이 맺나니 나를 떠나서는 너희가 아무 것도 할 수 없음이라
6 사람이 내 안에 거하지 아니하면 가지처럼 밖에 버려져 마르나니 사람들이 그것을 모아다가 불에 던져 사르느니라
7 너희가 내 안에 거하고 내 말이 너희 안에 거하면 무엇이든지 원하는 대로 구하라 그리하면 이루리라
5 "I am the vine, and you are the branches. Those who remain in me, and I in them, will bear much fruit; for you can do nothing without me.
6 Whoever does not remain in me is thrown out like a branch and dries up; such branches are gathered up and thrown into the fire, where they are burnt.
7 If you remain in me and my words remain in you, then you will ask for anything you wish,

and you shall have it.

15:7 이 구절을 기도에 대한 가르침으로 생각한다. 그런데 그 의미를 거꾸로 오해하는 경우가 많다. 이 구절의 핵심은 '구하라'가 아니라 '거하면'에 있다.

너희가 내 안에 거하고. '내 말이 너희 안에 거하면'과 거의 같은 말이다. 예수님이 우리 안에 거하신다는 것은 예수님의 말씀이 우리 안에 거하는 것과 매우 비슷하다. 예수님의 말씀이 우리 안에 많이 거하면 예수님이 많이 거하시는 것이 된다. 예수님의 말씀을 모르면 예수님이 우리 안에 거하실 수 없다. 예수님의 말씀을 많이 알아야 예수님이 우리 안에 많이 거하실 수 있다.

무엇이든지 원하는 대로 구하라 그리하면 이루리라. 이것은 우리가 무엇이든지 원하는 대로 구해도 된다는 뜻이 아니다. 바로 앞에서 전제 조건을 다시 살펴보아야 한다. 예수님 '말씀이 우리 안에 거할 때'이다.

우리가 '원하는 것'을 무엇이든지 구하라는 말씀이 아니다. 이것은 '예수님이 원하시는 것'을 무엇이든지 구하는 것이다. 우리가 구할 때 말씀이라는 기준이 있어야 함을 말한다. 예수님이 원하시는 것을 구하였으니 그것이 이루어지는 것이다.

이루리라. 내 욕심대로 기도하면 이루어지지 않는다. 예수님의 뜻(말)대로 구하였기 때문에 이루어진다. 예수님의 뜻대로 구하여 이루어지는 것을 경험할 때 그 순간은 그리스도를 충만히 경험하는 순간이 된다. '아'하고 외마디를 외칠 것이다. 그리스도가 동행하셨음을 깨닫는 것이다.

> **8** 너희가 열매를 많이 맺으면 내 아버지께서 영광을 받으실 것이요 너희는 내 제자가 되리라
> **8** My Father's glory is shown by your bearing much fruit; and in this way you become my disciples.

15:8 열매를 많이 맺으면 내 아버지께서 영광을 받으실 것이요. 나 혼자 사는 열매가 아니라 포도나무에 붙어서 상호 교통 속에서 맺는 열매는 나무를 확실하게 인식하게 해 준다. 그리스도라는 나무를 주신 하나님께 영광을 돌리게 된다. 하나님을 알게 되고 하나님의 뜻을 이루게 되는 것이다.

너희는 내 제자가 되리라. 열매가 있어야 예수님의 제자가 되는 것이다. 열매가 없는데 무슨 제자가 될 수 있겠는가? '제자'의 가장 기본 의미는 '배우는 자'다. 계속 예수님께 배우고 그것을 열매로 만들어가는 삶이 되어야 한다.

9 아버지께서 나를 사랑하신 것 같이 나도 너희를 사랑하였으니 나의 사랑 안
에 거하라

9 I love you just as the Father loves me; remain in my love.

15:9 아버지께서 나를 사랑하신 것 같이. 하나님 아버지께서 예수님을 사랑하셨다. 얼
마나 귀하고 영광스러운 사랑이겠는가? 그런데 놀라운 것은 무엇인가?

나도 너희를 사랑하였으니. 예수님이 제자들을 사랑하신 것을 하나님 아버지께서 예
수님을 사랑하신 것과 비교하고 있다. 예수님을 향한 하나님 아버지의 그 놀라운 사
랑을 어떻게 제자들이 받는 그 사랑에 비교할 수 있을까? 창조주 사이의 사랑의 차
원을 어찌 피조물이 받을 수 있을까? 그런데 예수님이 제자들을 그렇게 사랑하셨다
말씀한다.

나의 사랑 안에 거하라. 예수님의 사랑이 참으로 영광스럽고 놀라운 사랑이다. 그러니
우리가 그 사랑을 아주 소중히 여기며 품고 그 사랑 안에 거하는 것이 참으로 영광스
러운 일이 아니고 무엇이겠는가?

10 내가 아버지의 계명을 지켜 그의 사랑 안에 거하는 것 같이 너희도 내 계명
을 지키면 내 사랑 안에 거하리라

10 If you obey my commands, you will remain in my love, just as I have obeyed my Father's
commands and remain in his love.

15:10 내가 아버지의 계명을 지켜 그의 사랑 안에 거하는 것 같이. 예수님은 철저히 하
나님 아버지의 계명을 지키셨다. 하나님 아버지의 뜻을 따라 사셨다. 이제 곧 죽음으
로 지키실 것이다.

너희도 내 계명을 지키면 내 사랑 안에 거하리라. 우리가 하늘의 영광스러운 예수님의
사랑을 놓치지 않고 무시하지 않기 위해서는 예수님의 계명을 지켜야 한다. 그러면
우리를 향한 예수님의 그 영광스러운 사랑을 우리도 충만하게 받고 간직할 수 있게
된다.

11 내가 이것을 너희에게 이름은 내 기쁨이 너희 안에 있어 너희 기쁨을 충만하
게 하려 함이라

11 "I have told you this so that my joy may be in you and that your joy may be complete.

15:11 내가 이것을 너희에게 이름은...너희 기쁨을 충만하게 하려 함이라. 계명을 지켜야

한다고 말하면 사람들은 의무를 생각한다. 힘들고 어렵다고 생각한다. 죽음보다 더 강한 사랑을 해야 한다고 하면 부담감의 무게가 한 없이 커질 수 있다.

그러나 예수님은 아버지의 계명을 지킴으로 함께 거하고 사랑하는 그 진면목을 아시기 때문에 상상할 수 없는 무게 속에서도 '내 기쁨'이라고 말씀하고 있다. 엄청난 고난이셨지만 그것은 또한 예수님의 기쁨이셨다. 제자들도 그 기쁨을 알게 되기를 원하셨다. 그 기쁨으로 충만하게 되기를 원하셨다.

12 내 계명은 곧 내가 너희를 사랑한 것 같이 너희도 서로 사랑하라 하는 이것이니라
12 My commandment is this: love one another, just as I love you.

15:12 너희도 서로 사랑하라. 제자들이 서로 사랑해야 한다. 죽음보다 강한 사랑을 해야 한다. 예수님을 사랑하는 것은 할 수 있을 것 같은데 제자들이 서로를 사랑하는 것은 매우 힘들 수 있다. 수많은 땅의 일들이 관련되기 때문이다. 정치 색깔만 달라도 사랑하기 어렵다. 속으로 화가 난다. 그러나 '서로 사랑하라'고 말씀하신다. 하늘 영광을 품고 땅의 사람을 사랑해야 한다.

13 사람이 친구를 위하여 자기 목숨을 버리면 이보다 더 큰 사랑이 없나니
13 The greatest love a person can have for his friends is to give his life for them.

15:13 친구를 위하여 자기 목숨을 버리면. 예수님은 자신이 지시는 십자가를 생각하고 말씀하시고 있다. 또한 그 제자들에게 그렇게 목숨보다 더 강한 사랑을 하라고 말씀하는 것이다.

14 너희는 내가 명하는 대로 행하면 곧 나의 친구라
14 And you are my friends if you do what I command you.

15:14 내가 명하는 대로 행하면. 하나님 나라라는 대의를 위해 함께 사는 것을 말씀한다. 예수님의 말씀을 따라 사는 것을 말한다. '친구'는 함께 걸어가는 사람이다. 한 목적을 가지고 함께 걷는 것이다. 신앙인에게 '서로 사랑하라'고 말씀하신다. 이것은 신앙 밖에 있는 사람을 말하는 것이 아니라 신앙인 사이의 사랑을 말하는 것이다. 함

께 하나님 나라를 이루어 가는 사람들이다.

> **15** 이제부터는 너희를 종이라 하지 아니하리니 종은 주인이 하는 것을 알지 못
> 함이라 너희를 친구라 하였노니 내가 내 아버지께 들은 것을 다 너희에게 알게
> 하였음이라
> **15** I do not call you servants any longer, because servants do not know what their master is
> doing. Instead, I call you friends, because I have told you everything I have heard from my
> Father.

15:15 이제부터는 너희를 종이라 하지 아니하리니...친구라 하였노니. 구약에서 '여호와의 종'은 명예로운 호칭이다. 모세와 여호수아와 다윗이 들은 호칭이다. 그들이 하나님께 끝까지 복종하였기 때문에 얻게 된 영예로운 칭호이다. 그런데 이제 제자들은 '종'의 명칭을 넘어 '친구'라고 듣게 되었다. 매우 영예로운 호칭이다.

종은 주인이 하는 것을 알지 못함이라...내가 내 아버지께 들은 것을 다 너희에게 알게 하였음이라. 종은 주인이 하고 있는 일이 무엇인지를 잘 모르고 한다. 단지 복종할 뿐이다. 그러나 친구는 무엇을 하는지 안다. 로고스의 성육신과 십자가 그리고 부활은 하나님의 놀라운 계획이다. 제자들은 이제 그것을 알게 될 것이다. 그래서 친구라는 새로운 호칭을 주신다. 예수님이 우리를 친구라 부르신다. 하나님 나라를 알려 주시고 그것을 위해 함께 걸어갈 수 있는 친구다. 하나님의 놀라운 그 뜻에 우리의 마음을 온전히 포개야 한다.

> **16** 너희가 나를 택한 것이 아니요 내가 너희를 택하여 세웠나니 이는 너희로 가
> 서 열매를 맺게 하고 또 너희 열매가 항상 있게 하여 내 이름으로 아버지께 무
> 엇을 구하든지 다 받게 하려 함이라
> **16** You did not choose me; I chose you and appointed you to go and bear much fruit, the
> kind of fruit that endures. And so the Father will give you whatever you ask of him in my
> name.

15:16 너희가 나를 택한 것이 아니요 내가 너희를 택하여 세웠나니. 보통 제자가 스승을 선택한다. 자신들의 출세를 위해 배우기 위함이다. 그러나 예수님이 제자들을 선택하셨다. 예수님이 주시는 사명이 있기 때문이다. 그러기에 신앙인은 자신의 출세가 아니라 예수님이 말씀하시는 사명을 들어야 한다.

이는 너희로 가서 열매를 맺게 하고 또 너희 열매가 항상 있게 하여. 예수님이 주시는 사

명은 결국 제자들을 복되게 하는 것이다. 사람들은 하늘의 영광의 것을 알지 못하고 사모하지도 못한다. 결국 멸망의 길을 간다.

예수님이 사람들에게 사명을 주신다. 예수님이 주시는 사명은 결국 그들의 영광의 열매가 된다. '항상 있는' 것이 된다. 곧 영원한 열매를 맺는다.

내 이름으로 아버지께 무엇을 구하든지 다 받게 하려 함이라. 헛된 것이 아니라 예수 그리스도의 뜻에 합한 것을 구함으로 소망하는 것을 받는다. 그러면 하나님을 경험한다. 그래서 영광으로 가득 채워진다. 땅에서 하늘의 영광이 채워지는 것이다.

> 17 내가 이것을 너희에게 명함은 너희로 서로 사랑하게 하려 함이라
> 18 세상이 너희를 미워하면 너희보다 먼저 나를 미워한 줄을 알라
> 17 This, then, is what I command you: love one another.
> 18 "If the world hates you, just remember that it has hated me first.

15:18 세상이 너희를 미워하면. 세상이 신앙인을 미워할 때가 있다는 것이다. 믿음을 모르는 사람이 보기에 신앙인이 때로는 얄미울 수 있다. 자신들의 기득권을 위험하게 한다고 생각되면 자신들의 기득권 유지를 위해 언제든지 신앙인을 미워하고 공격할 것이다.

너희보다 먼저 나를 미워한 줄을 알라. 신앙인이 믿음 때문에 미움을 받으면 그것은 개인의 미움 받음이 아니다. 예수님과 연결된다. 예수님이 받은 미움이다. 그것은 영광의 길이다.

> 19 너희가 세상에 속하였으면 세상이 자기의 것을 사랑할 것이나 너희는 세상에 속한 자가 아니요 도리어 내가 너희를 세상에서 택하였기 때문에 세상이 너희를 미워하느니라
> 20 내가 너희에게 종이 주인보다 더 크지 못하다 한 말을 기억하라 사람들이 나를 박해하였은즉 너희도 박해할 것이요 내 말을 지켰은즉 너희 말도 지킬 것이라
> 19 If you belonged to the world, then the world would love you as its own. But I chose you from this world, and you do not belong to it; that is why the world hates you.
> 20 Remember what I told you: 'Slaves are not greater than their master.' If people persecuted me, they will persecute you too; if they obeyed my teaching, they will obey yours too.

15:20 사람들이 나를 박해하였은즉 너희도 박해할 것이요. 제자는 예수님을 따라간다.

그래서 예수님이 받은 미움도 만나게 될 것이다. 예수님이 먼저 박해를 받았다. 그러기에 예수님의 길을 따라가면 세상은 제자를 박해할 것이다. 그러나 박해만 있는 것은 아니다.

내 말을 지켰은즉 너희 말도 지킬 것이라. 박해 속에서도 희망이 있는 것은 제자들의 말을 지키는 사람들이 있다는 것이다. 예수님의 말씀을 지키는 사람들이 있었던 것처럼 제자들의 말을 지키는 사람들이 있을 것이다. 그들의 박해는 죽음을 만들지 못하고, 그들의 수용은 생명을 생산한다. 그러기에 그들의 박해에 주저앉지 말고 여전히 복음을 전해야 한다.

21 그러나 사람들이 내 이름으로 말미암아 이 모든 일을 너희에게 하리니 이는 나를 보내신 이를 알지 못함이라

21 But they will do all this to you because you are mine; for they do not know the one who sent me.

15:21 이는 나를 보내신 이를 알지 못함이라. 사람들이 제자들을 미워하면 제자가 미움 받음으로 끝나는 것이 아니다. 그들은 하나님을 모르는 것이며 큰 죄다. 결국 제자들을 미워하는 그들은 세상과 연결되고, 제자들은 하나님 아버지와 연결된다. 하나님 아버지와 연결되면 그것이 영광이다.

세상이 미워하면 영광의 마음을 잃어버리기 쉽다. 힘들기에 영광스럽게 느끼던 마음을 잃기 쉬운 것이다. 그러나 그럴수록 신앙인이 가는 길이 얼마나 영광스러운지를 알아야 한다. 영광스러운 예수님도 미움을 받았다. 그러기에 미움을 받는 것은 영광스러움이 훼손되는 것이 아니라 오히려 영광스러움을 빛나게 하는 것이다. 세상의 미움 때문에 자신이 가는 영광스러운 길이 조금이라도 방해되지 않도록 해야 한다.

22 내가 와서 그들에게 말하지 아니하였더라면 죄가 없었으려니와 지금은 그 죄를 핑계할 수 없느니라

22 They would not have been guilty of sin if I had not come and spoken to them; as it is, they no longer have any excuse for their sin.

15:22 내가 와서 그들에게 말하지 아니하였더라면 죄가 없었으려니와. 예수님은 메시야로 오셨다. 메시야가 오지 않았다면 그들은 메시야를 거부하는 죄를 범하지 않았을 것이다. 메시야가 왔음에도 불구하고 메시야를 거부함으로 그들은 매우 큰 죄를 범하

게 되었다.

그 죄를 핑계할 수 없느니라. 예수님이 메시야임을 알 수 있는 표적은 차고 넘쳤다. 증언도 차고 넘쳤다. 그러기에 핑계할 수 없다는 말씀이다.

23 나를 미워하는 자는 또 내 아버지를 미워하느니라
23 Whoever hates me hates my Father also.

15:23 내 아버지를 미워하느니라. 예수님을 적대하는 사람들은 예수님을 받아들이지 않고 미워하면서도 자신들이 하나님을 믿는 사람이라고 찰떡같이 믿고 있었다. 그러나 예수님을 미워하면 하나님 아버지를 믿지 않는 것이라 말씀한다. 그들은 하나님을 믿는다 하지만 실제로는 믿는 것이 아니다.

24 내가 아무도 못한 일을 그들 중에서 하지 아니하였더라면 그들에게 죄가 없었으려니와 지금은 그들이 나와 내 아버지를 보았고 또 미워하였도다
25 그러나 이는 그들의 율법에 기록된 바 그들이 이유 없이 나를 미워하였다 한 말을 응하게 하려 함이라
24 They would not have been guilty of sin if I had not done among them the things that no one else ever did; as it is, they have seen what I did, and they hate both me and my Father.
25 This, however, was bound to happen so that what is written in their Law may come true: 'They hated me for no reason at all.'

15:25 그들이 이유 없이 나를 미워하였다 한 말을 응하게 하려 함이라. 이유 없이 미워하는 것은 구약 시대에도 있었다. 그리고 메시야가 오셨을 때 더욱더 크게 나타났다. 그들이 미워한 이유가 무엇일까? 자신들의 기득권을 지키려는 것이다.

자신의 자리가 편하고 좋은 사람은 매우 위험하다. 그것을 지키려고 믿음을 버리는 경우가 많기 때문이다. 믿음은 멈추지 않고 가야 한다. 늘 깨어 있어 믿음을 향한 갈망과 자기를 깨뜨리는 혁신이 필요하다. 그러나 이것이 쉽지 않다. 그래서 타당한 이유 없이 예수님을 미워한 사람들이 있었던 것이다. 늘 그런 사람들이 있다.

26 내가 아버지께로부터 너희에게 보낼 보혜사 곧 아버지께로부터 나오시는 진리의 성령이 오실 때에 그가 나를 증언하실 것이요
27 너희도 처음부터 나와 함께 있었으므로 증언하느니라
26 "The Helper will come—the Spirit, who reveals the truth about God and who comes from

the Father. I will send him to you from the Father, and he will speak about me.
27 And you, too, will speak about me, because you have been with me from the very beginning.

15:26 진리의 성령이 오실 때에 그가 나를 증언하실 것이요. 진리를 예수님이 말씀하셨고 성령님이 오셔서 증언하실 것이다. 제자들도 증언할 것이다. 그런데도 불구하고 여전히 진리를 모르는 사람들은 진리를 행하는 사람을 미워할 것이다. 그들은 진리를 모르기 때문이다.

진리를 모르는 사람에 의하여 미움을 받을 때 그것 때문에 낙심하지 말아야 한다. 그들은 진리를 모르고 제자는 진리를 알고 있다. 진리를 알고 있는 사람이 어찌하여 진리를 모르는 사람 때문에 낙심하고 절망하겠는가? 진리를 알고 있는 사람은 절망하지 않는다. 세상이 미워해도 신앙인이 가는 영광의 길을 놓치지 말아야 한다.

(16장)

1 내가 이것을 너희에게 이름은 너희로 실족하지 않게 하려 함이니
1 "I have told you this, so that you will not give up your faith.

16:1 너희로 실족하지 않게 하려 함이니. 세상이 제자를 미워하는 것은 실족할 일이 아니다. 실족할 일이 아님을 알려주시기 위해 예수님은 그런 일이 일어나기 전 미리 말씀하시는 것이다.

오늘날도 마찬가지다. 진리의 일을 하는데 세상이 받아주지 않을 때 실족하지 말아야 한다. 진리의 일은 진리의 길을 갔기 때문에 영광스러운 것이지 세상이 그것을 받아주어야 영광스러운 일인 것이 아니다.

2 사람들이 너희를 출교할 뿐 아니라 때가 이르면 무릇 너희를 죽이는 자가 생각하기를 이것이 하나님을 섬기는 일이라 하리라
2 You will be expelled from the synagogues, and the time will come when anyone who kills you will think that by doing this he is serving God.

16:2 출교...너희를 죽이는 자. 제자들은 이런 일을 실제로 당하게 될 것이다. 이런 일을 당하면 매우 힘들 것이다. **이것이 하나님을 섬기는 일이라 하리라.** 적대자들은 자신

들의 논리를 가지고 제자들을 공격할 것이다. 그때 제자들이 진리에 확실하게 서 있지 않으면 흔들릴 것이다. 공격하는 자들이 거짓이 확실하면 위로가 되지만 적대자들이 자신들이 옳다고 주장하면서 핍박을 하면 더 흔들릴 수 있다.

3 그들이 이런 일을 할 것은 아버지와 나를 알지 못함이라
3 People will do these things to you because they have not known either the Father or me.

16:3 아버지와 나를 알지 못함이라. 그들이 믿음에 무지한 것이라는 말씀이다. 예수님의 오심은 새 시대를 여는 것이다. 그래서 소수였고 핍박을 받았다. 그러나 분명한 사실은 핍박하는 자들이 무지하다는 사실이다. 제자들이 진리의 길을 가고 있다는 것을 확신하면 그러한 핍박을 이길 수 있다. 중요한 것은 진리에 대한 분명한 확신이다.

4 오직 너희에게 이 말을 한 것은 너희로 그 때를 당하면 내가 너희에게 말한 이것을 기억나게 하려 함이요 처음부터 이 말을 하지 아니한 것은 내가 너희와 함께 있었음이라
4 But I have told you this, so that when the time comes for them to do these things, you will remember that I told you.

16:4 그 때를 당하면 내가 너희에게 말한 이것을 기억나게 하려 함이요. 지금은 제자들이 잘 이해하지 못하였다. 그러나 그때가 되면 예수님의 말씀을 기억하고 알게 될 것이다. 그때 믿음의 진보를 이루게 될 것이다.

예수님이 죽으시고 제자들이 핍박을 받으면 복음이 끝난 것처럼 보일 것이다. 예수님이 살아 계시고 제자들이 핍박을 받지 않을 때도 제자들은 믿음이 제대로 없었는데 예수님이 죽으시고 자신들이 핍박을 받는데 어찌 믿음이 더 자랄 수 있을까? 그러나 그렇지 않다. 믿음은 생명력이 있어 결코 멈추지 않을 것이다. 믿음은 진리이기 때문이다.

5 지금 내가 나를 보내신 이에게로 가는데 너희 중에서 나더러 어디로 가는지 묻는 자가 없고
6 도리어 내가 이 말을 하므로 너희 마음에 근심이 가득하였도다
5 But now I am going to him who sent me, yet none of you asks me where I am going.
6 And now that I have told you, your hearts are full of sadness.

16:6 너희 마음에 근심이 가득하였도다. 예수님이 죽으심에 대해 말씀하는데 어떤 제자가 근심하지 않겠는가? 그들은 예수님이 그렇게 말씀하셔서도 이해하지 못하고 있었다. '이들에게 이후에 어떤 희망이 있을까'하는 생각이 든다. 그러나 그들은 몰라서 그런 것이다.

7 그러나 내가 너희에게 실상을 말하노니 내가 떠나가는 것이 너희에게 유익이라 내가 떠나가지 아니하면 보혜사가 너희에게로 오시지 아니할 것이요 가면 내가 그를 너희에게로 보내리니

7 But I am telling you the truth: it is better for you that I go away, because if I do not go, the Helper will not come to you. But if I do go away, then I will send him to you.

16:7 내가 떠나가는 것이 너희에게 유익이라. 예수님이 떠나시면 성령님이 오실 것이기 때문이다. 예수님은 육신을 입으셨기 때문에 모든 사람과 함께 하실 수 없었다. 그러나 성령님은 영이시기 때문에 모든 사람과 함께 하실 수 있다. 그래서 성령님이 오신다는 것은 모든 사람에게 성령의 임하심을 의미한다. 예수님이 성령님을 통해 모든 사람에게 임재하는 것을 의미한다. 이것은 임재의 대단한 확장이다.

8 그가 와서 죄에 대하여, 의에 대하여, 심판에 대하여 세상을 책망하시리라

8 And when he comes, he will prove to the people of the world that they are wrong about sin and about what is right and about God's judgement.

16:8 세상을 책망하시리라. 성령님이 오시면 죄와 의와 심판에 대해 드러내신다는 말씀이다. 진리를 드러내실 것이다. 세상이 잘못 알고 있는 것을 책망하실 것이다. 오직 진리를 드러내실 것이다.

9 죄에 대하여라 함은 그들이 나를 믿지 아니함이요

9 They are wrong about sin, because they do not believe in me;

16:9 죄...나를 믿지 아니함이요. 사람들은 예수님을 죄인이라 주장하며 죽였다. 그러나 실상은 그것이 죄다.

10 의에 대하여라 함은 내가 아버지께로 가니 너희가 다시 나를 보지 못함이요

10 they are wrong about what is right, because I am going to the Father and you will not see me any more;

16:10 의...나를 보지 못함이요. 예수님이 계시지 않으니 의를 전할 수 없을 것 같다. 그러나 성령이 계셔서 의에 대해 말씀하실 것이다.

11 심판에 대하여라 함은 이 세상 임금이 심판을 받았음이라
11 and they are wrong about judgement, because the ruler of this world has already been judged. "I have much more to tell you, but now it would be too much for you to bear.

16:11 심판...심판을 받았음이라. 세상 임금 즉 사탄은 성령님이 오실 때 이미 심판을 받았다. 예수님의 부활로 모든 죄에 대해 승리를 선언하시기 때문이다. 사탄이 더이상 힘을 쓰지 못한다. 성령님이 그것을 드러내실 것이다.

12 내가 아직도 너희에게 이를 것이 많으나 지금은 너희가 감당하지 못하리라
12 "I did not tell you these things at the beginning, for I was with you.

16:12 지금은 너희가 감당하지 못하리라. 지금은 제자들에게 모든 것이 막연하였다. 복음은 멈출 수밖에 없을 것 같았다. 무지 가운데 있었기 때문이다.

13 그러나 진리의 성령이 오시면 그가 너희를 모든 진리 가운데로 인도하시리니 그가 스스로 말하지 않고 오직 들은 것을 말하며 장래 일을 너희에게 알리시리라
13 When, however, the Spirit comes, who reveals the truth about God, he will lead you into all the truth. He will not speak on his own authority, but he will speak of what he hears, and will tell you of things to come.

16:13 성령이 오시면 그가 너희를 모든 진리 가운데로 인도하시리니. 제자들에게 복음이 멈추어 질 수밖에 없는 상황처럼 보이는 것은 그들이 진리를 알지 못하기 때문이다. 그러나 '진리의 영'이신 성령님이 오셔서 그들에게 진리를 알려주시면 그때 다시 복음은 힘 있게 확장될 것이다.

그가 스스로 말하지 않고 오직 들은 것을 말하며. 성령님이 오셔서 새로운 것을 말씀하시는 것이 아니다. 예수님이 가르치신 것을 말씀하실 것이다. 단지 제자들이 예수님이 지금 말씀하실 때는 아직 일어나지 않은 일이라 깨닫지 못하고 있다가 성령님께서 임재하여 가르치실 때 깨닫기 때문에 다른 것이다. 진리를 깨닫기 전에는 믿음의 퇴보가 있을 수밖에 없었으나 깨닫게 되었을 때 다시 힘있게 확장할 수 있게 될 것이다.

14 그가 내 영광을 나타내리니 내 것을 가지고 너희에게 알리시겠음이라
15 무릇 아버지께 있는 것은 다 내 것이라 그러므로 내가 말하기를 그가 내 것을 가지고 너희에게 알리시리라 하였노라
16 조금 있으면 너희가 나를 보지 못하겠고 또 조금 있으면 나를 보리라 하시니
14 He will give me glory, because he will take what I say and tell it to you.
15 All that my Father has is mine; that is why I said that the Spirit will take what I give him and tell it to you.
16 "In a little while you will not see me any more, and then a little while later you will see me."

16:16 조금 있으면 너희가 나를 보지 못하겠고. 곧 십자가에서 죽으실 것을 말씀하시는 것이다. 그러나 제자들은 그것에 대해서 자세히 알지 못하였다. 상상도 할 수 없는 일이었기 때문이다.
조금 있으면 나를 보리라. 죽으심 이후의 부활에 대해 말씀하시는 것이다. 그리고 성령의 임재와 예수님의 통치와 재림까지도 포함하고 있을 것이다. 제자들은 더욱 오리무중이 되었을 것이다.

17 제자 중에서 서로 말하되 우리에게 말씀하신 바 조금 있으면 나를 보지 못하겠고 또 조금 있으면 나를 보리라 하시며 또 내가 아버지께로 감이라 하신 것이 무슨 말씀이냐 하고
17 Some of his disciples asked among themselves, "What does this mean? He tells us that in a little while we will not see him, and then a little while later we will see him; and he also says, 'It is because I am going to the Father.'

16:17 무슨 말씀이냐. 제자들은 예수님이 말씀하시는 것을 전혀 알지 못하고 있었다. 단어와 문장의 의미는 알아 들었지만 그 내용을 알지 못하였다.

18 또 말하되 조금 있으면이라 하신 말씀이 무슨 말씀이냐 무엇을 말씀하시는지 알지 못하노라 하거늘
18 What does this 'a little while' mean? We don't know what he is talking about!"

16:18 알지 못하노라. 제자들은 예수님이 말씀하시는 것을 들었으나 제대로 이해하지 못하였다. 사실 예수님이 말씀하시는 대속의 죽으심, 부활, 성령의 임재, 영생 등은 이해하기 어렵다. 이전에 경험하지 못한 것이기 때문이다. 그러나 이제는 알아야 하기 때문에 말씀하여 주셨다.

오늘날에도 여전히 어렵다. 그것은 신비의 영역에 속하기 때문이다. 교회에 다니는 사람들은 대속의 죽으심과 부활과 성령의 임재와 영원한 나라에 대해 많이 들어서 아는 것 같으나 실상은 여전히 많이 모른다. 신비한 영역이다.

제자들이 몰랐으나 알아야 했다. 그리고 이후에 알게 된다. 오늘날 교회에 다닌다고 다 아는 것은 아니다. 그러기에 모르는 것을 외면하지 말고 모르는 것에 직면해야 한다. 신비를 알기는 어렵지만 그렇다고 알수 없는 영역이 아니다.

신비의 영역이지만 이것은 사람이 알아야 하는 가장 중요한 부분이다. 사람이기에 알아야 한다. 사람의 존재와 영원한 삶에 대한 것이기에 알아야 한다. 이것이 신비이기에 더욱더 겸손히 알아가야 한다. 한 번에 다 아는 것이 아니라 알아가는 자세로 진지하게 찾아야 한다. 그러면 우리도 알게 될 것이다.

> **19** 예수께서 그 묻고자 함을 아시고 이르시되 내 말이 조금 있으면 나를 보지 못하겠고 또 조금 있으면 나를 보리라 하므로 서로 문의하느냐
> **20** 내가 진실로 진실로 너희에게 이르노니 너희는 곡하고 애통하겠으나 세상은 기뻐하리라 너희는 근심하겠으나 너희 근심이 도리어 기쁨이 되리라
> **19** Jesus knew that they wanted to question him, so he said to them, "I said, 'In a little while you will not see me, and then a little while later you will see me.' Is this what you are asking about among yourselves?
> **20** I am telling you the truth: you will cry and weep, but the world will be glad; you will be sad, but your sadness will turn into gladness.

16:20 너희는 곡하고 애통하겠으나 세상은 기뻐하리라. 제자들은 이제 곧 예수님이 죽으실 때 곡하고 애통할 것이다. 가슴을 치며 슬퍼할 것이다. 반면에 세상은 기뻐할 것이다. 그들이 원하는 것을 이루었기 때문이다. 그들이 기뻐하는 것이 얼마나 자신들의 큰 죄가 되는 것을 알지 못하기에 기뻐할 것이다. 신비를 모르기에 단지 보여지는 현상을 보면서 기뻐할 것이다.

너희는 근심하겠으나 너희 근심이 도리어 기쁨이 되리라. 반전이 일어난다. 사람들이 보지 못하고 있지만 실상은 그들이 보지 못하는 진리가 드러나는 때다. 예수님이 죽으신 그 일, 엄청난 고통을 수반하는 그 근심이 기쁨이 될 것이다. 이것은 근심의 일이

기쁨의 일로 바뀌는 것이 아니다. 근심이 변하여 기쁨이 되는 것이다. 근심이라는 것이 실제로는 엄청난 기쁨의 씨앗이었다. 그 씨앗이 커서 기쁨이라는 열매를 낳는 것이다. 이것은 세상이 주는 것과 차원이 다른 기쁨이다.

21 여자가 해산하게 되면 그 때가 이르렀으므로 근심하나 아기를 낳으면 세상에 사람 난 기쁨으로 말미암아 그 고통을 다시 기억하지 아니하느니라
21 When a woman is about to give birth, she is sad because her hour of suffering has come; but when the baby is born, she forgets her suffering, because she is happy that a baby has been born into the world.

16:21 아기를 낳으면 세상에 사람 난 기쁨으로 말미암아 그 고통을 다시 기억하지 아니하느니라. 예수님의 십자가 고통이 인류의 죄를 대속하는 것이었다. 십자가는 엄청난 고통이었지만 그로 인하여 낳는 엄청난 결과를 보면 얼마나 놀라게 될까?
아기를 낳기 위해서는 해산하는 고통이 필수다. 그것처럼 예수님의 고통도 필수다. 그러기에 고통만 보지 말고 아기를 낳는 기쁨까지 볼 수 있어야 한다.

22 지금은 너희가 근심하나 내가 다시 너희를 보리니 너희 마음이 기쁠 것이요 너희 기쁨을 빼앗을 자가 없으리라
22 That is how it is with you: now you are sad, but I will see you again, and your hearts will be filled with gladness, the kind of gladness that no one can take away from you.

16:22 내가 다시 너희를 보리니 너희 마음이 기쁠 것이요. 지금 보지 못하게 된 것을 근심한 것이 작은 것이라면, 다시 보게 되면서 얻는 기쁨은 심히 클 것이다. 세상이 흔들 수 없는 기쁨이다.
너희 기쁨을 빼앗을 자가 없으리라. 신앙인은 이러한 기쁨을 소유한 사람이다. 우리가 지금 무엇 때문에 기뻐하는가? 기쁨을 세상이 빼앗을 수 있는가? 그렇다면 그것은 하늘 기쁨이 아니다. 하늘 기쁨은 세상이 빼앗을 수 없다. 하늘 기쁨은 세상과 무관한 기쁨이기 때문이다. 신앙인이 기뻐한다는 것은 바로 하늘 기쁨을 말하는 것이다.

23 그 날에는 너희가 아무 것도 내게 묻지 아니하리라 내가 진실로 진실로 너희에게 이르노니 너희가 무엇이든지 아버지께 구하는 것을 내 이름으로 주시리라
23 "When that day comes, you will not ask me for anything. I am telling you the truth: the Father will give you whatever you ask him for in my name.

16:23 그 날에는 너희가 아무 것도 내게 묻지 아니하리라. 그 날은 제자들이 신비를 알게 되는 날을 의미한다. 그들이 신비를 알게 될 때 그들은 더 이상 두려움 가운데 묻지 않아도 될 것이다. 알기 때문이다. 묻는 것 대신에 이제 기도하게 된다.

내 이름으로 주시리라. '내 이름으로 구하는 것'을 내포한다. 이제 제자들은 예수님의 이름으로 구할 줄 아는 사람이 된다. 곧 예수님의 뜻이 무엇인지를 아는 사람들이다. 예수님의 뜻이 무엇인지 알기 때문에 그것을 구할 줄 아는 사람이 되는 것이다. 곧 제대로 기도할 줄 아는 사람이 되는 것이다. 기도함으로 하늘 기쁨을 경험하며 살게 된다. 신비를 살아가게 된다.

> **24** 지금까지는 너희가 내 이름으로 아무 것도 구하지 아니하였으나 구하라 그리하면 받으리니 너희 기쁨이 충만하리라
> **24** Until now you have not asked for anything in my name; ask and you will receive, so that your happiness may be complete.

16:24 내 이름으로...구하라 그리하면 받으리니 너희 기쁨이 충만하리라. '내 이름으로'는 마법적인 주문 암호가 아니다. 그리스도의 임재이고 뜻을 의미한다. 그리스도의 이름으로 구하고, 받게 된다. 그렇게 신비를 경험하며 살면 하늘 기쁨이 가득하게 된다. 근심으로 가득한 제자들에게 예수님은 하늘 기쁨으로 가득한 삶을 살게 될 것이라고 말씀하신다.

> **25** 이것을 비유로 너희에게 일렀거니와 때가 이르면 다시는 비유로 너희에게 이르지 않고 아버지에 대한 것을 밝히 이르리라
> **25** "I have used figures of speech to tell you these things. But the time will come when I will not use figures of speech, but will speak to you plainly about the Father.

16:25 이것을 비유로 너희에게 일렀거니와. 예수님께서 말씀하실 때 제자들은 잘 이해하지 못하였다.

오늘날 시각으로 보면 조금 답답할 수도 있다. 예수님은 이야기하시고 제자들은 이해하지 못하였다. 조금 더 직접적으로 말씀하시면 제자들이 조금 더 이해할 수 있을텐데 왜 그렇게 우회적으로 설명하시는 지 하는 생각이 든다. 그러나 그것이 예수님의 의도이셨다.

때가 이르면...아버지에 대한 것을 밝히 이르리라. 지금은 어쩌면 제자들이 조금은 덜

아는 것이 필요할 수도 있다. 아직 받아들일 준비가 되지 않았기 때문에 조금은 무지한 것이 더 좋을 수도 있다. 그러나 때가 되면 반드시 더 알아야 한다. 무지가 때로는 필요할 수도 있으나 그것에 머물러 있으면 안 된다.

26 그 날에 너희가 내 이름으로 구할 것이요 내가 너희를 위하여 아버지께 구하겠다 하는 말이 아니니
26 When that day comes, you will ask him in my name; and I do not say that I will ask him on your behalf,

16:26 그 날에 너희가 내 이름으로 구할 것이요. 알게 되면 그들은 이제 '예수님의 이름으로 구할' 수 있는 능력이 생긴다. 그들은 예수님의 뜻과 목적을 알고 예수님의 영광을 위하여 구할 줄 알게 될 것이다. 더이상 무지 가운데 남아 있지 않을 것이다.

27 이는 너희가 나를 사랑하고 또 내가 하나님께로부터 온 줄 믿었으므로 아버지께서 친히 너희를 사랑하심이라
28 내가 아버지에게서 나와 세상에 왔고 다시 세상을 떠나 아버지께로 가노라 하시니
27 for the Father himself loves you. He loves you because you love me and have believed that I came from God.
28 I did come from the Father, and I came into the world; and now I am leaving the world and going to the Father."

16:28 이 말씀은 예수님이 여러 번 반복하여 하신 말씀이다. 예수님이 아버지께 가시고 난 후에 성령이 임하고 가르치시면 제자들은 더 많이 알게 될 것이다. 그런데 이 말씀은 제자들에게 엉뚱한 반응을 낳았다.

29 제자들이 말하되 지금은 밝히 말씀하시고 아무 비유로도 하지 아니하시니
29 Then his disciples said to him, "Now you are speaking plainly, without using figures of speech.

16:29 지금은 밝히 말씀하시고. 제자들은 28절의 말씀을 자주 들었기 때문에 조금 더 알아 들었다. 그래서 이제 그들은 '밝히 알고 있다'고 생각하였다. 그러나 사실 제자들은 여전히 많이 모르고 있다.

30 우리가 지금에야 주께서 모든 것을 아시고 또 사람의 물음을 기다리시지 않
는 줄 아나이다 이로써 하나님께로부터 나오심을 우리가 믿사옵나이다
30 We know now that you know everything; you do not need someone to ask you questions.
This makes us believe that you came from God."

16:30 우리가 믿사옵나이다. 제자들은 이제 자신들이 예수님을 확실히 믿는다고 생각
하였다. 그러나 이러한 확신이 오히려 나중에 더 크게 절망할 이유가 될 수도 있다.

31 예수께서 대답하시되 이제는 너희가 믿느냐
31 Jesus answered them, "Do you believe now?

16:31 이제는 너희가 믿느냐. 예수님의 이러한 반문은 질문이 아니다. 이것은 작은 칭찬
이며 또한 그들의 믿음이 사실은 아주 작은 믿음이라는 것을 내포하고 있는 것 같다.

32 보라 너희가 다 각각 제 곳으로 흩어지고 나를 혼자 둘 때가 오나니 벌써 왔
도다 그러나 내가 혼자 있는 것이 아니라 아버지께서 나와 함께 계시느니라
32 The time is coming, and is already here, when all of you will be scattered, each of you to
your own home, and I will be left all alone. But I am not really alone, because the Father is
with me.

16:32 너희가 다 각각 제 곳으로 흩어지고 나를 혼자 둘 때가 오나니 벌써 왔도다. 배신
감으로 말씀하시는 것이 아니다. 곧 있을 사건을 말씀하시는 것이다. 오히려 위로하기
위한 말씀이다.
내가 혼자 있는 것이 아니라 아버지께서 나와 함께 계시느니라. 제자들이 다 떠났어도
하나님 아버지께서 함께 계시기에 제자들에게 떠났다고 절망하지 말라는 말씀이다.
제자들이 다 떠났어도 하나님께서 함께 계신다. 그것이 더 중요한 것이다. 그러기에
예수님은 절망하지 않으실 것이다. 그러기에 이후에 제자들이 예수님이 가장 힘든 순
간에 자신들이 떠났다고 자책하지 않아도 된다고 말씀하시는 것이다.

33 이것을 너희에게 이르는 것은 너희로 내 안에서 평안을 누리게 하려 함이라
세상에서는 너희가 환난을 당하나 담대하라 내가 세상을 이기었노라
33 I have told you this so that you will have peace by being united to me. The world will
make you suffer. But be brave! I have defeated the world!"

16:33 이것을 너희에게 이르는 것은 너희로 내 안에서 평안을 누리게 하려 함이라. 제자들이 예수님을 떠날 것을 말씀하시는 것은 그들을 비난하거나 책망하기 위함이 아니다. 오히려 그 반대다. 떠났어도 걱정하지 말라는 것이다. 떠났어도 예수님과의 관계가 완전히 끊어진 것이 아니라는 말씀이다.

'내 안에서'를 대부분의 영어 성경은 '안에서(in)'로 번역하고 CJB만 '함께 하나 되다(united with)'로 번역한다. 나는 '~와 함께'를 선호한다.

제자들이 예수님을 배신하였어도 예수님은 그들과 관계를 끊지 않으셨다. 그러니 다시 돌아와 예수님과의 관계를 회복(평화)하라고 말씀하시는 것이다. 히브리어의 샬롬이다. 관계 회복이다. 예수님은 그들의 배신에 그들과의 관계를 끊은 것이 아니라 기다리고 계시니 빨리 돌아오라는 말씀이다. 그래서 미리 말씀하여 주시는 것이다.

너희가 환난을 당하나 담대하라. 제자는 믿음 때문에 세상의 많은 관계가 깨질 것이다. 돈을 잃고 이웃을 잃을 수도 있다. 그러나 담대할 수 있다. **내가 세상을 이기었노라.** 예수님과의 관계만 돈독하다면 세상의 관계는 언제든 다시 회복될 수 있다. 예수님이 세상의 주인이시기 때문이다. 예수님과의 관계보다 더 중요한 관계는 없다. 그러니 세상의 어떤 관계가 깨져도 두려워하지 않고 담대할 수 있다.

17장

요 17:1-26은 기록된 예수님의 기도 중에 가장 긴 기도문이다. 유월절 식사 때 제자들을 가르치셨다. 식사를 마치고 겟세마네 동산에 가시면서 제자들을 또 가르치셨다. 그렇게 가르치시기를 다 마친 후에 마지막 기도로 마무리를 하신다. 이 기도는 어떤 면에 있어서는 야곱이나 요셉의 족장들의 마지막 축복 기도와 비슷하다. 모세의 마지막 축복 기도와 비슷하다.

이 기도문은 앞으로 제자들이 해야 하는 기도문의 모범이 될 것이다. 십자가를 지기 위해 잡히시기 전 마지막에 하시는 주님의 기도는 모든 것의 중심에 기도가 있다는 것을 잘 보여준다. 예수님이 그러하셨듯이 제자들도 앞으로 그래야 할 것이다.

> **1** 예수께서 이 말씀을 하시고 눈을 들어 하늘을 우러러 이르시되 아버지여 때가 이르렀사오니 아들을 영화롭게 하사 아들로 아버지를 영화롭게 하게 하옵소서

1 After Jesus finished saying this, he looked up to heaven and said, "Father, the hour has come. Give glory to your Son, so that the Son may give glory to you.

17:1 눈을 들어 하늘을 우러러 이르시되. 이 구절을 볼 때 이 기도가 유월절 식사 때보다는 길을 가시면서 하신 것으로 생각할 수 있다.

아들을 영화롭게 하사. 아들을 영화롭게 하는 것은 십자가에서 잘 드러난다. 십자가는 예수님의 지극히 깊은 사랑과 헌신을 보여준다. 그렇게 예수님을 드러내는 것이 '영화롭게 하는 것'이다. 더 나아가 이것은 아마 2절에서 말하는 '권세'를 의미할 것이다. 예수님은 십자가에서 죽으실 뿐만 아니라 부활하실 것이고 승천하셔서 하나님의 우편에 앉아 통치하실 것이다. 그러기에 영화다.

아들로 아버지를 영화롭게 하게 하옵소서. 예수님은 이 모든 일이 하나님께 영광이 되기를 기도하고 계신다. 예수님은 이제 십자가를 지실 것이다. 십자가는 하나님을 영화롭게 한다. 하나님의 사랑과 구원을 보여주시는 위대한 영광스러운 사건이다.

2 아버지께서 아들에게 주신 모든 사람에게 영생을 주게 하시려고 만민을 다스리는 권세를 아들에게 주셨음이로소이다
2 For you gave him authority over all humanity, so that he might give eternal life to all those you gave him.

17:2 아버지께서 아들에게 주신 모든 사람에게 영생을 주게 하시려고. 십자가와 부활과 통치는 사람들에게 영생을 주시기 위한 것이다. 구원을 위한 것이다. 멸망의 자리에서 영생의 자리로 구원하시는 것이다.

3 영생은 곧 유일하신 참 하나님과 그가 보내신 자 예수 그리스도를 아는 것이니이다
3 And eternal life means knowing you, the only true God, and knowing Jesus Christ, whom you sent.

17:3 영생은...하나님과 그가 보내신 자 예수 그리스도를 아는 것. 계속 영화를 말하는 것은 하나님의 영광과, 그리스도가 영광되어야 영생의 길이 열리기 때문이다. 하나님이 드러나고 예수님이 드러나는 것을 보고 아는 것이 영생의 길이다. 영생은 하나님이 주시는 것이다. 예수 그리스도의 십자가를 통해 대속하심으로 주시는 것이다. 그러기에 하나님을 알고 예수님을 알아야 영생을 얻게 될 것이다.

사람들이 하나님을 잘 알지 못한다. 그냥 막연히 최고의 신으로만 알고 있다. 예수님을 잘 알지 못한다. 대속의 의미를 진정 이해하고 있을까? 하나님을 더 알아야 한다. 예수님을 더 알아야 한다. 더 많이 더 깊이 알아야 한다. 그래야 하나님과 예수님이 그렇게 주기 원하셨던 영생을 얻을 수 있게 될 것이다.

4 아버지께서 내게 하라고 주신 일을 내가 이루어 아버지를 이 세상에서 영화롭게 하였사오니
4 I have shown your glory on earth; I have finished the work you gave me to do.

17:4 주신 일을 내가 이루어 아버지를 이 세상에서 영화롭게 하였사오니. 예수님은 하나님 아버지께서 주신 모든 일을 그대로 행하셨다. 그래서 하나님의 뜻을 드러내셨다. 하나님의 뜻을 성취하셨다. 그것이 바로 하나님을 영화롭게 하신 것이다.

5 아버지여 창세 전에 내가 아버지와 함께 가졌던 영화로써 지금도 아버지와 함께 나를 영화롭게 하옵소서
5 Father! Give me glory in your presence now, the same glory I had with you before the world was made.

17:5 창세 전에 내가 아버지와 함께 가졌던 영화로서...나를 영화롭게 하옵소서. 예수님은 모든 일을 마치고 하늘 보좌에 오르실 때가 되었다. 예수님은 마땅히 하늘 보좌에 계셔야 한다. 하늘 보좌의 영광을 비추시게 될 것이다.

6 세상 중에서 내게 주신 사람들에게 내가 아버지의 이름을 나타내었나이다 그들은 아버지의 것이었는데 내게 주셨으며 그들은 아버지의 말씀을 지키었나이다
6 "I have made you known to those you gave me out of the world. They belonged to you, and you gave them to me. They have obeyed your word,

17:6 17:6-19은 현재의 제자들을 위한 기도다. 예수님의 십자가 사건을 통해 가장 큰 충격과 공포에 처하게 될 사람들이다. 그들을 위해 축복하며 기도하신다.
세상 중에서 내게 주신 사람들에게 내가 아버지의 이름을 나타내었나이다. 예수님이 제자들에게 하나님에 대해 가르치셨다. 하나님의 뜻과 일을 가르치셨다. 제자들은 이제 하나님을 더 깊이 알게 되었다. 그것이 복의 시작이다.

그들은 아버지의 말씀을 지키었나이다. 이제 제자들은 하나님의 말씀을 지킬 수 있게 되었다. 하나님의 뜻이 무엇인지 알고, 하나님 나라가 무엇인지를 알게 되었기 때문이다.

7 지금 그들은 아버지께서 내게 주신 것이 다 아버지로부터 온 것인 줄 알았나이다

7 and now they know that everything you gave me comes from you.

17:7 지금...내게 주신 것이 다 아버지로부터 온 것인 줄 알았나이다. 예수님이 말씀하신 놀라운 일들이 하나님께로부터 온 것이라는 것을 알았다. 그래서 제 2창조가 가능하게 된다. 하나님 아버지로부터 온 것이 아니라면 후에 교회가 어찌 안식일을 주일로 바꿀 수 있었겠는가? 의식법이 완성되고 새로운 시대가 열린 것을 말할 수 있었겠는가?

8 나는 아버지께서 내게 주신 말씀들을 그들에게 주었사오며 그들은 이것을 받고 내가 아버지께로부터 나온 줄을 참으로 아오며 아버지께서 나를 보내신 줄도 믿었사옵나이다

8 I gave them the message that you gave me, and they received it; they know that it is true that I came from you, and they believe that you sent me.

17:8 나는 아버지께서 내게 주신 말씀들을 그들에게 주었사오며. 모세가 하나님께 받은 말씀을 이스라엘 백성들에게 주었다. 그것처럼 예수님은 하나님 아버지께서 주신 말씀을 주셨다. 예수님은 모세보다 더 큰 분이다. 예수님의 말씀은 모세의 율법의 완성이다. 새 시대를 여는 말씀이다. 이제 예수님이 십자가를 지시고 부활하신 이후 완전히 새로운 시대가 열릴 것이다. 하나님 아버지께서 주시는 제 2창조의 시대다.

9 내가 그들을 위하여 비옵나니 내가 비옵는 것은 세상을 위함이 아니요 내게 주신 자들을 위함이니이다 그들은 아버지의 것이로소이다

9 "I pray for them. I do not pray for the world but for those you gave me, for they belong to you.

17:9 세상을 위함이 아니요 내게 주신 자들을 위함이니이다. 예수님은 기도하면서 '세상'과 '제자'들을 확연히 구분하셨다. 제자들은 일당백 그 이상이다. 세상의 어떤 크

고 훌륭한 사람이라 하여도 제자 한 사람보다 못하다. 세상은 어둠이고 제자들은 빛이다. 제자들은 영생을 소유한 사람들이다. 그래서 세상이 아니라 오직 제자들을 위해 기도하신다.

그들은 아버지의 것이로소이다. 제자들은 모두 하나님 아버지의 것이다. 전능하신 하나님의 것이다. 자녀다. 하나님의 것이니 하나님께서 소중히 여기신다. 매우 소중히 여기신다. 누구도 빼앗을 수 없다. 어떤 보석보다 더 찬란하게 빛나는 하나님의 자녀다.

10 내 것은 다 아버지의 것이요 아버지의 것은 내 것이온데 내가 그들로 말미암아 영광을 받았나이다
11 나는 세상에 더 있지 아니하오나 그들은 세상에 있사옵고 나는 아버지께로 가옵나니 거룩하신 아버지여 내게 주신 아버지의 이름으로 그들을 보전하사 우리와 같이 그들도 하나가 되게 하옵소서
10 All I have is yours, and all you have is mine; and my glory is shown through them.
11 And now I am coming to you; I am no longer in the world, but they are in the world. Holy Father! Keep them safe by the power of your name, the name you gave me, so that they may be one just as you and I are one.

17:11 아버지의 이름으로 그들을 보전하사. '이름으로'는 '이름 안에서' '이름을 통해'의 뜻이다. 예수님은 제자들을 전능하신 하나님 안에 있게 하셔서 보호하여 주시길 기도하고 있으시다. 하나님 안에 있는 것은 많은 것을 포함한다. 그 중에서도 가장 중요한 것이 있다.

그들도 하나가 되게 하옵소서. 앞에서 예수님이 '하나님과 하나'(10:30)라고 말씀하신 것은 '뜻과 목적이 같다'는 의미라고 보았었다. 이번에도 같은 의미로 보는 것이 맞을 것 같다. 제자들이 하나님의 뜻과 목적에 함께 하나되도록 기도하고 계신 것이다.
제자들이 하나님과 하나되고 제자들이 서로 하나가 되는 것이 중요하다. 세상에는 많은 다양한 생각과 목적이 있다. 그러나 그 어떤 것도 '하나님 나라'와 '영생'이라는 것보다 더 앞서서는 안 된다. 개인의 돈이나 명예나 지역주의나 민족주의 등 어떤 것도 마찬가지다. 아무리 선한 것이라 하여도 영생보다 앞서는 것은 우상 숭배다. 우리가 소유한 영생을 소중히 여기라. 가장 중요하게 여기라. 모든 신앙인은 이것에 있어 하나이어야 한다.

12 내가 그들과 함께 있을 때에 내게 주신 아버지의 이름으로 그들을 보전하고

지키었나이다 그 중의 하나도 멸망하지 않고 다만 멸망의 자식뿐이오니 이는
성경을 응하게 함이니이다

12 While I was with them, I kept them safe by the power of your name, the name you gave
me. I protected them, and not one of them was lost, except the man who was bound to be
lost—so that the scripture might come true.

17:12 내가 그들과 함께 있을 때에...그들을 보전하고 지키었나이다. 예수님은 제자들을
계속 가르치셨다. 하나님 나라가 무엇인지 하나님의 뜻이 무엇이며 영생이 무엇인지
를 가르치셨다. 그래서 그들은 그것을 가슴에 품을 수 있었고 보호되었다.

하나도 멸망하지 않고 다만 멸망의 자식뿐이오니. 가룟 유다에 대한 이야기다. 그는 돈
에 대한 욕심과 어쩌면 민족주의에 대한 열심 때문에 결국 멸망의 자식이 되었다. 영
생을 최우선에 두는 일에 하나가 되지 못하면 그렇게 멸망의 자식이 된다.

13 지금 내가 아버지께로 가오니 내가 세상에서 이 말을 하옵는 것은 그들로
내 기쁨을 그들 안에 충만히 가지게 하려 함이니이다

13 And now I am coming to you, and I say these things in the world so that they might have
my joy in their hearts in all its fullness.

17:13 그들로 내 기쁨을 그들 안에 충만히 가지게 하려 함이니이다. 예수님은 지금 십자
가의 길을 가고 계신다. 그렇게 힘든 길을 가시는 것은 그것이 사람을 구원하는 길이
기 때문이다. 사람들이 영원한 멸망에서 영원한 생명으로 옮기는 길이기 때문이다. 그
것을 아시기 때문에 힘들어도 기뻐하셨다. 그것이 예수님의 기쁨이고 하늘 기쁨이다.
제자들은 그들이 예수님의 제자로 살아가는 것이 얼마나 위대한지를 알아야 한다. 그
들의 영생을 위한 하나님의 뜻과 목적이 얼마나 위대한지를 알고 한 마음이 되어야
한다. 그러면 기쁨으로 가득하게 될 것이다.

14 내가 아버지의 말씀을 그들에게 주었사오매 세상이 그들을 미워하였사오니
이는 내가 세상에 속하지 아니함 같이 그들도 세상에 속하지 아니함으로 인함
이니이다

14 I gave them your message, and the world hated them, because they do not belong to the
world, just as I do not belong to the world.

17:14 내가 아버지의 말씀을 그들에게 주었사오매 세상이 그들을 미워하였사오니. 제자
들은 예수님의 말씀을 받아 어둠에서 빛으로 바뀌었다. 가치관이 바뀌었다. 그래서

세상의 가치관을 두고 있는 사람들과 달랐다. 다르기 때문에 세상의 미움을 받게 될 것이다.

15 내가 비옵는 것은 그들을 세상에서 데려가시기를 위함이 아니요 다만 악에 빠지지 않게 보전하시기를 위함이니이다
15 I do not ask you to take them out of the world, but I do ask you to keep them safe from the Evil One.

17:15 세상에서 데려가시기를 위함이 아니요. 제자가 세상과 구분되는 것은 세상 밖으로 나가는 지리적인 분리가 아니다. **악에 빠지지 않게 보전하시기를 위함이니이다.** 다르기 때문에 받는 미움은 결코 가볍지 않다. 제자가 세상 속에서 살아갈 때 더욱 그렇다. 그래서 미움 받지 않으려고 세상과 타협하곤 한다. 그래서 예수님은 기도하신다. '악에 빠지지 않게 보전'하여 주시길 기도하신다. 쉽지 않다. 그래서 기도하신다.

16 내가 세상에 속하지 아니함 같이 그들도 세상에 속하지 아니하였사옵나이다
17 그들을 진리로 거룩하게 하옵소서 아버지의 말씀은 진리니이다
16 Just as I do not belong to the world, they do not belong to the world.
17 Dedicate them to yourself by means of the truth; your word is truth.

17:17 진리로 거룩하게 하옵소서. 제자들이 세상의 악에 빠지지 않기 위해서는 진리로 거룩해지는 것이 필요하다. '거룩'은 구별이다. 진리로 참과 거짓을 구분하고 진리를 따라 사는 것이다. 신앙인이 세상 속에서 살고 있기 때문에 같아지기 쉽다. 그러나 그것은 빛이 어둠이 되는 것이다. 거룩해야 한다. 진리로 자신을 비추어 거룩해야 한다.

18 아버지께서 나를 세상에 보내신 것 같이 나도 그들을 세상에 보내었고
18 I sent them into the world, just as you sent me into the world.

17:18 아버지께서 나를 세상에 보내신 것 같이. 하나님 아버지께서 세상을 구원하기 위하여 예수님을 보내셨다. 예수님은 오셔서 그 일을 충실히 하셨다. 그리고 이제 떠나실 것이다. 떠나시면서 제자들을 세상에 보내신다. 세상을 구원하도록 말이다.

19 또 그들을 위하여 내가 나를 거룩하게 하오니 이는 그들도 진리로 거룩함을

얻게 하려 함이니이다

19 And for their sake I dedicate myself to you, in order that they, too, may be truly dedicated to you.

17:19 그들을 위하여 내가 나를 거룩하게 하오니. '내가 나를 거룩하게 하오니'가 대체 무슨 말씀일까? 예수님은 제자들을 위하여 '십자가를 지는 길'을 걸어가고 계신다. 십자가를 세상은 비참하게 여기나 실상은 그 길이 제자들을 구원하는 길이다. 그래서 십자가의 길을 가신다. 그것은 매우 거룩한 길이다.

그들도 진리로 거룩함을 얻게 하려 함이니이다. 우리는 세상과 다른 길을 걸어가야 한다. 세상이 소유하지 않은 진리를 가지고 있기 때문이다. 말씀이 말하는 길을 걸어가기 때문이다. 어찌 말씀이라는 길이 없는 사람과 우리가 같을 수 있겠는가? 우리는 말씀을 따라 거룩한 길을 가야 한다. 세상과 다른 길을 가야 한다.

진리로 걸어가는 거룩한 길을 걷고 있는가? '거룩'은 다른 사람과 다른 길이며, 내가 원하는 것과 다른 길이다. 오직 말씀이 '가라' 하시니 가는 길이다. 이 구별된 길을 가야 한다. 이 구별이 우리를 빛나게 할 것이다. 영생의 길을 걸어가게 한다.

믿음으로 많이 바뀌었는가? 달라야 한다. 그것을 거룩이라고 말한다. 의인은 믿음으로 살아가는 사람이다. 늘 믿음으로 사는데 어찌 믿음이 없을 때와 같을 수 있겠는가? 삶의 모양이 많이 다를 것이다. 혹 모양은 같아도 마음이 완전히 다르다. 다르지 않다면 거룩이 아니다. 달라야 한다.

20 내가 비옵는 것은 이 사람들만 위함이 아니요 또 그들의 말로 말미암아 나를 믿는 사람들도 위함이니

20 "I pray not only for them, but also for those who believe in me because of their message.

17:20 그들의 말로 말미암아 나를 믿는 사람들도 위함이니. 제자들을 위해 기도하시다가 이제 제자들의 말로 인하여 새로 믿게 될 사람들을 위하여 기도하신다. 미래의 신자들을 위한 기도다. 미래의 신자들을 위해 예수님은 무엇을 기도하실까?

21 아버지여, 아버지께서 내 안에, 내가 아버지 안에 있는 것 같이 그들도 다 하나가 되어 우리 안에 있게 하사 세상으로 아버지께서 나를 보내신 것을 믿게 하옵소서

21 I pray that they may all be one. Father! May they be in us, just as you are in me and I am in you. May they be one, so that the world will believe that you sent me.

17:21 그들도 다 하나가 되어 우리 안에 있게 하사. 모든 믿는 사람들에게 가장 중요한 것은 '하나됨'이다. 어떻게 하나 되는 것일까? 단순한 하나됨이 아니다. '우리 안에 있는 것'이다. 하나님과 하나됨이다. 하나님과의 연합이다.

아버지께서 나를 보내신 것을 믿게 하옵소서. 하나님 아버지께서 아들을 이 땅에 보내셨다. 성육신이라는 놀라운 일을 통해서다. 왜 그런 놀라운 일이 일어났을까? 그 비밀을 알아야 한다. 그 비밀에의 하나됨이다. 하나님 아버지와 아들이 그 일을 위하여 철저히 하나가 되셔서 일을 진행하셨다. 미래의 제자들도 그것을 알아야 한다. 그것이 하나됨이다.

> **22** 내게 주신 영광을 내가 그들에게 주었사오니 이는 우리가 하나가 된 것 같이 그들도 하나가 되게 하려 함이니이다
>
> 22 I gave them the same glory you gave me, so that they may be one, just as you and I are one:

17:22 내게 주신 영광을 내가 그들에게 주었사오니. 하나됨은 '영광'을 아는 것이다. 영광은 '하나님의 뜻'을 아는 것이다. 하나님의 성품이 드러나는 것을 의미한다. 구체적으로 성육신과 십자가는 참으로 놀라운 하나님의 영광이다. 신비한 지식이다. 지식에 넘치는 하나님의 사랑을 드러내는 영광이다.

> **23** 곧 내가 그들 안에 있고 아버지께서 내 안에 계시어 그들로 온전함을 이루어 하나가 되게 하려 함은 아버지께서 나를 보내신 것과 또 나를 사랑하심 같이 그들도 사랑하신 것을 세상으로 알게 하려 함이로소이다
>
> 23 I in them and you in me, so that they may be completely one, in order that the world may know that you sent me and that you love them as you love me.

17:23 하나가 되게 하려 함은...나를 사랑하심 같이 그들도 사랑하신 것을 세상으로 알게 하려 함이로소이다. 하나님 아버지께서 예수님을 사랑하신다. 얼마나 많이 사랑하실까? 그런데 더욱 놀라운 것은 그 사랑으로 미래의 신자들을 사랑하신다는 것이다.

하나님께서 신앙인들을 사랑하신다. 아주 많이 사랑하신다. 그것을 아는 것이 참으로 중요하다. 그 사랑이 얼마나 큰지를 아는 것이 중요하다. 창조주의 사랑이 사람들을 향하고 있다. 독생자를 주시는 사랑이다. 그 사랑이 얼마나 큰 지를 아는 것이 모

든 사람에게 주어진 가장 큰 숙제다.

24 아버지여 내게 주신 자도 나 있는 곳에 나와 함께 있어 아버지께서 창세 전
부터 나를 사랑하시므로 내게 주신 나의 영광을 그들로 보게 하시기를 원하옵
나이다
24 "Father! You have given them to me, and I want them to be with me where I am, so
that they may see my glory, the glory you gave me; for you loved me before the world was
made.

17:24 내게 주신 나의 영광을 그들로 보게 하시기를 원하옵나이다. 예수님은 창조주의
영광을 가지신 분이다. 사람들은 예수님에 대해 들으나 잘 모른다. 예수님을 아는 것
이 창조주를 아는 것이라는 것을 모른다. 자신들의 창조주이시다. 그것은 육신의 부모
를 찾게 된 것보다 더 크고 중요한 일이다. 그런데 여전히 사람들은 예수님을 너무 멀
리 생각한다. 사람들은 예수님을 보며 창조주의 영광을 보고 창조주의 사랑을 볼 수
있어야 한다.

25 의로우신 아버지여 세상이 아버지를 알지 못하여도 나는 아버지를 알았사
옵고 그들도 아버지께서 나를 보내신 줄 알았사옵나이다
25 Righteous Father! The world does not know you, but I know you, and these know that
you sent me.

17:25 기도문의 마지막 두 구절은 다시 모든 사람을 대상으로 한다. **의로우신 아버지
여.** 신약 성경 전체에서 이런 표현은 없다. 이곳이 유일하다. 그만큼 이 곳에서 그것을
강조하는 것이다. 하나님은 의로우신 분이다. 이 세상을 심판하실 때 불의로 심판하
지 않으신다. 모든 이들을 의를 기준으로 심판하실 것이다. 모든 사람이 구원 얻기를
원하시지만 믿음이 없는 이들은 구원받지 못할 것이다. 하나님은 의로우신 분이기 때
문이다. 그래서 중요한 것이 있다. 지식이다. 25절에서만 3번이나 반복하여 사용한다.
영생은 '하나님과 예수님을 아는 것(17:3)'이라고 말씀하셨었다. 알아야 한다.
세상이 아버지를 알지 못하여도 나는 아버지를 알았사옵고. 사람들은 하나님을 너무 많
이 모르고 있었다. 그러나 예수님은 하나님 아버지를 잘 아셨다. 그래서 사람들에게
하나님 아버지를 온전히 가르치실 분이시다.
그들도 아버지께서 나를 보내신 줄 알았사옵나이다. 예수님을 통해 하나님 아버지를 알
기 위해서는 먼저 예수님에 대한 신뢰가 필요하다. 예수님이 메시야이심을 믿어야 한

다. 그런데 이제 제자들이 그것을 믿었다. 그래서 예수님을 통해 하나님 아버지를 알 준비가 된 것이다.

17:26 내가 아버지의 이름을 그들에게 알게 하였고 또 알게 하리니. 예수님은 제자들에게 하나님을 가르치셨다. 하나님의 영광을 알게 하신 것이다. 그리고 이후에도 성령을 통해 제자들을 가르치실 것이다.

나를 사랑하신 사랑이 그들 안에 있고 나도 그들 안에 있게 하려 함이니이다. 하나님을 알아야 하나님의 놀라운 사랑이 그들 안에 있게 된다. 하나님을 알지 못하면 하나님의 놀라운 사랑이 자신을 위하여 있다는 것을 모르고 죽어갈 것이다. 창조주의 놀라운 사랑이 있는데 그것을 몰라서 멸망의 길을 가는 사람들이 많다. 참으로 안타까운 일이다.

하나님을 아는 것이 중요하다. 그래야 그 사랑 안에 거할 수 있다. 세상의 일에 대해서는 밤을 새우면서 공부한다. 그런데 하나님을 아는 일에는 공부하지 않으려 한다. 성경을 도무지 이해하려고 하지 않는다. 마음의 위안만 얻으려 한다. 말씀을 이해하기 위해서는 또한 순종해야 한다. 그런데 순종하려 하지 않는다. 그래서 결국 하나님을 아는 지식에 실패한다.

하나님과 그리스도를 아는 지식은 창조주를 아는 지식이다. 세상에서 가장 중요한 지식이다. 영광의 지식이다. 그것을 놓치면 세상의 모든 것을 놓친다. 자신의 입맛에 맞추어 알려고 하지 말고 성경이 말하는 대로 알아야 한다.

2. 십자가를 지심
(18:1-19:42)

18장

1 예수께서 이 말씀을 하시고 제자들과 함께 기드론 시내 건너편으로 나가시니 그 곳에 동산이 있는데 제자들과 함께 들어가시니라
1 After Jesus had said this prayer, he left with his disciples and went across the brook called Kidron. There was a garden in that place, and Jesus and his disciples went in.

18:1 기드론 시내 건너편으로 나가시니. '기드론 시내'라고 말한 것은 우기 때 시내가 되기 때문이다. 이 당시는 건기가 시작되었기 때문에 물이 흐르지는 않았을 것이다. **그 곳에 동산이 있는데.** 겟세마네를 말한다. '동산(헬. 케포스)'은 '과수원'으로 번역하는 것이 나을 것 같다. 이 단어는 주로 '밭'으로 번역한다. '동산'이라는 한국말은 '작은 산'을 의미하지만 헬라어는 그런 의미가 전혀 없다. 겟세마네는 동산이 아니라 올리브 나무가 많은 과수원이었을 것이다.

2 그 곳은 가끔 예수께서 제자들과 모이시는 곳이므로 예수를 파는 유다도 그 곳을 알더라
3 유다가 군대와 대제사장들과 바리새인들에게서 얻은 아랫사람들을 데리고 등과 횃불과 무기를 가지고 그리로 오는지라
4 예수께서 그 당할 일을 다 아시고 나아가 이르시되 너희가 누구를 찾느냐
2 Judas, the traitor, knew where it was, because many times Jesus had met there with his disciples.
3 So Judas went to the garden, taking with him a group of Roman soldiers, and some temple guards sent by the chief priests and the Pharisees; they were armed and carried lanterns and torches.
4 Jesus knew everything that was going to happen to him, so he stepped forward and asked them, "Who is it you are looking for?"

18:4 너희가 누구를 찾느냐. 예수님은 자신을 잡으려는 사람들이 왔을 때 피신하지 않으시고 그들에게 물으셨다. 자신에게 다가오는 고난을 피하지 않으시고 두 손 벌려 맞이하시는 모습이다.

5 대답하되 나사렛 예수라 하거늘 이르시되 내가 그니라 하시니라 그를 파는 유다도 그들과 함께 섰더라
5 "Jesus of Nazareth," they answered. "I am he," he said. Judas , the traitor, was standing there with them.

18:5 내가 그니라. 예수님을 잡으려는 군사와 성전 수비대가 살벌하게 예수님을 찾고 있었다. 그런데 예수님은 그들에게 차분하게 자신이 그들이 찾는 사람이라고 밝히셨다.

6 예수께서 그들에게 내가 그니라 하실 때에 그들이 물러가서 땅에 엎드러지는지라
6 When Jesus said to them, "I am he," they moved back and fell to the ground.

18:6 그들이 물러가서 땅에 엎드러지는지라. 자신들이 잡으려는 사람이 앞에 있다는 것을 알았는데 오히려 땅에 엎드렸다. 그들은 왜 땅에 엎드렸을까? '내가 그니라'라는 말씀에 놀란 것 같다. 이 표현은 '여호와'라는 이름과 관련된 것으로 예수님의 자기 계시다. 사람들이 그것을 알고 있었을까? 조금은 알고 있었을 것 같다. 그들이 땅에 엎드린 것은 예수님의 권위에 앞도당한 모습이다. 그들의 반응을 이 단어에 대한 이해 외에 다른 것으로 설명하기 어렵다.

7 이에 다시 누구를 찾느냐고 물으신대 그들이 말하되 나사렛 예수라 하거늘
8 예수께서 대답하시되 너희에게 내가 그니라 하였으니 나를 찾거든 이 사람들이 가는 것은 용납하라 하시니
7 Again Jesus asked them, "Who is it you are looking for?" "Jesus of Nazareth," they said.
8 "I have already told you that I am he," Jesus said. "If, then, you are looking for me, let these others go."

18:8 나를 찾거든 이 사람들이 가는 것은 용납하라. 이 당시 당국은 주로 주모자만 잡았다. 그들은 예수님만 잡으면 그들의 목적을 성취할 수 있다. 그래서 예수님은 자신이 예수이니 다른 제자들은 잡지 말라고 말씀하시는 것이다.

9 이는 아버지께서 내게 주신 자 중에서 하나도 잃지 아니하였사옵나이다 하신 말씀을 응하게 하려 함이러라
10 이에 시몬 베드로가 칼을 가졌는데 그것을 빼어 대제사장의 종을 쳐서 오른

편 귀를 베어버리니 그 종의 이름은 말고라

9 (He said this so that what he had said might come true: "Father, I have not lost even one of those you gave me.")
10 Simon Peter, who had a sword, drew it and struck the High Priest's slave, cutting off his right ear. The name of the slave was Malchus.

18:10 칼을 가졌는데 그것을 빼어 대제사장의 종을 쳐서 오른편 귀를 베어버리니. 베드로는 저항하였다. 그가 품고 있었던 단도를 빼어 예수님을 잡는 일에 주도적인 사람(대제사장의 종. 아마 무리의 총 책임자였을 것임)을 향해 휘둘렀다. 종은 칼을 피하였으나 귀가 칼에 걸려 잘려 나갔다. 아주 위험한 상황이다.

11 예수께서 베드로더러 이르시되 칼을 칼집에 꽂으라 아버지께서 주신 잔을 내가 마시지 아니하겠느냐 하시니라

11 Jesus said to Peter, "Put your sword back in its place! Do you think that I will not drink the cup of suffering which my Father has given me?"

18:11 예수께서 베드로더러 이르시되 칼을 칼집에 꽂으라. 베드로는 용감하게 많은 군사에 맞서 싸웠으나 예수님은 그런 베드로를 말리셨다.

아버지께서 주신 잔을 내가 마시지 아니하겠느냐. 예수님은 십자가를 지는 것이 하나님께서 주신 '잔'임을 아셨다. 그래서 그것을 거부하지 않으시고 받아들이셨다. 그것이 하나님의 뜻이 아니면 맞서 싸워야 한다. 그러나 하나님의 뜻이기에 칼을 빼지 말아야 한다.

12 이에 군대와 천부장과 유대인의 아랫사람들이 예수를 잡아 결박하여
13 먼저 안나스에게로 끌고 가니 안나스는 그 해의 대제사장인 가야바의 장인이라

12 Then the Roman soldiers with their commanding officer and the Jewish guards arrested Jesus, bound him,
13 and took him first to Annas. He was the father-in-law of Caiaphas, who was High Priest that year.

18:13 먼저 안나스에게로 끌고 가니. 안나스는 직전 대제사장이다. 로마 총독에 의해 그가 대제사장직에서 물러난 지 18년이 지났다. 그러나 이스라엘은 본래 대제사장직이 종신직이었기 때문에 일반 대중은 그를 여전히 대제사장으로 여겼다. 현재 대제사장으로 있는 가야바는 그의 사위였다.

안나스가 힘을 가지고 있는 것 같다. 그러나 그것은 하나님의 뜻 때문에 칼이 칼 집에 꽂혀 있기 때문이다. 그의 권력과 힘은 하나님께서 칼을 빼실 때 순식간에 사라질 것이다. 그러기에 우리는 세상의 힘에 대해 그리 크게 신경 쓸 필요가 없다.

신앙인이 힘이 없는 것은 사실 힘이 없는 것이 아니라 칼이 집에 꽂아 있는 것이다. 예수님은 힘이 없으셔서 잡히신 것이 아니다. 세상에서 우리가 이런 말을 하면 힘 없는 것에 대한 합리화처럼 보일 것이다. 그러나 우리는 합리화가 아니라 실제로 그렇다는 것을 명심해야 한다. 신앙인이 세상에서 힘이 없어 못하는 것은 아무것도 없다. 전능하신 하나님이 우리의 하나님이시기 때문에 힘 없는 것이 결코 아니다. 그러니 힘 없는 것에 대해 한탄하지 말아야 한다.

14 가야바는 유대인들에게 한 사람이 백성을 위하여 죽는 것이 유익하다고 권고하던 자러라

15 시몬 베드로와 또 다른 제자 한 사람이 예수를 따르니 이 제자는 대제사장과 아는 사람이라 예수와 함께 대제사장의 집 뜰에 들어가고

16 베드로는 문 밖에 서 있는지라 대제사장을 아는 그 다른 제자가 나가서 문 지키는 여자에게 말하여 베드로를 데리고 들어오니

17 문 지키는 여종이 베드로에게 말하되 너도 이 사람의 제자 중 하나가 아니냐 하니 그가 말하되 나는 아니라 하고

14 It was Caiaphas who had advised the Jewish authorities that it was better that one man should die for all the people.
15 Simon Peter and another disciple followed Jesus. That other disciple was well known to the High Priest, so he went with Jesus into the courtyard of the High Priest's house,
16 while Peter stayed outside by the gate. Then the other disciple went back out, spoke to the girl at the gate, and brought Peter inside.
17 The girl at the gate said to Peter, "Aren't you also one of the disciples of that man?" "No, I am not," answered Peter.

18:17 제자 중 하나가 아니냐. 이것은 확신을 가지고 말하기보다는 '아니다'라는 답을 들을 것을 기반으로 한 질문이다. 매우 적은 가능성을 가지고 말하는 것이다. **그가 말하되 나는 아니라.** 베드로는 자연스럽게 '아니다'라고 말함으로 넘어갈 수 있었다.

18 그 때가 추운 고로 종과 아랫사람들이 불을 피우고 서서 쬐니 베드로도 함께 서서 쬐더라

18 It was cold, so the servants and guards had built a charcoal fire and were standing round it, warming themselves. So Peter went over and stood with them, warming himself.

18:18 불을 피우고 서서 쬐니 베드로도 함께 서서 쬐더라. '불(헬. 안드라키아)'은 숯불을 의미하는 것으로 신약 성경에서 2번 사용된 단어다. 21:9에서 숯불에 제자들에게 줄 물고기를 구우시는 부활하신 예수님 이야기에서 한 번 더 나온다. 예수님은 제자들을 위해 물고기를 구우신다. 이 둘을 비교하고 있는 것 같다. 예수님은 잡혀 있었지만 얄궂게도 베드로는 추웠다. 4월의 낮은 더웠지만 밤은 추웠다. 그러나 추위보다 사실 자기 자신을 더 생각하는 마음 때문일 것이다. 자신을 위해 숯불을 쬐고 있었다.

19 대제사장이 예수에게 그의 제자들과 그의 교훈에 대하여 물으니
19 The High Priest questioned Jesus about his disciples and about his teaching.

18:19 그의 제자들과 그의 교훈에 대하여 물으니. 대제사장은 예수님에게 2가지를 물었다.

20 예수께서 대답하시되 내가 드러내 놓고 세상에 말하였노라 모든 유대인들이 모이는 회당과 성전에서 항상 가르쳤고 은밀하게는 아무 것도 말하지 아니하였거늘
20 Jesus answered, "I have always spoken publicly to everyone; all my teaching was done in the synagogues and in the Temple, where all the people come together. I have never said anything in secret.

18:20 내가 드러내 놓고 세상에 말하였노라. 제자들에 대한 질문에 '내가'라고 대답하시면서 주의를 환기시키셨다. 예수님은 산헤드린이 제자가 아니라 오직 자신에게 주의를 기울이기를 원하시는 것으로 보인다.
예수님을 잡았다. 그렇다면 예수님이 죄가 있다는 것을 전제로 하는 것이다. 그렇다면 예수님의 죄에 대해 증인을 내세우는 것이 합당한 재판 절차다. 이것이 비록 재판의 예비적 성격을 가지고 있다 하여도 마찬가지다. 그러나 대제사장은 예수님의 죄를 고발하는 증인을 세우지 않고 예수님께 직접 질문하였다. 예수님은 그것에 대해 대답하고 계신 것이다. 예수님은 지금까지 공개적으로 말씀하셨으니 청중들을 증인으로 세우라고 말씀하셨다.

21 어찌하여 내게 묻느냐 내가 무슨 말을 하였는지 들은 자들에게 물어 보라 그들이 내가 하던 말을 아느니라

21 Why, then, do you question me? Question the people who heard me. Ask them what I told them—they know what I said."

18:21 어찌하여 내게 묻느냐. 증인을 세우지 않은 것에 대한 책망의 성격이다. 재판에서 죄인에게 묻기 전에 증인을 통해 죄목을 먼저 말하는 것이 순서인데 대제사장이 재판 절차를 무시하고 있었다.

22 이 말씀을 하시매 곁에 섰던 아랫사람 하나가 손으로 예수를 쳐 이르되 네가 대제사장에게 이같이 대답하느냐 하니
22 When Jesus said this, one of the guards there slapped him and said, "How dare you talk like that to the High Priest!"

18:22 곁에 섰던 아랫사람 하나가 손으로 예수를 쳐. 이것은 더욱더 법을 어긴 행위다. 지금 예수님이 죄인으로 정죄된 것도 아니다. 그런데 구타하는 것은 법을 어긴 것이다. 당시의 재판이 힘 있는 사람에게는 법을 지켰지만 힘 없는 사람에게는 멋대로 진행되곤 하였다. 예수님을 힘 없는 사람으로 취급하여 멋대로 재판을 진행하고 있는 것이다.

23 예수께서 대답하시되 내가 말을 잘못하였으면 그 잘못한 것을 증언하라 바른 말을 하였으면 네가 어찌하여 나를 치느냐 하시더라
23 Jesus answered him, "If I have said anything wrong, tell everyone here what it was. But if I am right in what I have said, why do you hit me?"

18:23 내가 말을 잘못하였으면 그 잘못한 것을 증언하라. 예수님을 때리는 사람의 부당함을 말씀하시는 것이다.
예수님은 자신에게 주어진 고난을 담대하게 받아들이셨다. 대신 그 과정에서 그들의 부당한 행동에 대해 책망하셨다. 잘못된 길을 가면서 그 과정조차도 불법을 행하는 사람들을 향한 경고다.

24 안나스가 예수를 결박한 그대로 대제사장 가야바에게 보내니라
25 시몬 베드로가 서서 불을 쬐더니 사람들이 묻되 너도 그 제자 중 하나가 아니냐 베드로가 부인하여 이르되 나는 아니라 하니
24 Then Annas sent him, still bound, to Caiaphas the High Priest.

25 Peter was still standing there keeping himself warm. So the others said to him, "Aren't you also one of the disciples of that man?" But Peter denied it. "No, I am not," he said.

18:25 너도 그 제자 중 하나가 아니냐. 강한 확신보다는 약한 확신의 질문이다. **베드로가 부인하여 이르되 나는 아니라.** 베드로는 이번에도 역시 부인하였다. 진리에 대한 확신이 없으면 우리는 세상의 수많은 일에서 거짓을 말하기 쉽다.

26 대제사장의 종 하나는 베드로에게 귀를 잘린 사람의 친척이라 이르되 네가 그 사람과 함께 동산에 있는 것을 내가 보지 아니하였느냐
26 One of the High Priest's slaves, a relative of the man whose ear Peter had cut off, spoke up. "Didn't I see you with him in the garden?" he asked.

18:26 대제사장의 종 하나는 베드로에게 귀를 잘린 사람의 친척이라. 이번에는 조금 더 확실한 사람이 나타났다. 그는 베드로가 귀를 자른 사람의 친척이다. 베드로가 귀를 자른 사람은 유력한 사람이었던 것 같다. 이 친척도 어느 정도 힘을 가지고 있는 사람인 것 같다. 이렇게 힘을 가진 사람의 말은 조금 더 힘을 가지고 있다. 그러나 이것도 그렇게 확신에 찬 것이기 보다는 의구심 정도였던 것 같다. 그래서 베드로는 이번에는 더욱더 강하게 부인한다.

27 이에 베드로가 또 부인하니 곧 닭이 울더라
27 Again Peter said "No"—and at once a cock crowed.

18:27 베드로가 또 부인하니. 베드로는 예수님의 말씀대로 새벽 동트기 전 3번째 부인하였다. **닭이 울더라.** 한국의 문화에서도 닭이 우는 것이 새벽을 의미하듯이 새벽을 상징할 것이다. 닭이 시간을 맞추어 울지는 않는다. 그러나 새벽녘에 어떤 닭이 울었을 것이고 베드로는 그때 예수님의 말씀이 생각났을 것이다.

28 그들이 예수를 가야바에게서 관정으로 끌고 가니 새벽이라 그들은 더럽힘을 받지 아니하고 유월절 잔치를 먹고자 하여 관정에 들어가지 아니하더라
28 Early in the morning Jesus was taken from Caiaphas' house to the governor's palace. The Jewish authorities did not go inside the palace, for they wanted to keep themselves ritually clean, in order to be able to eat the Passover meal.

18:28 관정으로 끌고 가니. 총독의 관저를 말한다. 이후 교회는 보통 이곳을 '로마의 성채'로 생각하여 그곳을 비아 돌로로사(슬픔의 길)의 1처소로 삼았다. 그러나 관행과 여러 자료를 통해 볼 때 '헤롯 궁전'을 빌라도의 관정으로 사용했던 곳으로 보인다. **새벽.** 새벽 6시경일 것이다. 당시 일반적인 업무가 이렇게 일찍 시작하는 경우가 많았다. 산헤드린은 어쩌면 밤에 재판할 수 없다는 규칙을 지키기 위해 형식적으로 새벽에 아주 짧게 재판을 하고 빌라도에게 갔을 가능성도 있다. 그들은 그렇게 법의 정신이 아니라 법의 형식을 지키면서 악을 행하고 있었다.

더럽힘을 받지 아니하고 유월절 잔치를 먹고자. 이방인의 집에 들어가면 7일간 더럽혀진다는 미쉬나의 규칙에 따라 빌라도의 집에 들어가지 않았다. 그들은 죄 없는 사람을 죽이려 하면서도 자기 자신들은 유월절 식사인 양과 식사를 먹을 수 있기 위해 신경 쓰고 있다. 유월절 어린 양의 원형이신 예수님을 죽이려 하면서도 고기에 불과한 유월절 양을 먹는 것에 대해서는 열심을 다했다.

> **29** 그러므로 빌라도가 밖으로 나가서 그들에게 말하되 너희가 무슨 일로 이 사람을 고발하느냐
> **30** 대답하여 이르되 이 사람이 행악자가 아니었더라면 우리가 당신에게 넘기지 아니하였겠나이다
> **31** 빌라도가 이르되 너희가 그를 데려다가 너희 법대로 재판하라 유대인들이 이르되 우리에게는 사람을 죽이는 권한이 없나이다 하니
> **29** So Pilate went outside to them and asked, "What do you accuse this man of?"
> **30** Their answer was, "We would not have brought him to you if he had not committed a crime."
> **31** Pilate said to them, "Then you yourselves take him and try him according to your own law." They replied, "We are not allowed to put anyone to death."

18:31 너희 법대로 재판하라. 빌라도는 유대인들의 종교법에 따른 분쟁에 휩싸이지 않기를 원하였다. 사실 이스라엘은 종교법에 의해 충분히 자신들이 재판할 수 있었다. **우리에게는 사람을 죽이는 권한이 없나이다.** 산헤드린 사람들은 이미 예수님을 죽이기로 결정하고 왔다. 그래서 자신들에게는 사형권이 없기 때문에 로마 총독에게 왔음을 말하고 있다.

> **32** 이는 예수께서 자기가 어떠한 죽음으로 죽을 것을 가리켜 하신 말씀을 응하게 하려 함이러라

32 (This happened in order to make the words of Jesus come true, the words he used when he indicated the kind of death he would die.)

18:32 말씀을 응하게 하려 함이러라. 유대인들이 총독의 허락을 받지 않고 예수님을 죽인다면 대중들이 돌을 쳐서 죽이는 방법일 것이다. 그런데 그렇게 하지 않고 산헤드린 사람들은 예수님을 총독에게 데리고 왔다. 십자가 처형이 되는 유일한 길은 로마의 공식 결정에 의한 것이다. 이것은 결국 '나무에 매달려 죽으시는' 것을 예견하신 예수님의 말씀이 응하게 되는 길이 된다.

33 이에 빌라도가 다시 관정에 들어가 예수를 불러 이르되 네가 유대인의 왕이냐
33 Pilate went back into the palace and called Jesus. "Are you the King of the Jews?" he asked him.

18:33 네가 유대인의 왕이냐. 산헤드린의 요구를 알아 들은 빌라도는 관정으로 들어가 예수님께 '유대인의 왕'인지 물었다. 이것은 예수님의 죄목의 핵심 사항이다.

34 예수께서 대답하시되 이는 네가 스스로 하는 말이냐 다른 사람들이 나에 대하여 네게 한 말이냐
34 Jesus answered, "Does this question come from you or have others told you about me?"

18:34 네가 스스로 하는 말이냐 다른 사람들이 나에 대하여 네게 한 말이냐. 이것은 유대인의 왕이라는 개념의 뜻이 다르기 때문에 중요하다. '빌라도가 하는 말'의 개념이라면 그것은 로마의 황제가 실제적으로 유대인의 왕이기 때문에 황제에 대한 반역이다. 그런데 '유대인이 하는 말'에 따르면 그것은 '이스라엘의 메시야'라는 뜻이다. 메시야가 이스라엘의 왕으로 오신다는 것을 의미한다. 서로 다른 것이다.

35 빌라도가 대답하되 내가 유대인이냐 네 나라 사람과 대제사장들이 너를 내게 넘겼으니 네가 무엇을 하였느냐
35 Pilate replied, "Do you think I am a Jew? It was your own people and the chief priests who handed you over to me. What have you done?"

18:35 내가 유대인이냐. 빌라도는 유대인이 아니기 때문에 그런 것을 잘 모르고 중요한 것은 '네가 무엇을 하였느냐'라고 말한다.

36 예수께서 대답하시되 내 나라는 이 세상에 속한 것이 아니니라 만일 내 나라가 이 세상에 속한 것이었더라면 내 종들이 싸워 나로 유대인들에게 넘겨지지 않게 하였으리라 이제 내 나라는 여기에 속한 것이 아니니라
36 Jesus said, "My kingdom does not belong to this world; if my kingdom belonged to this world, my followers would fight to keep me from being handed over to the Jewish authorities. No, my kingdom does not belong here!"

18:36 내 나라는 이 세상에 속한 것이 아니니라. 예수님은 자신이 말하는 나라와 왕이 세상의 것과 다름을 말씀하셨다. 예수님은 제자들이 세상 방식처럼 싸우도록 하지 않으셨다. 로마의 황제에 대항하여 싸우지도 않았다.

37 빌라도가 이르되 그러면 네가 왕이 아니냐 예수께서 대답하시되 네 말과 같이 내가 왕이니라 내가 이를 위하여 태어났으며 이를 위하여 세상에 왔나니 곧 진리에 대하여 증언하려 함이로라 무릇 진리에 속한 자는 내 음성을 듣느니라 하신대
37 So Pilate asked him, "Are you a king, then?" Jesus answered, "You say that I am a king. I was born and came into the world for this one purpose, to speak about the truth. Whoever belongs to the truth listens to me."

18:37 그러면 네가 왕이 아니냐. 빌라도에게는 그 문구가 중요하였다.
네 말과 같이 내가 왕이니라...진리에 대하여 증언하려 함이로라. 예수님은 자신이 세상 나라 방식의 왕은 아니지만 실질적으로 왕이심을 말씀하셨다. 무엇보다 진리의 왕이시다.
진리를 규명해야 할 책임이 있는 빌라도는 진리가 아니라 문구에 집착하였다. 그러나 예수님은 피의자임에도 불구하고 불리한 문구인 '왕'이라는 사실을 당당하게 말씀하셨다. 진리를 선포하셨다.

38 빌라도가 이르되 진리가 무엇이냐 하더라 이 말을 하고 다시 유대인들에게 나가서 이르되 나는 그에게서 아무 죄도 찾지 못하였노라
38 "And what is truth?" Pilate asked. Then Pilate went back outside to the people and said to them, "I cannot find any reason to condemn him.

18:38 나는 그에게서 아무 죄도 찾지 못하였노라. 빌라도는 예수님이 로마에 해로운 어떤 행위를 한 것을 발견하지 못하였기 때문에 그렇게 선언할 수밖에 없다. 그러나 그는 죄가 없다 하여 놓고도 예수님을 유죄로 선언한다. 빌라도의 선언은 '예수님의 죄

없음'이라는 신학적 주제에 대한 이중적 의미를 담고 있기도 하다.

39 유월절이면 내가 너희에게 한 사람을 놓아 주는 전례가 있으니 그러면 너희
는 내가 유대인의 왕을 너희에게 놓아 주기를 원하느냐 하니
39 But according to the custom you have, I always set free a prisoner for you during the
Passover. Do you want me to set free for you the King of the Jews?"

18:39 유월절이면 내가 너희에게 한 사람을 놓아 주는 전례가 있으니. 유월절 전례에 따
라 한 사람을 놓아주는 것은 죄인 중에 놓아주는 것이다. 그의 말대로 예수님에게서
죄를 발견하지 못하였으면 그냥 훈방을 해야 하는 것이지 대중들에게 한 사람을 선
택하라고 하면 안 되는 것이다. 그러나 그는 진리보다는 자신에게 미칠 영향을 더 생
각하였고 힘 없는 예수님보다는 힘 있는 산헤드린 사람들의 의중대로 재판하였다.

40 그들이 또 소리 질러 이르되 이 사람이 아니라 바라바라 하니 바라바는 강
도였더라
40 They answered him with a shout, "No, not him! We want Barabbas!" (Barabbas was a
bandit.)

18:40 바라바라 하니 바라바는 강도였더라. 대중은 예수님 대신 바라바를 선택하였다.
바라바는 민란을 일으킨 사람이고, 살인을 하였다. 이미 사형을 언도받은 사람이다.
예수님은 살인을 하지 않고 오히려 살리셨다. 민란을 꾸미지도 않으셨다. 위험한 인물
이 아니다. 오직 하나 위험하다면 많은 사람이 따랐다는 것이다. 그러나 그것이 죽일
죄가 되지는 않는다. 그런데 대체 무슨 이유로 사람들은 예수님을 이렇게 죽이고자
할까? 예수님이 누구에게도 해를 끼치지 않았는데 말이다. 사람들의 무지와 죄는 끝
이 없는 것 같다. 진리가 아니라 순간의 분위기를 따라간다.

19장

1 이에 빌라도가 예수를 데려다가 채찍질하더라
1 Then Pilate took Jesus and had him whipped.

19:1 채찍질하더라. 요한의 글을 읽고 있던 사람들은 이것이 무엇을 의미하는지 잘 알고 있었을 것이다. 그러나 우리들에게는 이것에 대해 조금 더 자세한 설명이 필요하다. 당시 로마에서 처벌할 때 자유인들에게는 회초리, 병사들에게는 막대기, 노예나 식민지 사람들에게는 채찍을 사용했다. 당시 로마의 채찍질에는 3종류가 있었다. 덜 심한 채찍질인 푸스티가티오, 더 심한 징계인 플라겔라티오, 사형 선고를 동반하는 베르베라티오가 있었다.

요한복음에서는 아직 사형 언도가 있기 전이기 때문에 푸스티카티오이거나 플라겔라티오였을 것이다. 그런데 다른 복음서에 사형언도를 받고 채찍질을 당하는 것이 나온다. 그렇다면 두 번의 채찍질을 당하셨을 가능성이 높으며 그 때는 사형과 함께 채찍질하는 가장 잔혹한 베르베라티오를 가했을 것이다. 유대인은 태형을 할 때 39대까지 정해져 있었으나 로마는 그러한 제한이 없었으며 가장 약한 채찍질을 당할 때도 사망하거나 장애인이 되는 경우도 있었다. 채찍은 가죽끈을 동물의 뼈조각이나 쇠를 사이사이에 넣고 꼰 채찍이었다. 그래서 이 채찍에 맞으면 피부가 찢어져 너덜거리고 뼈가 드러났다.

2 군인들이 가시나무로 관을 엮어 그의 머리에 씌우고 자색 옷을 입히고
2 The soldiers made a crown out of thorny branches and put it on his head; then they put a purple robe on him

19:2 자색 옷. 군인들이 사용하던 자색 망토로 쓰지 못하게 된 것을 사용하였을 것이다. 병사들은 예수님을 그들의 놀이감으로 사용하였다. 죄명이 '유대인의 왕'이니 왕 놀이를 하면서 조롱하였다.

3 앞에 가서 이르되 유대인의 왕이여 평안할지어다 하며 손으로 때리더라
3 and came to him and said, "Long live the King of the Jews!" And they went up and slapped him.

19:3 손으로 때리더라. 반복된 행위를 의미한다. 조롱하면서 사람들이 번갈아 오면서 때리는 것을 묘사한 것이다.

4 빌라도가 다시 밖에 나가 말하되 보라 이 사람을 데리고 너희에게 나오나니 이

는 내가 그에게서 아무 죄도 찾지 못한 것을 너희로 알게 하려 함이로라 하더라
4 Pilate went out once more and said to the crowd, "Look, I will bring him out here to you to
let you see that I cannot find any reason to condemn him."

19:4 그에게서 아무 죄도 찾지 못한 것을 너희로 알게 하려 함이로라. 빌라도는 두 번째
로 이 말을 하고 있다. 그는 예수님에게서 특별한 혐의점이 없기 때문에 이렇게 채찍
질하고 놓아주고자 하였던 것 같다.

5 이에 예수께서 가시관을 쓰고 자색 옷을 입고 나오시니 빌라도가 그들에게
말하되 보라 이 사람이로다 하매
6 대제사장들과 아랫사람들이 예수를 보고 소리 질러 이르되 십자가에 못 박
으소서 십자가에 못 박으소서 하는지라 빌라도가 이르되 너희가 친히 데려다가
십자가에 못 박으라 나는 그에게서 죄를 찾지 못하였노라
5 So Jesus came out, wearing the crown of thorns and the purple robe. Pilate said to them,
"Look! Here is the man!"
6 When the chief priests and the temple guards saw him, they shouted, "Crucify him!
Crucify him!" Pilate said to them, "You take him, then, and crucify him. I find no reason to
condemn him."

19:6 십자가에 못 박으소서. 대제사장과 그의 사람들이 주도적으로 예수님을 십자가
에 못 받도록 외쳤다. **너희가 친히 데려다가 십자가에 못 박으라 나는 그에게서 죄를 찾
지 못하였노라.** 빌라도는 세 번째로 예수님이 죄가 없음을 선언한다. 자신이 죄가 없다
고 말하는데 십자가에 못 박으라고 외치는 사람들이 얄밉기까지 하였을 것이다.

7 유대인들이 대답하되 우리에게 법이 있으니 그 법대로 하면 그가 당연히 죽
을 것은 그가 자기를 하나님의 아들이라 함이니이다
7 The crowd answered back, "We have a law that says he ought to die, because he claimed
to be the Son of God."

**19:7 우리에게 법이 있으니 그 법대로 하면 그가 당연히 죽을 것...하나님의 아들이라 함
이니이다.** 예수님이 로마 법에 의해 문제가 되지 않으면 사실은 유대인의 법에 의해
죽을 죄가 있으니 사형을 언도해 달라고 요청하는 것이다.
'하나님의 아들'은 메시야에 대한 호칭이다. '유대인의 왕' 또한 메시야 칭호다. '왕'이
로마에 반역을 꾀하는 것처럼 보이니 그 단어를 사용하였었다. 그리고 이제 그것이
잘 통하지 않자 이스라엘식의 메시야 칭호로 죄를 주장하는 것이다. 빌라도가 잘 모

르니 그냥 사형만 언도해 달라는 의도가 깔려 있다.

8 빌라도가 이 말을 듣고 더욱 두려워하여
8 When Pilate heard this, he was even more afraid.

19:8 빌라도는 산헤드린의 말을 듣고 더욱 두려운 마음이 들었다. 별볼일 없는 사람이라 하여도 사형을 시키는 것은 문제가 되는 것인데 그들의 말대로 하나님의 아들이라는 측면이 있다면 더욱더 문제가 될 수 있기 때문이다.

9 다시 관정에 들어가서 예수께 말하되 너는 어디로부터냐 하되 예수께서 대답하여 주지 아니하시는지라
10 빌라도가 이르되 내게 말하지 아니하느냐 내가 너를 놓을 권한도 있고 십자가에 못 박을 권한도 있는 줄 알지 못하느냐
9 He went back into the palace and asked Jesus, "Where do you come from?" But Jesus did not answer.
10 Pilate said to him, "You will not speak to me? Remember, I have the authority to set you free and also to have you crucified."

19:10 내가 너를 놓을 권한도 있고 십자가에 못 박을 권한도 있는 줄 알지 못하느냐. 빌라도는 자신의 질문에 침묵하시는 예수님께 조금은 화가 나서 질문을 한다. 자신이 엄청난 권한을 가지고 있는데 예수님이 그것을 모르는 것처럼 보였다.

11 예수께서 대답하시되 위에서 주지 아니하셨더라면 나를 해할 권한이 없었으리니 그러므로 나를 네게 넘겨 준 자의 죄는 더 크다 하시니라
11 Jesus answered, "You have authority over me only because it was given to you by God. So the man who handed me over to you is guilty of a worse sin."

19:11 위에서 주지 아니하셨더라면 나를 해할 권한이 없었으리니. 빌라도에게 있는 권한은 하늘에서 주신 것이라는 말씀이다.
나를 네게 넘겨 준 자의 죄는 더 크다. 권한을 가지고 있다 하여 멋대로 사용해도 되는 것은 아니다. 모든 권한은 하늘에서 주신 것이며 그러기에 하늘의 뜻을 따라야 한다. 말씀을 모른다면 최소한 양심이 있다. 상식이 있다. 양심과 상식에 맞추어 권력을 행해야 한다. 그것을 어기면 권한을 가진 사람에게 죄가 된다. 예수님을 넘겨주고 있는 산헤드린 사람들은 자신들의 권한을 잘못 사용하고 있기에 죄가 크며, 빌라도 또한 자신의 권한으로 사형을 막을 수 있으나 자신의 몸보신을 위해 흔들리고 있으니 그것 또한 잘못이다.

12 이러하므로 빌라도가 예수를 놓으려고 힘썼으나 유대인들이 소리 질러 이르되 이 사람을 놓으면 가이사의 충신이 아니니이다 무릇 자기를 왕이라 하는 자는 가이사를 반역하는 것이니이다
12 When Pilate heard this, he tried to find a way to set Jesus free. But the crowd shouted back, "If you set him free, that means that you are not the Emperor's friend! Anyone who claims to be a king is a rebel against the Emperor!"

19:12 빌라도가 예수를 놓으려고 힘썼으나 유대인들이 소리 질러 이 사람을 놓으면 가이사의 충신이 아니니이다. 유대인들은 최종적으로 빌라도를 협박하였다. 황제에게 고소한다는 협박이다. 이 협박은 통했다. 결국 빌라도는 예수님께 사형을 구형하기로 마음을 먹게 된다.

13 빌라도가 이 말을 듣고 예수를 끌고 나가서 돌을 깐 뜰 (히브리 말로 가바다) 에 있는 재판석에 앉아 있더라
14 이 날은 유월절의 준비일이요 때는 제육시라 빌라도가 유대인들에게 이르되 보라 너희 왕이로다
13 When Pilate heard these words, he took Jesus outside and sat down on the judge's seat in the place called "The Stone Pavement". (In Hebrew the name is "Gabbatha".)
14 It was then almost noon of the day before the Passover. Pilate said to the people, "Here is your king!"

19:14 유월절의 준비일이요. 유월절과 무교절 절기에 있는 안식일의 경우 그 전날을 '유월절의 준비일'이라고 불렀다. 빌라도가 예수님의 사형을 언도하던 때는 금요일이고 유월절이었다.

제육시. 다른 복음서(막 15:25)에서는 삼시라고 말한다. 빛이 있는 시간(12시간)의 6시이니까 아침 6시부터 시작한다면 '제육시'는 정오가 된다. 그런데 마가복음에서는 제 삼시(오전 9시)라고 말한다. 그래서 이것에 대한 해석이 어렵다.

네 가지 해석이 있다. 하나는 마가복음의 본문이 철자의 오류가 있거나 그 구절을 후대에 사본을 만드는 사람이 삽입하였을 것이라는 것이다. 두 번째는 요한은 로마식 시간 사용법에 따라 오전 6시를 의미하는 것이고 그 때 사형선고를 받고 준비하였다

가 9시에 못 박히신 것일 수 있다. 그러나 로마식 시간이라는 것이 거의 근거가 없다. 당시 로마도 유대식으로 계산하였다.

세번째는 이 당시의 시간 계산법이 시계를 가지고 있는 오늘날 처럼 그렇게 정확한 개념이 아니기 때문에 9시부터 12시까지 대략적인 시간이라 할 수 있다.

네번째는 상징의 사용이다. 요한복음이 상징을 사용했다는 의견이다. 정오에 대한 것 때문이다. 어느 것도 정확히는 알 수 없다.

정오는 유월절 양을 잡는 시간이다. 해질 때 잡아야 하지만 수많은 양을 그 짧은 시간에 다 잡을 수 없기 때문에 해가 기우는 정오부터 잡을 수 있도록 유대 율법에 기록되어 있다. 그래서 예수님은 십자가에 못박히시는 시간도 유월절 양의 원형으로서 정확히 유월절 양을 대변하고 계시는 것이다. 예수님은 지금 그렇게 모든 고난을 당하시면서 사람들의 죄를 지고 죽으시는 그 길을 차근차근 정확히 가고 계신다.

빌라도의 반복된 '아무 죄도 찾지 못하였다'는 선언은 마치 유월절 양을 잡을 때 양이 흠 없는 양이어서 제사에 적합한 양이라고 선언하는 것과 흡사 비슷하다.

15 그들이 소리 지르되 없이 하소서 없이 하소서 그를 십자가에 못 박게 하소서 빌라도가 이르되 내가 너희 왕을 십자가에 못 박으랴 대제사장들이 대답하되 가이사 외에는 우리에게 왕이 없나이다 하니
15 They shouted back, "Kill him! Kill him! Crucify him!" Pilate asked them, "Do you want me to crucify your king?" The chief priests answered, "The only king we have is the Emperor!"

19:15 대제사장들이 대답하되 가이사 외에는 우리에게 왕이 없나이다. 대제사장들은 예수님을 죽이기 위해 아주 대범한 주장을 하고 있다. 이스라엘은 오직 하나님만을 왕으로 섬긴다. 하나님께서 보낼 메시야를 유대인의 왕으로 생각하였다. 그런데 그들은 예수님을 죽이기 위해 하나님의 왕권과 오실 메시야에 대한 모든 것을 부정하였다.

16 이에 예수를 십자가에 못 박도록 그들에게 넘겨 주니라
17 그들이 예수를 맡으매 예수께서 자기의 십자가를 지시고 해골 (히브리 말로 골고다) 이라 하는 곳에 나가시니
16 Then Pilate handed Jesus over to them to be crucified. So they took charge of Jesus.
17 He went out, carrying his cross, and came to "The Place of the Skull", as it is called. (In Hebrew it is called "Golgotha".)

19:17 자기의 십자가를 지시고. 십자가 처형의 세로대는 현장에 있었고 예수님은 가로

막대를 지고 가셨다. '해골'이라는 이름을 가진 것은 지형의 모양 때문이기 보다는 그 곳에서 사람들이 죽어갔기 때문일 것으로 보인다. 찬송가에 많이 나오는 '갈보리'는 해골에 대한 라틴어로 라틴어 성경 때문에 후대에 불려지는 명칭이다.

18 그들이 거기서 예수를 십자가에 못 박을새 다른 두 사람도 그와 함께 좌우 편에 못 박으니 예수는 가운데 있더라
18 There they crucified him; and they also crucified two other men, one on each side, with Jesus between them.

19:18 십자가에 못 박을새. 십자가는 세로 막대가 보통 2~3m길이였다. 밧줄로 묶기도 하였지만 못으로 박기도 하였다. 못을 박을 때는 힘을 받을 수 있는 손목과 발목 등 에 박았다. 이러한 방법은 장소와 시대마다 조금씩 달랐다.

19 빌라도가 패를 써서 십자가 위에 붙이니 나사렛 예수 유대인의 왕이라 기록 되었더라
19 Pilate wrote a notice and had it put on the cross. "Jesus of Nazareth, the King of the Jews", is what he wrote.

19:19 나사렛 예수 유대인의 왕이라 기록되었더라. 예수님의 죄목을 십자가 상단에 써 붙였다. 사람들이 버린 왕이었지만 십자가 상단에 명패로 쓸쓸하게 그 이름이 쓰였 다.

20 예수께서 못 박히신 곳이 성에서 가까운 고로 많은 유대인이 이 패를 읽는 데 히브리와 로마와 헬라 말로 기록되었더라
20 Many people read it, because the place where Jesus was crucified was not far from the city. The notice was written in Hebrew, Latin, and Greek.

19:20 히브리와 로마와 헬라 말로 기록되었더라. 이방인들까지 다 읽을 수 있도록 라틴 어와 헬라 말로까지 기록되었다. Ἰησοῦς ὁ Ναζωραῖος ὁ βασιλεὺς τῶν Ἰουδαίω v. 헬라어로 이렇게 기록되었다. 예수님이 십자가에 못 박히신 그림(성화)을 보면 I. N. R. I 라 쓰여 있는 것을 볼 수 있는데 그것은 라틴어(로마 말) Iesus Nazarenus, Rex Iudaeorum의 약어다.

21 유대인의 대제사장들이 빌라도에게 이르되 유대인의 왕이라 쓰지 말고 자칭 유대인의 왕이라 쓰라 하니

21 The chief priests said to Pilate, "Do not write 'The King of the Jews', but rather, 'This man said, I am the King of the Jews.' "

19:21 자칭 유대인의 왕이라 쓰라. 대제사장들이 항의하였다. '자칭 유대인의 왕'이라고 써야 한다고 주장하였다. 그들은 '나사렛 예수, 유대인의 왕'이라는 문구가 싫었을 것이다.

22 빌라도가 대답하되 내가 쓸 것을 썼다 하니라

22 Pilate answered, "What I have written stays written."

19:22 내가 쓸 것을 썼다. 빌라도는 아마 가이사에게 고발하는 것을 들먹인 대제사장들에게 어느 정도 심기가 불편하였을 것이다. 그래서 '자칭'을 넣어야 한다는 주장을 받아들이지 않았다. 그래서 예수님의 마지막 모습은 '유대인의 왕'이 되셨다. 만인에게 나사렛 예수님이 유대인의 왕임을 알리면서 죽으셨다.

23 군인들이 예수를 십자가에 못 박고 그의 옷을 취하여 네 깃에 나눠 각각 한 깃씩 얻고 속옷도 취하니 이 속옷은 호지 아니하고 위에서부터 통으로 짠 것이라

23 After the soldiers had crucified Jesus, they took his clothes and divided them into four parts, one part for each soldier. They also took the robe, which was made of one piece of woven cloth without any seams in it.

19:23 군인들이 예수를 십자가에 못 박고 그의 옷을 취하여 네 깃에 나눠 각각 한 깃씩 얻고. 예수님은 사람들을 위하여 모든 것을 주셨는데 군인들은 그 아래에서 예수님의 옷을 나누어 자신들의 이익을 챙기고 있었다.

24 군인들이 서로 말하되 이것을 찢지 말고 누가 얻나 제비 뽑자 하니 이는 성경에 그들이 내 옷을 나누고 내 옷을 제비 뽑나이다 한 것을 응하게 하려 함이러라 군인들은 이런 일을 하고

24 The soldiers said to one another, "Let's not tear it; let's throw dice to see who will get it." This happened in order to make the scripture come true: "They divided my clothes among themselves and gambled for my robe." And this is what the soldiers did.

19:24 이것을 찢지 말고 누가 얻나 제비 뽑자. 군인들은 예수님의 속옷은 통으로 짠 것이어서 찢으면 값이 떨어지니 제비뽑기로 주인을 정하자 하였다. 아마 주사위를 던져 제비뽑기를 하였을 것이다. 제비뽑기에 당첨된 사람의 환호 소리가 들리는가.

너무 비참한 상황이다. 가장 아프고 비참하게 죽어가는 예수님과 그 밑에서 속옷을 가지게 되었다고 환호하는 군사의 대비되는 모습은 너무 비참한 상황이다. 어떻게 이런 장면이 만들어질 수 있을까? 너무 비참한 것 같다. 그러나 말씀은 다르게 말한다. **이는 성경에 그들이 내 옷을 나누고 내 옷을 제비 뽑나이다 한 것을 응하게 하려 함이러라.** '응하다(헬. 플레로)'는 '이루다' '충만하다' 등의 의미다. 이것은 시편 22편의 다윗이 고난을 당하며 쓴 시에 나온다. 다윗은 자신의 아픔을 자신들의 이익으로 삼는 이들을 향하여 아파하며 시를 썼다. 이것이 '응하다'는 것은 여러 측면을 가지고 있다.

모든 성경의 중심은 예수님이다. 모든 성경은 예수님을 바라보면서 기록되었다. 처음부터 그 목적을 가지고 기록되었다. 그러기에 다윗의 시는 1000년 후의 예수님의 십자가를 예언적으로 말하고 있다고 말할 수 있다. 또한 '이것이 응한다'는 것은 예수님의 십자가에서의 모습이 다윗의 그러한 아픔을 짊어지신 모습이라는 것을 의미하기도 한다. 이후의 모든 그런 사람들의 죄가 만들어낸 신앙인의 아픔을 짊어지신 모습이라는 것을 포함한다.

가장 처절하고 비참한 순간이었다. 그러한 환경이 있어서는 안 될 것 같다. 그러나 하나님은 가장 비참한 순간을 하나님의 뜻을 이루는 순간으로 사용하셨다. 군인들이 탐욕으로 옷을 나누는 순간에도 아랑곳하지 않으시고 하나님의 뜻을 이루어 가셨다. 우리의 가장 비참한 순간도 그러할 것이다. 우리를 공격하는 이들을 통해서도 일하실 것이다. 그러니 좌절하지 마라. 하나님을 신뢰하라.

25 예수의 십자가 곁에는 그 어머니와 이모와 글로바의 아내 마리아와 막달라 마리아가 섰는지라
25 Standing close to Jesus' cross were his mother, his mother's sister, Mary the wife of Clopas, and Mary Magdalene.

19:25 그 어머니와 이모와 글로바의 아내 마리아와 막달라 마리아. 마치 군인 4명과 대조되듯이 여성 4명이 나온다. 3명이 마리아라는 동일 이름을 가지고 있다. '이모'는 요한의 어머니 살로메(막 16:1)를 말할 것이다. 요한은 아주 특이하게도 요한복음에서 자신과 자신의 형 야고보와 어머니 살로메의 이름을 전혀 기록하고 있지 않다. 자신의 가족들의 이름 쓰는 것을 의도적으로 피한 것으로 보인다.

26 예수께서 자기의 어머니와 사랑하시는 제자가 곁에 서 있는 것을 보시고 자기 어머니께 말씀하시되 여자여 보소서 아들이니이다 하시고
27 또 그 제자에게 이르시되 보라 네 어머니라 하신대 그 때부터 그 제자가 자기 집에 모시니라
26 Jesus saw his mother and the disciple he loved standing there; so he said to his mother, "He is your son."
27 Then he said to the disciple, "She is your mother." From that time the disciple took her to live in his home.

19:27 제자에게 이르시되 보라 네 어머니라. 예수님은 십자가에서 고난 받고 계셨다. 매 순간이 숨도 쉬기 어려울 정도로 고통스러운 순간이다. 그러나 예수님은 자신의 어머니를 요한에게 봉양할 것을 말씀하셨다.

세상이 나를 괴롭게 하면 나도 세상을 미워하는 경향이 있다. 지금 예수님은 세상으로부터 가장 큰 괴로움을 당하고 계신다. 그러나 예수님은 말씀에 응답하여 세상을 따스하게 바라보고 계신다. 제자에게 어머니를 잘 돌봐 줄 것을 말씀하셨다.

세상이 아무리 우리를 속이고 아프게 할지라도 우리는 예수님처럼 세상을 따뜻한 시선으로 바라보아야 한다. 세상을 향해 원수 갚을 것을 생각하지 말고 세상을 더 따뜻하게 할 것을 생각해야 한다. 세상은 어둠이고 우리는 빛을 가졌다. 세상이 어둡다. 어둠은 탓할 것이 못 된다. 빛과 소금이 제 역할을 하는 것이 중요하다. 세상이 아무리 비정해도 우리는 세상을 향해 따스한 마음으로 다가가야 한다.

28 그 후에 예수께서 모든 일이 이미 이루어진 줄 아시고 성경을 응하게 하려 하사 이르시되 내가 목마르다 하시니
28 Jesus knew that by now everything had been completed; and in order to make the scripture come true, he said, "I am thirsty."

19:28 성경을 응하게 하려 하사 이르시되 내가 목마르다. 이 말씀은 시 69:21에 대한 응답이다. 시인은 원수들에게서 조롱을 당하였다. 그러한 조롱은 이후 받으실 예수님의 조롱을 예표한다. 예언의 성격을 갖는다.

예수님은 그것을 응하게 하려고 '목 마르다' 말씀하셨다. 믿음 때문에 조롱 받는 모든 신앙인의 아픔을 짊어지시는 모습이다.

29 거기 신 포도주가 가득히 담긴 그릇이 있는지라 사람들이 신 포도주를 적신

해면을 우슬초에 매어 예수의 입에 대니

29 A bowl was there, full of cheap wine; so a sponge was soaked in the wine, put on a stalk of hyssop, and lifted up to his lips.

19:29 신 포도주를 적신 해면을 우슬초에 매어 예수님의 입에 대니. 십자가에서의 생명 연장은 긍휼이 아니라 조롱이다. 또한 예수님이 엘리야를 부른다 생각하여 생명을 조금 더 연장시켜 그런 특이한 장면이 진짜 이루어지는지 보고자 하였다. 조롱의 마음으로 그렇게 하였다.

사람들은 십자가에서 죽어가는 사람을 조롱하였다. 그러나 예수님은 그들의 조롱에도 불구하고 말씀을 성취하시기 위해 한 걸음씩 옮겨 가셨다. 마지막까지 오직 말씀의 성취에 관심을 가지고 계셨다. 말씀에 응답하는 삶, 하나님의 뜻을 이루는 삶을 위해 걸어가셨다.

30 예수께서 신 포도주를 받으신 후에 이르시되 다 이루었다 하시고 머리를 숙이니 영혼이 떠나가시니라

30 Jesus drank the wine and said, "It is finished!" Then he bowed his head and died.

19:30 다 이루었다. '다 이루었다(헬. 텔레오)'는 '마치다' '값을 치르다'라는 뜻이다. 예수님이 이 땅에 오실 때 가지셨던 소명의 일을 다 마치셨음을 의미할 것이다.

하늘의 로고스께서 육신이 되어 오셨다. 목적을 가지고 오셨다. 하나님의 뜻을 이루기 위해 오셨다. 그 목적을 이루기 위해서는 많은 일들이 필요할 것이다. 그 일들을 다 이루셨다는 말씀이다. 옷이 벗겨진 채 십자가에서 수치를 당하면서 죽어가고 계신다. 그 마지막 순간에 무슨 할 일이 더 있으실까? 그런데 예수님은 그 마지막 시간마저 말씀을 성취하시면서 보내셨다. 마지막 조롱까지 받으셨다. 1000년 전에 자신의 백성이 받은 조롱과 아픔을 기억하시고 십자가에서 그것을 언급하심으로 그것을 성취하셨다. 그 조롱을 명예롭게 하셨다.

우리는 이루고 있는가? 하나님께서 우리에게 생명을 주신 것은 목적이 있기 때문이다. 우리들이 사는 삶에는 하나님의 뜻이 있다. 예수님에게 주어진 하나님의 목적과 뜻이 있었듯이 우리 모두에게 하나님의 목적과 뜻이 있다. 그것을 이루면서 살아가야 한다.

우리는 무지하여 하나님의 목적과 뜻을 잘 모를 때가 많다. 그래서 말씀과 기도로 하나님의 뜻을 찾고, 하나님의 뜻을 행하면서 살아야 한다. 우리를 향한 하나님의 뜻은

어떤 고난이라도 복된 것이다. 아무리 작은 것이라도 위대한 일이다. 세상에서 명예로운 큰 일이 아니라 나를 향한 하나님의 뜻이 큰 일이다. 그러므로 나를 향한 하나님의 뜻을 찾고 그것을 행하면서 사는 것이 중요하다. 위대한 삶이다.

31 이 날은 준비일이라 유대인들은 그 안식일이 큰 날이므로 그 안식일에 시체들을 십자가에 두지 아니하려 하여 빌라도에게 그들의 다리를 꺾어 시체를 치워 달라 하니
31 Then the Jewish authorities asked Pilate to allow them to break the legs of the men who had been crucified, and to take the bodies down from the crosses. They requested this because it was Friday, and they did not want the bodies to stay on the crosses on the Sabbath, since the coming Sabbath was especially holy.

19:31 그 안식일이 큰 날이므로. 유대인들은 본래 나무에 매단 시체를 하루를 넘기지 않고 매장을 해야 한다. 게다가 유월절 명절에 있는 안식일은 매우 중요한 날로 여겨서 반드시 시신을 나무에 매단 채 남겨두지 않으려 하였다.

다리를 꺾어 치워 달라 하니. '다리를 꺾는다'는 것은 해머나 철 곤봉 같은 것으로 다리 정강이뼈를 쳐서 부러뜨리는 것을 의미한다. 십자가에 매달린 사람은 손목과 발목에 박힌 못에 의해 몸을 지탱하였다. 당연히 몸은 아래로 쳐지고 그러면 횡경막이 늘어나서 숨쉬는 것이 불편해진다. 그러면 다리에 힘을 주어 몸을 들어 올려야 가슴이 확장되어 숨을 들이마실 수 있게 된다. 그 어려운 과정이 반복되는 것이다. 그런데 다리뼈를 부러뜨리면 몸을 들어올릴 수 없으니 숨을 들이마실 수 없어(호흡 부전) 질식사하게 된다. 그래서 시신을 내리기 위해 당장 죽도록 다리를 꺾어 달라고 요청한 것이다.

32 군인들이 가서 예수와 함께 못 박힌 첫째 사람과 또 그 다른 사람의 다리를 꺾고
32 So the soldiers went and broke the legs of the first man and then of the other man who had been crucified with Jesus.

19:32 군인들이...다른 사람의 다리를 꺾고. 상부의 지시를 들은 군사들이 지시에 따라 십자가에 못 박힌 죄수들의 다리를 부러뜨렸다. 그러면 숨을 쉴 수 없게 되어 바로 죽음에 이르게 된다.

33 예수께 이르러서는 이미 죽으신 것을 보고 다리를 꺾지 아니하고
33 But when they came to Jesus, they saw that he was already dead, so they did not break his legs.

19:33 예수께 이르러서는...다리를 꺾지 아니하고. 예수님의 다리도 부러뜨리려고 했는데 이미 죽은 것을 확인하고 그럴 필요를 느끼지 못한 것이다. 다리를 부러뜨리는 것이 그렇게 쉬운 일은 아닐 것이다.

34 그 중 한 군인이 창으로 옆구리를 찌르니 곧 피와 물이 나오더라
34 One of the soldiers, however, plunged his spear into Jesus' side, and at once blood and water poured out.

19:34 창으로 옆구리를 찌르니 곧 피와 물이 나오더라. 죽음을 확인하였으나 혹시 모르는 불상사를 막기 위해 예수님을 확인사살 하였다. 다리를 꺾는 어려운 방법보다 창으로 푹 쑤시는 쉬운 방법을 선택하였다. 사람은 죽기 전에는 피만 나온다. 그러나 죽은 이후에는 피가 응고되며 고이기 때문에 창이 갈비뼈 사이로 쑤셔졌을 때 물과 피가 나왔다. 죽음에 대한 확실한 증거다.

35 이를 본 자가 증언하였으니 그 증언이 참이라 그가 자기의 말하는 것이 참인 줄 알고 너희로 믿게 하려 함이니라
36 이 일이 일어난 것은 그 뼈가 하나도 꺾이지 아니하리라 한 성경을 응하게 하려 함이라
35 (The one who saw this happen has spoken of it, so that you also may believe. What he said is true, and he knows that he speaks the truth.)
36 This was done to make the scripture come true: "Not one of his bones will be broken."

19:36 뼈가 하나도 꺾이지 아니하리라 한 성경을 응하게 하려 함이라. 예수님은 힘이 없으셔서 십자가에서 일찍 죽으셨다. 그런데 그것 또한 하나님의 뜻을 이루는 방법이 되었다. 예수님의 죽으심은 대속이라는 성경의 말씀을 이루기 위한 것이다. 그래서 대속만이 아니라 그것과 관련된 하나님의 뜻을 이루는 것에 대해 많은 것을 함께 말한다. 이것은 다윗의 시를 생각나게 한다. "그의 모든 뼈를 보호하심이여 그 중에서 하나도 꺾이지 아니하도다" (시 34:20) '그의 모든 뼈를 보호하심이여'라고 말한다. '뼈를 보호하듯이' 세상의 문제가 진짜 그 사람에게 큰 문제면 하나님께서 그 문제로부터도 보호하신다. 중요한 문제가 아니기에 놔두시는 것이다. 만약 중요한 문제라면 '그 중

에서 하나도 꺾이지 아니하도다'라는 말씀처럼 어느 것 하나도 가만 놔두지 않으시고 문제를 제거해 주실 것이다.

이것처럼 예수님의 경우 유월절 어린 양의 원형이시기에 유월절 양의 뼈를 꺾으면 안되었듯이 예수님의 뼈도 꺾으면 안 되기 때문에 하나님께서 보호하시는 것이다. 예수님의 영혼은 이미 떠나셨지만 시신의 뼈도 꺾이지 않게 하나님께서 보호하신다. 그렇게 하여 말씀을 성취한다.

37 또 다른 성경에 그들이 그 찌른 자를 보리라 하였느니라

37 And there is another scripture that says, "People will look at him whom they pierced."

19:37 스가랴 12:10의 성취다. 예수님의 시신마저도 하나님의 뜻을 성취하셨다.

38 아리마대 사람 요셉은 예수의 제자이나 유대인이 두려워 그것을 숨기더니 이 일 후에 빌라도에게 예수의 시체를 가져가기를 구하매 빌라도가 허락하는지라 이에 가서 예수의 시체를 가져가니라

38 After this, Joseph, who was from the town of Arimathea, asked Pilate if he could take Jesus' body. (Joseph was a follower of Jesus, but in secret, because he was afraid of the Jewish authorities.) Pilate told him he could have the body, so Joseph went and took it away.

19:38 아리마대 사람 요셉...예수의 시체를 가져가니라. 그는 이전에는 제자인 것을 드러내는 것을 두려워하였다. 그러나 이제 용기를 내어 시신을 요구하였다.

요셉은 매우 부요하였다. 근처에 자기 가족을 위한 새 무덤을 소유하고 있었다. 지금도 올리브산 비탈에 많은 석관들이 놓여 있다. 그곳에 석관 하나를 놓는데 1억 이상이 든다고 한다. 요셉이 소유한 가족 무덤은 예루살렘 성에서 가까우니 매우 비쌌을 것이다. 그는 많은 재산을 가지고 있었기 때문에 더욱 자신이 예수님의 제자인 것을 드러내는 것이 두려웠을 것이다. 잃을 것이 많기 때문이다. 그러나 이제 용기를 낼 수 있었다. 예수님이 자신의 모든 것을 드리는 과정을 지켜보았다. 그 과정에 용기를 갖게 된 것으로 보인다.

39 일찍이 예수께 밤에 찾아왔던 니고데모도 몰약과 침향 섞은 것을 백 리트라쯤 가지고 온지라

40 이에 예수의 시체를 가져다가 유대인의 장례 법대로 그 향품과 함께 세마포
로 쌌더라
41 예수께서 십자가에 못 박히신 곳에 동산이 있고 동산 안에 아직 사람을 장
사한 일이 없는 새 무덤이 있는지라
42 이 날은 유대인의 준비일이요 또 무덤이 가까운 고로 예수를 거기 두니라
39 Nicodemus, who at first had gone to see Jesus at night, went with Joseph, taking with
him about 30 kilogrammes of spices, a mixture of myrrh and aloes.
40 The two men took Jesus' body and wrapped it in linen with the spices according to the
Jewish custom of preparing a body for burial.
41 There was a garden in the place where Jesus had been put to death, and in it there was
a new tomb where no one had ever been buried.
42 Since it was the day before the Sabbath and because the tomb was close by, they placed
Jesus' body there.

19:39 몰약과 침향 섞은 것을 백 리트라쯤 가지고 온지라. 니고데모는 예수님이 십자가
에 달려 있는 동안 예수님의 장례를 준비한 것으로 보인다.

몰약은 신약성경에서 동방박사가 가지고 온 것과 같은 단어다. 다른 곳에서는 나오지
않는다. 몰약은 시신을 감싸서 무덤에 방문하는 사람이 시신이 썩는 불쾌한 냄새를
최대한 조금 날 수 있도록 하기 위한 용도였을 것이다. 여기에서 대단한 것은 그 양이
다. 백 리트나는 32.5kg으로 1달란트 정도 된다. 나드 향유 옥합이 3000만원(300데
나리온)의 가격이라면 이것은 100배로 30억의 가치에 해당한다. 아주 대단한 헌신이
다. 이것은 왕의 장례에 버금가는 것이다. 부자라 할지라도 30억은 결코 쉽지 않은 돈
일 것이다. 그러나 그는 자신의 모든 것을 다하여 예수님의 마지막을 영예롭게 하고
있다.

3. 부활

(20:1-31)

20장

1 안식 후 첫날 일찍이 아직 어두울 때에 막달라 마리아가 무덤에 와서 돌이 무덤에서 옮겨진 것을 보고

1 Early on Sunday morning, while it was still dark, Mary Magdalene went to the tomb and saw that the stone had been taken away from the entrance.

20:1 안식 후 첫날. 안식일은 제 1창조를 기억하는 날이다. 그리고 '안식 후 첫날'은 제 2창조를 기억하는 날이 될 것이다. 이 날이 안식일 대신 제 2창조를 기억하는 날이 될 것이라고 생각한 사람은 이때까지 아무도 없었다. 그렇게 조용히 새 시대가 시작되었다.

아직 어두울 때. 이른 새벽 미명이었을 것이다. 아직 어둠이 지배하는 것 같다. 그러나 이 날은 안식일이 아니라 주일이 시작된 날이다. 미명이지만 이미 주일이 시작되었다.

돌이 무덤에서 옮겨진 것을 보고. 마리아는 무덤 문이 열린 것을 보고 놀랐다. 마리아는 천사를 통해 예수님의 부활 소식을 들었다. 그러나 사실 부활에 대해 여전히 많이 모르고 있었다. 새 시대는 그렇게 무지 가운데서 시작되었다.

2 시몬 베드로와 예수께서 사랑하시던 그 다른 제자에게 달려가서 말하되 사람들이 주님을 무덤에서 가져다가 어디 두었는지 우리가 알지 못하겠다 하니

2 She went running to Simon Peter and the other disciple, whom Jesus loved, and told them, "They have taken the Lord from the tomb, and we don't know where they have put him!"

20:2 달려가서 말하되. 마리아는 빈 무덤과 천사를 통해 들은 부활 소식을 제자들에게 전하기 위해 달렸다. 아직 어두움이 있었지만 정신 없이 달려갔을 것이다.

사람들이 주님을 무덤에서 가져다가 어디 두었는지 우리가 알지 못하겠다. 두 가지 가능성을 생각한 것 같다. 무덤의 주인이 시신을 다른 데로 옮겼거나 강도가 시신을 훔쳐간 경우다. 마리아는 제자들을 만나기 전에 분명히 천사들을 통해 예수님이 부활하

신 것을 들었다. 그런데도 불구하고 이렇게 말하고 있다. 부활이 가져오는 새 시대에 대한 이해가 매우 어렵다는 것을 볼 수 있다.

3 베드로와 그 다른 제자가 나가서 무덤으로 갈새
4 둘이 같이 달음질하더니 그 다른 제자가 베드로보다 더 빨리 달려가서 먼저 무덤에 이르러
3 Then Peter and the other disciple went to the tomb.
4 The two of them were running, but the other disciple ran faster than Peter and reached the tomb first.

20:4 둘이 같이 달음질하더니. 앞서 마리아가 달렸던 것처럼 이제 두 제자가 달렸다. 빈 무덤과 부활의 소식은 너무 놀라운 이야기였기 때문이다. 예수님을 부인하고 의기 소침해 있던 베드로에게는 더욱더 그랬을 것이다.
다른 제자가 베드로보다 더 빨리 달려가서. 베드로와 요한이 같이 달리기 시작했다. 아마 처음에는 베드로가 먼저 달렸을 것이다. 그런데 요한이 더 앞섰다. 그것은 그만큼 매우 빨리 달렸다는 것을 의미한다. 마치 달리기 경주에서 엎치락뒤치락 하는 것 같다. 주일 새벽 사람들은 그렇게 정신 없이 달렸다.

5 구부려 세마포 놓인 것을 보았으나 들어가지는 아니하였더니
5 He bent over and saw the linen wrappings, but he did not go in.

20:5 들어가지는 아니하였더니. 요한은 무덤에 먼저 도착하였지만 신중하였다. 그래서 되어진 일을 잘 살폈다.

6 시몬 베드로는 따라와서 무덤에 들어가 보니 세마포가 놓였고
6 Behind him came Simon Peter, and he went straight into the tomb. He saw the linen wrappings lying there

20:6 베드로는 따라와서 무덤에 들어가 보니. 베드로는 무덤에 도착하자 마자 무덤에 들어갔다.그래서 요한보다 더 먼저 무덤에 들어갈 수 있었다.

7 또 머리를 쌌던 수건은 세마포와 함께 놓이지 않고 딴 곳에 쌌던 대로 놓여

있더라
7 and the cloth which had been round Jesus' head. It was not lying with the linen wrappings but was rolled up by itself.

20:7 머리를 쌌던 수건은...쌌던 대로 놓여 있더라. 먼저 들어간 베드로는 예수님을 쌌던 세마포가 그곳에 있는 것을 보았다. 그리고 머리를 쌌던 것이 또한 어지럽게 흩어져 있지 않고 마치 머리 부분이 속에서 바람이 빠진 것처럼 푹 꺼져 있는 것을 보았다.

이것은 도둑이 시신을 훔쳐간 것이 아니라는 것을 방증한다. 도둑이라면 시신을 감싸고 있던 것을 풀어서 시신을 옮길 리가 없다. 혹 그렇게 구태여 시신을 감쌌던 것을 벗겼다면 비싼 세마포를 두고 갈 리가 없다.

8 그 때에야 무덤에 먼저 갔던 그 다른 제자도 들어가 보고 믿더라
8 Then the other disciple, who had reached the tomb first, also went in; he saw and believed.

20:8 다른 제자도 들어가 보고 믿더라. 요한은 먼저 도착했지만 베드로 뒤에 들어갔다. 그것은 생각하는 시간을 가지느라 그랬던 것 같다. 그래서 부활에 대한 첫 믿음도 그의 것이 되었다. 그가 믿었다는 것이 무엇인지는 정확하지 않다. 그러나 예수 그리스도의 부활에 대한 믿음으로 보인다. 여전히 부활에 대한 많은 것을 모르지만 부활에 대한 믿음의 시작이다. 그럴 수 있었던 것은 그가 첫 부활의 현장인 무덤에서 신중하게 생각하고 결론에 이르렀기 때문이다.

9 (그들은 성경에 그가 죽은 자 가운데서 다시 살아나야 하리라 하신 말씀을 아직 알지 못하더라)
9 (They still did not understand the scripture which said that he must rise from death.)

20:9 아직 알지 못하더라. 제자들은 부활의 실제적 의미와 그것이 가져오는 새로운 시대를 잘 알지 못하였다. 부활은 참으로 이해하기 어렵다. 누구도 경험하지 못한 것이기 때문이다.

부활은 그렇게 어렵다. 그러나 또한 무엇보다 더 잘 알아야 하는 것이다. 그래서 하나님을 의지해야 한다. 믿음을 구해야 한다.

오늘날 사람들이 부활을 믿는다고 말한다. 그런데 너무 쉽게 부활을 믿는다고 말하는 것을 본다. 그들은 믿는다고 말하나 실제로는 믿지 않는 경우가 많다. 우리는 부활

을 조금 더 진지하고 실제적으로 믿어야 한다. 그러기 위해 우리는 부활에 대해 진지하게 고민하고 묵상하며 실제적인 믿음이 되도록 해야 한다.

10 이에 두 제자가 자기들의 집으로 돌아가니라
11 마리아는 무덤 밖에 서서 울고 있더니 울면서 구부려 무덤 안을 들여다보니
10 Then the disciples went back home.
11 Mary stood crying outside the tomb. While she was still crying, she bent over and looked in the tomb

20:11 마리아는 무덤 밖에 서서 울고 있더니. 예수님이 부활하신 것을 알리는 한바탕 소란이 지나갔다. 천사의 알림이 있었고, 제자들이 무덤을 방문하기까지 하였다. 그러나 마리아는 여전히 부활을 제대로 믿지 못하고 있었다. 마리아는 아마 관습에 따라 죽은 예수님을 위해 애곡하고 있는 것으로 보인다. 마리아는 한바탕 소란이 지난 후 다시 이전으로 돌아갔다. 죽은 자를 슬퍼하고 애곡하는 것이다.

12 흰 옷 입은 두 천사가 예수의 시체 뉘었던 곳에 하나는 머리 편에, 하나는 발 편에 앉았더라
13 천사들이 이르되 여자여 어찌하여 우느냐 이르되 사람들이 내 주님을 옮겨다가 어디 두었는지 내가 알지 못함이니이다
12 and saw two angels there dressed in white, sitting where the body of Jesus had been, one at the head and the other at the feet.
13 "Woman, why are you crying?" they asked her. She answered, "They have taken my Lord away, and I do not know where they have put him!"

20:13 천사들이 이르되 여자여 어찌하여 우느냐. 천사들이 다시 나타나 울고 있는 마리아에게 어찌하여 우는지 물었다. **내 주님을 옮겨다가 어디 두었는지 내가 알지 못함이니이다.** 마리아는 여전히 예수님의 시신을 누군가가 옮겨갔다고 생각하고 있었다. 그래서 그는 예수님의 죽음이라는 슬픔에 더하여 시신이 훼손된 슬픔까지 추가되어 더 슬퍼하였다.

14 이 말을 하고 뒤로 돌이켜 예수께서 서 계신 것을 보았으나 예수이신 줄은 알지 못하더라
15 예수께서 이르시되 여자여 어찌하여 울며 누구를 찾느냐 하시니 마리아는 그가 동산지기인 줄 알고 이르되 주여 당신이 옮겼거든 어디 두었는지 내게 이

르소서 그리하면 내가 가져가리이다

14 Then she turned round and saw Jesus standing there; but she did not know that it was Jesus.

15 "Woman, why are you crying?" Jesus asked her. "Who is it that you are looking for?" She thought he was the gardener, so she said to him, "If you took him away, sir, tell me where you have put him, and I will go and get him."

20:15 여자여 어찌하여 울며 누구를 찾느냐. 예수님이 여인의 뒤편에 나타나셔서 말씀하신 것이다. 여기에서도 '어찌하여 울며'라고 말씀한다. 앞의 천사의 말과 예수님의 말씀을 통해 '우는 것의 부당함'에 대해 강조하고 있다. '어찌하여 우는가'라고 강조한다. 그렇다. 지금 마리아는 울어야 하는 상황이 아니라 크게 웃어야 하는 상황이다. 그런데 부활에 대해 무지하여 울고 있었다.

마리아는 동산지기인 줄 알고. '동산지기'는 낮은 계급의 사람이 하는 일이었다. 그렇다면 부활하신 예수님을 보고 동산지기로 여긴 것은 그 모습이 그렇게 화려한 어떤 것이 아니었다는 것을 알 수 있다. 그런데 어떻게 예수님을 보고 알아보지 못할 수 있을까? 전혀 생각하지 못하고 있으면 그럴 수 있다. 부활은 그만큼 전혀 생각도 못할 일이었다.

16 예수께서 마리아야 하시거늘 마리아가 돌이켜 히브리 말로 랍오니 하니 (이는 선생님이라는 말이라)

17 예수께서 이르시되 나를 붙들지 말라 내가 아직 아버지께로 올라가지 아니하였노라 너는 내 형제들에게 가서 이르되 내가 내 아버지 곧 너희 아버지, 내 하나님 곧 너희 하나님께로 올라간다 하라 하시니

16 Jesus said to her, "Mary!" She turned towards him and said in Hebrew, "Rabboni!" (This means "Teacher".)

17 "Do not hold on to me," Jesus told her, "because I have not yet gone back up to the Father. But go to my brothers and tell them that I am returning to him who is my Father and their Father, my God and their God."

20:17 나를 붙들지 말라. 이것은 '만지지 말라'는 말씀이 아니라 '붙들고 늘어지지 말라'는 말씀이다. 부활하신 예수님에 대한 감정적인 마음이 아니라 그것을 전해야 할 사명을 인식시켜 주시는 말씀이다. 부활하신 주님을 만난 것은 개인적인 반가움을 넘어 모든 사람들이 알아야 하는 일이다.

18 막달라 마리아가 가서 제자들에게 내가 주를 보았다 하고 또 주께서 자기에

게 이렇게 말씀하셨다 이르니라
18 So Mary Magdalene went and told the disciples that she had seen the Lord and related to them what he had told her.

20:18 막달라 마리아가 가서 제자들에게 내가 주를 보았다. 마리아는 부활하신 예수님을 직접 본 첫 증인이 되었다. 모든 복음서가 이 일을 전하고 있다. 매우 중요한 사건이기 때문이다. 이것은 하와가 사탄의 꾐에 넘어가 첫 죄인이 된 것에 버금가는 일이다. 어쩌면 여성인 마리아가 부활의 첫 증인이 됨으로 하와의 죄로 말미암은 여성의 불명예를 씻어주는 사건이 될만 하다. 하와가 1창조의 타락에 주도적 역할을 하였다면 마리아는 2창조의 중요한 시작점이 된다.

19 이 날 곧 안식 후 첫날 저녁 때에 제자들이 유대인들을 두려워하여 모인 곳의 문들을 닫았더니 예수께서 오사 가운데 서서 이르시되 너희에게 평강이 있을지어다
19 It was late that Sunday evening, and the disciples were gathered together behind locked doors, because they were afraid of the Jewish authorities. Then Jesus came and stood among them. "Peace be with you," he said.

20:19 이 날 곧 안식 후 첫날 저녁 때. 주일 아침에 마리아에게 나타나시고 저녁에 제자들에게 나타나신 것이다. **제자들이 유대인들을 두려워하여 모인 곳의 문들을 닫았더니.** 제자들은 예수님의 부활 소식을 들었지만 여전히 제대로 믿지 못하고 있었다. 그래서 여전히 유대인들을 두려워하고 있었다.
예수께서...너희에게 평강이 있을지어다. 예수님은 문이 닫혀 있는 상황이었으나 그것에 전혀 방해를 받지 않으시고 제자들 가운데 홀연히 나타나셨다. 그리고 '평안'을 말씀하셨다. 제자들은 예수님을 버리고 도망친 상태다. 그러나 그들에게 '배심감'이 아니라 '평안'을 전하셨다. 예수님과 관계에 있어 평안의 회복이다. 그들은 두려워하고 있었다. 그들의 마음에 '평안'을 가질 것을 말씀한다. 그들은 많은 관계가 깨져 있었다. 세상을 향해서는 더욱 그럴 것이다. 그러나 그들에게 '평안하라'고 말씀한다. 부활은 모든 관계를 회복하고 평안하게 한다.

20 이 말씀을 하시고 손과 옆구리를 보이시니 제자들이 주를 보고 기뻐하더라
20 After saying this, he showed them his hands and his side. The disciples were filled with joy at seeing the Lord.

20:20 손과 옆구리를 보이시니. '손'은 '손목'도 될 수 있다. 못은 손바닥이 아니라 손목 위로 박혔을 것이다. 그래야 무게를 지탱할 수 있다. 손과 옆구리를 보여주신 것은 자신이 십자가에 못박혀 죽으셨던 예수님이심을 보여주시는 것이다. 그리고 살아나셨음을 보여주시는 것이다.

21 예수께서 또 이르시되 너희에게 평강이 있을지어다 아버지께서 나를 보내신 것 같이 나도 너희를 보내노라
21 Jesus said to them again, "Peace be with you. As the Father sent me, so I send you."

20:21 또 이르시되 너희에게 평강이 있을지어다. '평강'은 모든 관계의 회복이며 종말론적인 의미를 가지고 있어 모든 것이 회복되는 때를 바라보기도 한다. 이제 그 나라의 완성의 때를 향하여 나가야 한다.
아버지께서 나를 보내신 것 같이 나도 너희를 보내노라. 세상 일에 두려워하고 안절부절 할 것이 아니라 평강의 마음으로 영원한 나라를 향해 나가야 한다. 영원한 하나님 나라를 위해 하나님께서 예수님을 보내셨고, 예수님은 이제 제자들을 보내신다. 그러니 그 마음으로 하나가 되어야 한다.

22 이 말씀을 하시고 그들을 향하사 숨을 내쉬며 이르시되 성령을 받으라
22 Then he breathed on them and said, "Receive the Holy Spirit.

20:22 성령을 받으라. 새 시대의 놀라운 일을 감당할 수 있도록 성령이 임하실 것이다. 이 곳에서의 말씀은 이후에 받을 성령의 임재를 상징적으로 보여준다. 그들은 이제 성령의 임재와 함께 새 시대를 살아가게 될 것이다.

23 너희가 누구의 죄든지 사하면 사하여질 것이요 누구의 죄든지 그대로 두면 그대로 있으리라 하시니라
23 If you forgive people's sins, they are forgiven; if you do not forgive them, they are not forgiven."

20:23 너희가 누구의 죄든지 사하면 사하여질 것이요. 이것은 어느 한 특정한 사람이나 단체를 두고 하는 말씀이 아니다. 새 시대의 주인공은 제자다. 교회다. 교회가 복음을 전하여 그것을 받게 된 사람들은 죄가 사해져서 영원한 생명과 시대를 살아가

게 될 것이다. 그러나 교회를 거부하고 복음을 거부한 이들은 결국 영원한 생명을 얻지 못하고 죄로 인하여 영벌 가운데 처해지게 될 것이다. 그러니 교회는 아주 큰 영광을 가지고 있다. 평강을 가지고 있다. 이제는 그것의 영광을 가지고 세상에 들어가야 한다. 세상을 피할 것이 아니라 들어가야 한다.

> **24** 열두 제자 중의 하나로서 디두모라 불리는 도마는 예수께서 오셨을 때에 함께 있지 아니한지라
> **25** 다른 제자들이 그에게 이르되 우리가 주를 보았노라 하니 도마가 이르되 내가 그의 손의 못 자국을 보며 내 손가락을 그 못 자국에 넣으며 내 손을 그 옆구리에 넣어 보지 않고는 믿지 아니하겠노라 하니라
> **24** One of the twelve disciples, Thomas (called the Twin), was not with them when Jesus came.
> **25** So the other disciples told him, "We have seen the Lord!" Thomas said to them, "Unless I see the scars of the nails in his hands and put my finger on those scars and my hand in his side, I will not believe."

20:25 내 손을 그 옆구리에 넣어 보지 않고는 믿지 아니하겠노라. 도마는 자신이 직접 보지 않고는 예수님의 부활을 믿을 수 없다고 말하였다.

그래서 도마를 믿음 없는 사람의 대명사처럼 사용하는 경우가 많다. 그렇다면 진짜 열한 제자 중에 도마가 제일 믿음이 없는 것일까? 결코 아니다. 제자 중에는 이후 갈릴리 산에서 부활하신 예수님을 보면서도 제대로 믿지 않는 사람이 있었다(마 28:17)고 말한다. 이것은 많은 이들의 실상을 반영하는 것 같다. 사람의 부활을 믿는다는 것은 결코 쉬운 일이 아니다.

> **26** 여드레를 지나서 제자들이 다시 집 안에 있을 때에 도마도 함께 있고 문들이 닫혔는데 예수께서 오사 가운데 서서 이르시되 너희에게 평강이 있을지어다 하시고
> **26** A week later the disciples were together again indoors, and Thomas was with them. The doors were locked, but Jesus came and stood among them and said, "Peace be with you."

20:26 여드레를 지나서. 오늘날 표현으로 하면 '일주일 후'다. 이스라엘은 당일까지 계산하기 때문에 8일이 된 것이다. 주님이 부활하신 날이 주일인 것처럼 이 날 또한 주일이다. 주일을 더 강조하기 위해 특별히 기록되었을 수도 있고, 아니면 이러한 것 때문에 이후에 주일이 더 강조되었을 수도 있다.

평강이 있을지어다. '평강'은 이전에도 인사말이었지만 주님이 부활하시고 늘 평강을 이야기하시면서 더욱더 종말론적인 단어가 된다. 바울은 모든 서신서에서 '평강'을 인사말로 전한다. 하나님 나라의 시작으로 평강이 왔다. 그것을 누리면서 살아야 한다. 진정한 모든 평강은 주님이 재림하실 때 이루어진다. 그것을 소망하면서 살아야 한다.

> **27** 도마에게 이르시되 네 손가락을 이리 내밀어 내 손을 보고 네 손을 내밀어 내 옆구리에 넣어 보라 그리하여 믿음 없는 자가 되지 말고 믿는 자가 되라
> 27 Then he said to Thomas, "Put your finger here, and look at my hands; then stretch out your hand and put it in my side. Stop your doubting, and believe!"

20:27 내 옆구리에 넣어 보라 그리하여 믿음 없는 자가 되지 말고 믿는 자가 되라. 이것은 도마를 책망하는 말씀은 아니다. 다른 제자들도 모두 부활하신 예수님을 만나기 전에는 믿지 않았었다. 다른 제자들과 다른 점이 있다면 그가 믿지 않는 시점에는 이제 증언이 쌓여 있다는 사실이다. 그러한 증언을 믿지 않은 것은 조금 문제가 될 수 있다. 여하튼 도마에게 필요한 것은 부활하신 주님을 자세히 보아서 확실히 믿는 것이다.

> **28** 도마가 대답하여 이르되 나의 주님이시요 나의 하나님이시니이다
> 28 Thomas answered him, "My Lord and my God!"

20:28 나의 주님이시요 나의 하나님이시니이다. '주'는 다양하게 사용되기도 하지만 칠십인역에서는 '여호와'를 번역한 단어다. '하나님'은 '엘로힘'을 번역한 단어다. 도마는 어느 누구보다 더 정확히 고백하고 있다. '이 말씀은 곧 하나님이시니라(1:1)'와 쌍을 이루는 것이다.

> **29** 예수께서 이르시되 너는 나를 본 고로 믿느냐 보지 못하고 믿는 자들은 복되도다 하시니라
> 29 Jesus said to him, "Do you believe because you see me? How happy are those who believe without seeing me!"

20:29 너는 나를 본 고로 믿느냐 보지 못하고 믿는 자들은 복되도다. 이것은 본 것과 보지 않은 것의 대조를 통해 '보지 않고 믿는 것'에 대해 더 강조점이 있다. 이것은 개인

차이에 대한 것보다 시대 차이에 대해 생각해 볼 것이 더 많다.

이것은 보고 믿는 것을 책망하시는 것이 아니다. 다른 제자들도 모두 보고 믿었다. 또한 요한복음의 전반부는 일곱 가지 기적(표적)에 대한 이야기를 통해 예수님의 메시야 되심을 증거하고 있기 때문에 표적의 책이라 말한다. 예수님은 믿도록 사람들에게 기적을 행하셨다. 보이셨다.

그러나 이후 세대의 사람들은 보지 못하는 시대다. 부활하신 예수님을 보는 것은 첫날 5번 나타나시고 이후 40일 동안 5번 정도 나타나신다. 그리고 바울에게 나타나신다. 이후에는 나타나심에 대해 전혀 말하지 않는다. 모두 성령을 통한 나타나심이다.

이제 보고 믿는 시대가 아니라 보지 않고 믿는 시대다. 이 말씀은 이후 보지 않고 믿는 시대 사람들을 격려하고 응원하는 성격을 가진 말씀이다. 오늘날 우리는 보지 않고 믿는다. 모든 믿는 사람들이 다 보지 않고 믿는 시대에 살고 있다. 보지 못하기 때문에 억울할 수 있다. 그러나 그렇지 않다. 복된 시대다.

30 예수께서 제자들 앞에서 이 책에 기록되지 아니한 다른 표적도 많이 행하셨으나
30 In his disciples' presence Jesus performed many other miracles which are not written down in this book.

20:30 대부분의 학자들은 20:30-31을 요한복음의 결론이라고 말한다. 요한복음의 결론은 아주 짧게 이야기한다. 앞에서 말한 믿음과 관련되어 있다. 믿음은 요한복음에서 줄기차게 말하고 있는 중심 주제다.

다른 표적도 많이 행하셨으나. 요한복음은 전반부에 표적 7개를 말하였다. 예수님이 행하신 표적이 매우 많으나 일곱 개를 선택하여 말하였다. 그리고 후반부를 영광의 책이라 말한다. 후반부는 예수님이 제자들의 발을 씻기시는 이야기로 시작한다. 그것은 십자가를 상징한다. 십자가와 부활은 하나로 묶여 있다. 그래서 다른 시각으로 보면 그것은 하나의 표적이라 말할 수 있다. 그렇다면 요한복음은 모두 표적의 책이다. 후반부는 마지막 표적을 자세히 이야기한 것이다.

31 오직 이것을 기록함은 너희로 예수께서 하나님의 아들 그리스도이심을 믿게 하려 함이요 또 너희로 믿고 그 이름을 힘입어 생명을 얻게 하려 함이니라
31 But these have been written in order that you may believe that Jesus is the Messiah, the Son of God, and that through your faith in him you may have life.

20:31 요한복음의 기록 목적을 말한다. **예수께서 하나님의 아들 그리스도이심을 믿게 하려 함이요.** '예수님'은 성경에서 말한 메시야(그리스도)이다. 세상을 구원하기 위해 하나님께서 약속하셨고, 보내신 메시야다. 이것을 믿어야 한다. 그래서 성경에 기록된 대로 행하셨다. 세상을 풍요롭게 하는 잔치를 준비하시는 분으로 물을 포도주로 바꾸시는 표적을 행하셨다. 맹인을 보게 하신 표적은 분명히 오직 메시야만 행하시는 표적이다. 그리고 더 나아가 죽은 자를 살리셨다. 더 나아가 자신이 죽으시고 부활하셨다.

그러한 것을 보고도 믿는 것은 결코 쉽지 않다. 우리의 뿌리 깊은 죄악 때문이다. 도마는 그것을 잘 보여준다. 그러나 도마의 마지막 고백처럼 우리도 고백할 수 있어야 한다. 믿음으로 나가야 한다.

너희로 믿고 그 이름을 힘입어 생명을 얻게 하려 함이니라. 믿음이 왜 그리 중요할까? 생명을 얻는 길이기 때문이다. 영생의 유일한 길이기 때문이다.

사람들이 왜 그리 돈을 중요하게 생각할까? 잘 살고 싶어서가 아니겠는가? 사람들이 왜 그리 건강을 중요하게 말하고, 생명을 중요하게 여기는가? 죽으면 다 끝이기 때문이다. 그러나 죽으면 끝 정도가 아니라 영벌과 영생이 있다. 그렇다면 진짜 더욱 중요한 것이 아니겠는가? 세상에서 믿음이 가장 중요하다.

믿음이 참으로 중요하기 때문에 하나님께서 독생자 아들까지 보내신 것이다. 로고스께서 성육신하시고 십자가에서 대속까지 하신 것 아닌가? 그렇게 크고 위대한 일이 있었다. 그런데도 여전히 믿음에 무지한 사람으로 남아 있어야 되는가? 이제 모든 사람은 믿음에 대해 전문가가 되어야 한다.

부활 이후

(21:1-25)

21장은 예수님의 부활 이후의 일에 대한 것으로 순서상으로는 앞의 이야기와 이어지지만 내용적으로는 에필로그 역할을 한다. 앞에서 요한은 복음서의 목적을 말하며 결론적으로 말하였다. 그리고 부활 후의 이 사건을 에필로그처럼 또 하나의 이야기로 전하고 있다. 기록되지 않았지만 예수님이 행하신 일이 많다는 것을 말하는 것 같다. 그러면서 부활 이후에 대해서도 부가적인 정보를 제공한다.

21장

1 그 후에 예수께서 디베랴 호수에서 또 제자들에게 자기를 나타내셨으니 나타 내신 일은 이러하니라
2 시몬 베드로와 디두모라 하는 도마와 갈릴리 가나 사람 나다나엘과 세베대의 아들들과 또 다른 제자 둘이 함께 있더니
1 After this, Jesus appeared once more to his disciples at Lake Tiberias. This is how it happened.
2 Simon Peter, Thomas (called the Twin), Nathanael (the one from Cana in Galilee), the sons of Zebedee, and two other disciples of Jesus were all together.

21:2 함께 있더니. 제자들은 '갈릴리로 가서 기다리라(막 16:7)'는 말씀을 따라 갈릴리 에 왔다. 예루살렘에서 예수님이 도마에게 나타나신 이후 갈릴리로 온 것 같다. 그런 데 특이한 것은 갈릴리에서 예수님이 그렇게 자주 나타나셔서 무엇을 말씀하신 것이 아니라는 것이다. 성경에는 2번만 기록하고 있다. 마 28:16-17에 '갈릴리에 가서 예수 께서 지시하신 산에 이르러 예수를 뵈옵고'라고 말한다. 그리고 요 21장이 전부다.

3 시몬 베드로가 나는 물고기 잡으러 가노라 하니 그들이 우리도 함께 가겠다 하고 나가서 배에 올랐으나 그 날 밤에 아무 것도 잡지 못하였더니
3 Simon Peter said to the others, "I am going fishing." "We will come with you," they told him. So they went out in a boat, but all that night they did not catch a thing.

21:3 나는 물고기 잡으러 가노라. 제자들이 모여 있었다. 그러나 무엇을 해야 하는 지 를 잘 몰랐던 것 같다. 그래서 베드로와 여러 제자들이 함께 고기를 잡으러 갔다.
배에 올랐으나 그 날 밤에 아무 것도 잡지 못하였더니. 밤새 고기를 잡았다. 당시는 밤 에 고기 잡는 것이 더 돈벌이가 되었다고 한다. 더 많은 고기를 잡기도 하고 아침에 고기를 팔기도 좋았다. 그렇다면 베드로는 단지 심심풀이가 아니라 돈을 생각하고 고 기를 잡고 있다고 할 수 있다. 다시 과거로 돌아가는 것일까? 그런데 고기가 전혀 잡 히지 않았다.

4 날이 새어갈 때에 예수께서 바닷가에 서셨으나 제자들이 예수이신 줄 알지 못하는지라
5 예수께서 이르시되 얘들아 너희에게 고기가 있느냐 대답하되 없나이다

6 이르시되 그물을 배 오른편에 던지라 그리하면 잡으리라 하시니 이에 던졌더니 물고기가 많아 그물을 들 수 없더라

4 As the sun was rising, Jesus stood at the water's edge, but the disciples did not know that it was Jesus.
5 Then he asked them, "Young men, haven't you caught anything?" "Not a thing," they answered.
6 He said to them, "Throw your net out on the right side of the boat, and you will catch some." So they threw the net out and could not pull it back in, because they had caught so many fish.

21:6 그물을 배 오른편에 던지라...던졌더니 물고기가 많아 그물을 들 수 없더라. 누군지 모르는 어떤 사람의 말에 따라 그물을 던졌는데 아주 많은 고기가 잡혔다. 그 순간 과거의 어느 날이 강렬하게 떠 올랐을 것이다. 베드로와 요한이 예수님을 처음 따르게 되던 때(눅 5:1-11)와 같았다. 고기를 낚는 어부에서 사람을 낚는 어부로의 부르심이었다.

7 예수께서 사랑하시는 그 제자가 베드로에게 이르되 주님이시라 하니 시몬 베드로가 벗고 있다가 주님이라 하는 말을 듣고 겉옷을 두른 후에 바다로 뛰어 내리더라

7 The disciple whom Jesus loved said to Peter, "It is the Lord!" When Peter heard that it was the Lord, he wrapped his outer garment round him (for he had taken his clothes off) and jumped into the water.

21:7 예수께서 사랑하시는 그 제자가 베드로에게 이르되 주님이시라. 부활하신 예수님이 그들에게 나타나셔서 말씀하신 것이라는 것을 알았다.
겉옷을 두른 후에 바다로 뛰어 내리더라. 베드로는 예수님에 대한 예의를 위해 재빨리 옷을 입고 바다로 뛰어 내렸다. 90m정도 거리였는데 배로 가는 것보다 헤엄쳐 가는 것이 조금이라도 더 빨리 만날 수 있다고 생각한 것 같다.

8 다른 제자들은 육지에서 거리가 불과 한 오십 칸쯤 되므로 작은 배를 타고 물고기 든 그물을 끌고 와서
9 육지에 올라보니 숯불이 있는데 그 위에 생선이 놓였고 떡도 있더라

8 The other disciples came to shore in the boat, pulling the net full of fish. They were not very far from land, about a hundred metres away.
9 When they stepped ashore, they saw a charcoal fire there with fish on it and some bread.

21:9 육지에 올라보니 숯불이 있는데. '숯불'은 베드로가 대제사장 뜰에서 쬐었던 숯불과 같은 단어다. 신약 성경에 딱 두 번 나오는 단어다. 이 단어는 그 자체로 그때의 일을 생각나게 할 것이다. 그러나 여전히 그 일에 대해서는 전혀 언급이 없다. 매우 조용하다.

10 예수께서 이르시되 지금 잡은 생선을 좀 가져오라 하시니
10 Then Jesus said to them, "Bring some of the fish you have just caught."

21:10 지금 잡은 생선을 좀 가져오라. 예수님이 구우시던 생선이 조금 부족하였나 보다. 어디에서 가져온 생선이고 또한 왜 부족하게 가져오셨을까?

11 시몬 베드로가 올라가서 그물을 육지에 끌어 올리니 가득히 찬 큰 물고기가 백쉰세 마리라 이같이 많으나 그물이 찢어지지 아니하였더라
11 Simon Peter went aboard and dragged the net ashore full of big fish, 153 in all; even though there were so many, still the net did not tear.

21:11 가득히 찬 큰 물고기가 백쉰세 마리라. 수많은 사람들이 물고기의 153마리에 대해 해석하려고 노력을 하였다. 그러나 사실 이 이야기에서 물고기의 많음은 부각되는 역할이 아니라 뒤로 젖혀지는 역할이다. 예수님은 그 많은 물고기를 필요로 한 것이 아니라 조금만 가져오라 하셨다. 제자들은 물고기가 아니라 사람 낚는 어부가 되어야 한다.

12 예수께서 이르시되 와서 조반을 먹으라 하시니 제자들이 주님이신 줄 아는 고로 당신이 누구냐 감히 묻는 자가 없더라
13 예수께서 가셔서 떡을 가져다가 그들에게 주시고 생선도 그와 같이 하시니라
12 Jesus said to them, "Come and eat." None of the disciples dared ask him, "Who are you?" because they knew it was the Lord.
13 So Jesus went over, took the bread, and gave it to them; he did the same with the fish.

21:13 떡을 가져다가 그들에게 주시고 생선도 그와 같이 하시니라. 예수님의 어떤 긴 말씀이 없다. 마지막 날 밤은 매우 많은 말씀을 하셨다. 그런데 부활하신 이후 진짜 중요한 순간 같은데 말씀을 거의 하지 않으신다. 조용히 사랑스럽게 식사를 함께 하신다.

14 이것은 예수께서 죽은 자 가운데서 살아나신 후에 세 번째로 제자들에게 나타나신 것이라

14 This, then, was the third time Jesus appeared to the disciples after he was raised from death.

21:14 세번째로 제자들에게 나타나신 것이라. 제자들이 여럿 있을 때 나타나신 것이 세 번째라는 것이다. 그렇다면 제자들이 갈릴리로 온 이후 처음 나타나신 것으로 보인다. '갈릴리에 가라' 하신 이후 처음 나타나신 것이다. 왜 이렇게 늦게 나타나신 것일까? 영광의 부활을 하시고 40일 동안 계셨다. 그렇다면 아주 많이 나타나시고 더 많이 가르치셔야 할 것 같은데 그렇지 않았다.

예수님께서 제자들에게 '갈릴리로 가라' 하신 이유는 새로운 것을 가르치시기 위함이 아니라 갈릴리에서 배운 것을 상기하도록 하신 것 같다. 그렇게 상기하는 대표적인 것이 바로 '고기잡이'이다. 이것은 첫 부르심을 생각나게 하였다. 새로운 가르침이 아니라 이미 가르치신 것을 다시 생각나게 하는 것이다. 이후 모든 것이 그러하였을 것이다.

그들이 있는 자리는 예수님이 가르치신 자리다. 그 자리에서 그들은 부활하신 예수님이 다시 오셔서 가르치신 것이 아니라 이전의 가르침을 다시 기억하고 생각하면서 배움을 얻는 시간들이 되었을 것이다. 그래서 예수님은 조용히 그들에게 빵과 고기를 구워 주셨다. 다시 돌아온 갈릴리에서 배움은 이제 예수님의 몫이 아니라 그들의 몫이다.

갈릴리에서 그들에게 필요한 것은 주님의 말씀을 하나하나 복기하는 것이다. 다시 기억하고 가슴에 품는 것이다. 그렇게 품은 이후 다시 예루살렘에 돌아갈 것이다.

15 그들이 조반 먹은 후에 예수께서 시몬 베드로에게 이르시되 요한의 아들 시몬아 네가 이 사람들보다 나를 더 사랑하느냐 하시니 이르되 주님 그러하나이다 내가 주님을 사랑하는 줄 주님께서 아시나이다 이르시되 내 어린 양을 먹이라 하시고

15 After they had eaten, Jesus said to Simon Peter, "Simon son of John, do you love me more than these others do?" "Yes, Lord," he answered, "you know that I love you." Jesus said to him, "Take care of my lambs."

21:15 그들이 조반 먹은 후에. 따스한 식사를 하는 것이 사람에게는 필수적이다. 그러나 그것이 전부는 아니다. 식사는 육체적 생명을 연장시켜 준다. 그래서 필요하다. 그

러나 제자들이 해야 하는 일은 영적인 필요를 채워주는 것이다. 영원한 생명을 공급하는 것이다. 이것은 절대적으로 필요하다.

이 사람들보다 나를 더 사랑하느냐. 예수님이 베드로에게 물으셨다. 이것은 3가지 해석이 가능하다. 1.너는 이 사람들이 나를 사랑하는 것보다 나를 더 사랑하느냐. 2.너는 이 사람들을 사랑하는 것보다 나를 더 사랑하느냐. 3.너는 이것들(물고기와 배 등)보다 나를 더 사랑하느냐. 3가지 해석이 다 가능하다.

1번의 경우라면 다른 제자들이 예수님을 사랑하는 것보다 베드로가 예수님을 더 사랑한다고 말하는 것이 조금은 교만하게 보일 수 있다. 그러나 우리는 영적인 일에 욕심을 가져야 한다. 진정 내가 주님을 제일 많이 사랑한다고 말할 수 있도록 그렇게 살아야 한다. 많이 부족하겠지만 말이다. 마음만은 그렇게 소원해야 한다.

2번의 경우라면 예수님을 사랑하는 것이 더 쉬울 것 같다. 그런데 이 경우라면 뒤의 예수님의 말씀과 조금 더 연관이 있을 것이다. 예수님을 사랑하는 마음으로 다시 '사람들을 사랑하라'고 말씀하신다. 예수님을 훨씬 더 사랑하는 그 마음으로 다시 사람들을 훨씬 많이 사랑해야 한다.

3번의 경우라면 세상 사람들은 많은 물고기와 배를 더 사랑할 것이다. 그런데 신앙인도 자기도 모르게 그러한 것을 더 사랑할 수 있다. 그래서 예수님은 베드로에게 그것을 다시 확인하고 계시다 할 수 있다. 많은 물고기가 잡힌 것이 중요한 것이 아니다. 진정 사람을 낚는 어부가 되고 그들을 돌보는 사람이 되는 것이 중요하다.

내 어린 양을 먹이라. '어린 양'은 예수님을 믿는 모든 사람을 말한다. 그들을 돌보아야 한다. 말 그대로 어린 양이어서 모르는 것이 많다. 미운 짓을 할 때도 많다. 우리 주변의 신앙인들을 보라. 얼마나 많이 마음에 안 드는가? 그러나 그들은 '주님의 어린 양'이다. 우리는 그들을 사랑하고 돌보아야 한다. 베드로에게만 주신 것이 아니다. 우리 모두에게 주신 말씀이다. 죽을 때까지 주변의 어린 양들을 돌보라.

사람을 돌보다 지친 사람들이 많다. 사람을 돌보다 상처를 받는다. 그래서 서로 돌보아야 한다. 우리 모두는 '어린 양'이다. 그래서 돌봄이 필요하다. 돌보다가 상처받았다고 포기하지 말아야 한다. 우리의 상처를 또 다른 사람들을 통해 돌보실 것이다. 그러니 사람들을 만나야 한다. 서로 돌보아야 한다. '어린 양'은 서로 돌보아야만 살아남을 수 있다.

> **16** 또 두 번째 이르시되 요한의 아들 시몬아 네가 나를 사랑하느냐 하시니 이르되 주님 그러하나이다 내가 주님을 사랑하는 줄 주님께서 아시나이다 이르시

되 내 양을 치라 하시고

17 세 번째 이르시되 요한의 아들 시몬아 네가 나를 사랑하느냐 하시니 주께서
세 번째 네가 나를 사랑하느냐 하시므로 베드로가 근심하여 이르되 주님 모든
것을 아시오매 내가 주님을 사랑하는 줄을 주님께서 아시나이다 예수께서 이르
시되 내 양을 먹이라

16 A second time Jesus said to him, "Simon son of John, do you love me?" "Yes, Lord," he
answered, "you know that I love you." Jesus said to him, "Take care of my sheep."
17 A third time Jesus said, "Simon son of John, do you love me?" Peter was sad because
Jesus asked him the third time, "Do you love me?" so he said to him, "Lord, you know
everything; you know that I love you!" Jesus said to him, "Take care of my sheep.

21:17 세 번째 이르시되 요한의 아들 시몬아 네가 나를 사랑하느냐. 왜 이렇게 반복하여
물으시는 것일까? 의심해서 그러실까? 순간 베드로는 그렇게 생각한 것 같다. **근심하
여 이르되.** 이 반복을 우리는 글로 보면서도 조금 힘들다. 그런데 듣고 대답하는 베드
로는 얼마나 더 힘들었을까? 그러나 이것은 대단한 배려다.

앞서 베드로는 3번 부인하였다. 그 3번을 3번 대답으로 상쇄하고 있다. 이러한 질문과
확답으로 베드로는 다시 회복하고, 다시 인정을 받는 것이다.

18 내가 진실로 진실로 네게 이르노니 네가 젊어서는 스스로 띠 띠고 원하는
곳으로 다녔거니와 늙어서는 네 팔을 벌리리니 남이 네게 띠 띠우고 원하지 아
니하는 곳으로 데려가리라

18 I am telling you the truth: when you were young, you used to get ready and go anywhere
you wanted to; but when you are old, you will stretch out your hands and someone else will
bind you and take you where you don't want to go."

**21:18 늙어서는 네 팔을 벌리리니 남이 네게 띠 띠우고 원하지 아니하는 곳으로 데려가리
라.** 이것의 의미를 요한은 19절에서 바로 설명하고 있다.

19 이 말씀을 하심은 베드로가 어떠한 죽음으로 하나님께 영광을 돌릴 것을 가
리키심이러라 이 말씀을 하시고 베드로에게 이르시되 나를 따르라 하시니

19 (In saying this, Jesus was indicating the way in which Peter would die and bring glory to
God.) Then Jesus said to him, "Follow me!"

21:19 베드로가 어떠한 죽음으로 하나님께 영광을 돌릴 것을 가리키심이러라. 요한은 베
드로의 순교 이후 이 글을 기록하고 있는 것이 분명해 보인다. 베드로만이 아니라 대
부분의 제자들이 다 순교한 이후 일 것이다. 그것이 비참하였을까? 아닐 것이다. 다른

사람들에게 베드로의 순교를 말씀하신 예수님의 말씀을 전하면서 그러한 것이 비참한 것이 아님을 말하고 있는 것으로 보인다.

> **20** 베드로가 돌이켜 예수께서 사랑하시는 그 제자가 따르는 것을 보니 그는 만찬석에서 예수의 품에 의지하여 주님 주님을 파는 자가 누구오니이까 묻던 자더라
> **21** 이에 베드로가 그를 보고 예수께 여짜오되 주님 이 사람은 어떻게 되겠사옵나이까
> **20** Peter turned round and saw behind him that other disciple, whom Jesus loved—the one who had leaned close to Jesus at the meal and had asked, "Lord, who is going to betray you?"
> **21** When Peter saw him, he asked Jesus, "Lord, what about this man?"

21:21 이 사람은 어떻게 되겠사옵나이까. 베드로는 자신에 대한 이야기를 듣고 요한은 어떻게 될지를 물었다. 예수님이 이것에 대한 대답을 주셨으면 요한은 요한복음을 기록하는 그 시점에 자신의 미래를 구체적으로 알 수 있는 좋은 기회였을 것이다. 그러나 그것이 중요한 것이 아닌 것 같다.

> **22** 예수께서 이르시되 내가 올 때까지 그를 머물게 하고자 할지라도 네게 무슨 상관이냐 너는 나를 따르라 하시더라
> **22** Jesus answered him, "If I want him to live until I come, what is that to you? Follow me!"

21:22 내가 올 때까지 그를 머물게 하고자 할지라도 네게 무슨 상관이냐. 요한이 순교하든 아니면 주님 재림하실 때까지 죽지 않든 그것은 베드로에게는 전혀 상관 없는 이야기라고 말씀하셨다. '요한은 예수님이 재림하실 때까지 죽지 않을 수 있다는 가정'을 하심으로 제자들이 혼동될 정도로 아주 과장하여 강하게 말씀하셨다.

예수님의 이러한 과장과 강조를 우리가 잘 알아들어야 한다. 소명의 길을 가는 사람이 때때로 다른 사람과 자신을 비교하면서 힘이 빠질 때가 있다. 낙심하고 넘어질 때가 있다. 그러나 사람에게 주어진 소명은 각자에게 주어진 소명의 길을 가는 것이 가장 복된 것이다. 다른 사람의 길은 아무리 화려하고 풍성하다 할지라도 자신과 상관 없는 것이다.

베드로가 순교하지 않는다고 더 복된 길이 아니다. 요한이 더 오래 산다고 더 복된 것도 아니다. 각자는 자신의 소명의 길을 가는 것이 복된 것이다. 그러니 다른 사람이

가는 길이나, 나의 소명에 대한 다른 사람들의 평가 때문에 나의 소명이 흔들리지 말아야 한다.

> **23** 이 말씀이 형제들에게 나가서 그 제자는 죽지 아니하겠다 하였으나 예수의 말씀은 그가 죽지 않겠다 하신 것이 아니라 내가 올 때까지 그를 머물게 하고자 할지라도 네게 무슨 상관이냐 하신 것이러라
> **24** 이 일들을 증언하고 이 일들을 기록한 제자가 이 사람이라 우리는 그의 증언이 참된 줄 아노라
> **25** 예수께서 행하신 일이 이 외에도 많으니 만일 낱낱이 기록된다면 이 세상이라도 이 기록된 책을 두기에 부족할 줄 아노라
> **23** So a report spread among the followers of Jesus that this disciple would not die. But Jesus did not say that he would not die; he said, "If I want him to live until I come, what is that to you?"
> **24** He is the disciple who spoke of these things, the one who also wrote them down; and we know that what he said is true.
> **25** Now, there are many other things that Jesus did. If they were all written down one by one, I suppose that the whole world could not hold the books that would be written.

21:24 이 일들을 증언하고 이 일들을 기록한 제자가 이 사람이라. 요한은 오랫동안 순교하지 않았다. 아마 다른 제자는 다 순교한 시점일 것이다. 요한이 그렇게 순교하지 않은 것은 그에게는 다른 소명이 있기 때문이다. 그는 '증언'의 소명이 있었다. 그래서 이렇게 제일 나중에 요한복음을 기록할 수 있었다. 또한 요한계시록을 기록할 수 있었다.

소명의 방식은 달라도 모든 길이 사랑하는 길이다. 죽기까지 사랑하신 주님의 사랑을 따라 '서로 사랑하라'는 새 계명에 순종해야 한다. 어떤 길을 가더라도 우리는 서로 죽기까지 사랑하는 사람이 되어야 한다.

<h1 align="center"><참고 문헌></h1>

대한성서공회. (1998). *성경전서: 개역개정*. 대한성서공회.

대한성서공회. (2001). *성경전서: 새번역*. 대한성서공회.

성경전서: 공동번역 개정판. (1999). 대한성서공회.

한국 천주교 주교회의 성서위원회. (2005). *성경 (한국 가톨릭 교회 공용 성경)*. 한국천주교중앙협의회.

New American Standard Bible: 1995 update. (1995). The Lockman Foundation.

The New International Version. (2011). Zondervan.

The New King James Version. (1982). Thomas Nelson.

American Bible Society. (1992). *The Holy Bible: The Good News Translation* (2nd ed.). American Bible Society.

Rotherham, J. B. (2010). *The Emphasized Bible: A Translation Designed to Set Forth the Exact Meaning, the Proper Terminology, and the Graphic Style of the Sacred Original.* Logos Research Systems, Inc.

Biblical Studies Press. (2005). *The NET Bible First Edition; Bible. English. NET Bible.* Biblical Studies Press.

Aland, K., Aland, B., Karavidopoulos, J., Martini, C. M., & Metzger, B. M. (2012). *Novum Testamentum Graece* (28th Edition). Deutsche Bibelgesellschaft.

Harris, W. H., III. (2010). *The Lexham Greek-English Interlinear New Testament: SBL Edition.* Lexham Press.

Koehler, L., Baumgartner, W., Richardson, M. E. J., & Stamm, J. J. (1994–2000). In *The Hebrew and Aramaic lexicon of the Old Testament* (electronic ed.). E.J. Brill.

Arndt, W., Danker, F. W., Bauer, W., & Gingrich, F. W. (2000). In *A Greek-English lexicon of the New Testament and other early Christian literature* (3rd ed.). University of Chicago Press.

Mounce, W. D. (2006). In *Mounce's Complete Expository Dictionary of Old & New Testament Words.* Zondervan.

Thomas, R. L. (1998). In *New American Standard Hebrew-Aramaic and Greek dictionaries : updated edition.* Foundation Publications, Inc.

Liddell, H. G., Scott, R., Jones, H. S., & McKenzie, R. (1996). In *A Greek-English lexicon.* Clarendon Press.

Kittel, G., Bromiley, G. W., & Friedrich, G., eds. (1964–). In *Theological dictionary of the New Testament* (electronic ed.). Eerdmans.

Louw, J. P., & Nida, E. A. (1996). In *Greek-English lexicon of the New Testament: based on semantic domains* (electronic ed. of the 2nd edition.). United Bible Societies.

Moulton, J. H., & Milligan, G. (1930). In *The vocabulary of the Greek Testament.* Hodder and Stoughton.

Silva, M., ed. (2014). In *New International Dictionary of New Testament Theology and Exegesis* (Second Edition, Vols. 1–5). Zondervan.

Brannan, R., ed. (2020). In *Lexham 헬라어 성경 어휘사전.* Lexham Press.

Strong, J. (1996). In *The New Strong's Dictionary of Hebrew and Greek Words.* Thomas Nelson.

VanGemeren, W., ed. (1997). In *New international dictionary of Old Testament theology & exegesis.* Zondervan Publishing House.

Carson, D. A., ed. (2018). *NIV Biblical Theology Study Bible.* Zondervan.

Holman Bible Publishers. (2017). *CSB Disciple's Study Bible: Notes.* Holman Bible Publishers.

Rubin, B., ed. (2016). *The Complete Jewish Study Bible: Notes.* Hendrickson Bibles; Messianic Jewish Publishers & Resources.

Keener, C. S., & Walton, J. H., eds. (2016). *NIV Cultural Backgrounds Study Bible: Bringing to Life the Ancient World of Scripture.* Zondervan.

Sproul, R. C., ed. (2015). *The Reformation Study Bible: English Standard Version (2015 Edition).* Reformation Trust.

Blum, E. A., & Wax, T., eds. (2017). *CSB Study Bible: Notes.* Holman Bible Publishers.

Crossway Bibles. (2008). *The ESV Study Bible.* Crossway Bibles.

Arnold, C. E. (2002). *Zondervan Illustrated Bible Backgrounds Commentary: John, Acts.* (Vol. 2). Zondervan.

Carson, D. A. (1991). *The Gospel according to John.* Inter-Varsity Press; W.B. Eerdmans.

에더스하임알프레드. (2012). *십자가와 면류관* (이은정, 태현주, 김정옥, and 황을호, Eds.; 황영철 and 김태곤, Trans.; 1판 ed., Vol. 4). 생명의말씀사.

Newman, B. M., & Nida, E. A. (1993). *A handbook on the Gospel of John.* United Bible Societies.

배리 베이첼, ed. (2021). *LEXHAM 성경 지리 주석: 사복음서* (김태곤, Trans.; 초판). 죠이북스.

크레이그 S. 키너. (2018). *키너 요한복음* (정재원, 곽진수, and 백승현, Eds.; 이옥용, Trans.; 초판, Vols. 1–3). 기독교문서선교회.

톰 라이트. (2020). *모든 사람을 위한 요한복음: Vols. I & II* (이철민, Trans.; 개정판). 한국기독학생회출판부.

콜린 G. 크루즈. (2013). *요한복음* (배용덕, Trans.; 초판, Vol. 4). 기독교문서선교회.

Edersheim, A. (1896). *The Life and Times of Jesus the Messiah.* Longmans, Green, and Co.

Kruse, C. G. (2000). *The letters of John.* W.B. Eerdmans Pub.; Apollos.

Keener, C. S., & Walton, J. H., eds. (2016). *NIV Cultural Backgrounds Study Bible: Bringing to Life the Ancient World of Scripture.* Zondervan.

Morris, L. (1995). *The Gospel according to John.* Wm. B. Eerdmans Publishing Co.

Gaebelein, F. E., Tenney, M. C., & Longenecker, R. N. (1981). *The Expositor's Bible Commentary: John and Acts* (Vol. 9). Zondervan Publishing House.

Brown, R. E. (2008). *The Gospel according to John (I–XII): Introduction, translation, and notes* (Vol. 29). Yale University Press.

Klink, E. W., III. (2016). *John* (C. E. Arnold, Ed.). Zondervan.

Michaels, J. R. (2010). *The Gospel of John.* William B. Eerdmans Publishing Company.

Beitzel, B. J., & Lyle, K. A., eds. (2016). *Lexham Geographic Commentary on the Gospels.* Lexham Press.

Keener, C. S. (2019). *John* (C. E. Arnold, Ed.; Vol. 2A). Zondervan.

Hamilton, J. M., Jr., & Vickers, B. J. (2019). *John–Acts: Vol. IX* (I. M. Duguid, J. M. Hamilton Jr., & J. Sklar, Eds.). Crossway.

Köstenberger, A. J. (2009). *A Theology of John's Gospel and Letters: The Word, the Christ, the Son of God.* Zondervan.

요한복음 (성경, 이해하며 읽기)

발행	2025년 12월 8일
저자	장석환
펴낸이	장석환
펴낸곳	도서출판 돌계단
출판사등록	2022.07.27(제393-2022-000025호)
주소	안산시 상록구 삼태기2길 4-16
전화	031-416-9301
이메일	dolgaedan@naver.com
ISBN	979-11-986875-8-6